KASPAR HALDER

PSYCHOLOGICA 2000

Interessante psychologische und graphologische Phänomene
Traumdeutung · Musikbegabung · Zwillingsforschung
Leistungsformel · Berufsfindung · Schachgenie

mit Beiträgen von

Detlev von Uslar

Urs Imoberdorf

Robert Bollschweiler

Ruth Uhlmann-Gasser

Fritz Gassner

Edition REDLAH Suhr

Veronika und Lorenz gewidmet

Edition REDLAH Suhr
Kaspar Halder Lindenfeld
CH-5034 Suhr/Aarau
Fax (+41) 062 824 77 66

ISBN 3-9521206-8-5

Copyright by Edition REDLAH Suhr 2000

Scherenschnitt auf dem Buchdeckel von Edith Wiedemeier

Gesamtherstellung:
Forter Druck AG, 8203 Schaffhausen
im Frühling 2000

Inhaltsverzeichnis

Vorwort 1
Detlev von Uslar
    Phänomen Traum 3
    Die Graphologie im Rahmen der Psychologie 9
Urs Imoberdorf
    Handschrift und Handschriftdiagnostik 25
Kaspar Halder
    Die Leistungsformel 49
Kaspar Halder/Urs Imoberdorf
    Zwillingsforschung 59
Robert Bollschweiler
    Zwei romantische Komponisten – Biographien und Handschriften 79
Ruth Uhlmann-Gasser
    Musiker-Handschriften 107
Fritz Gassner
    Berufspilot – Eignungsprognosen mit Handschriftenanalysen 131
Robert Bollschweiler
    Portraits dreier Schachmeister mit ihren Biographien und Handschriften 145
Kaspar Halder
    Berufs- und Laufbahnberatung – Graphologie und Berufsbildertest 166
Nachwort und Dank 185
Buchbesprechung 187
Kurzbiographien der Autoren 189
Literatur 192
Verlagsprogramm 193

Namenregister

Achtnich, Martin	32, 33, 35, 47, 174, 175, 178, 179, 181, 183, 184
d'Agoult, Marie	96, 100
Aljechin, Alexander	159, 161, 162
Amelang, M. / Bartussek, D.	76, 77, 78
Ammann, Robert	111, 112, 114, 121, 122, 124, 130
Anderssen, Adolf	119, 150, 151
Andina, Rinaldo	52, 58
Avé-Lallemant, Ursula	43, 47, 166, 184
Backhaus, Wilhelm	100
Beethoven, Ludwig van	89, 96, 121, 129
Berlioz, Hector	87, 92, 100
Binswanger, Ludwig	5, 7
Bollschweiler, Robert	43, 47, 79, 106, 145, 185, 187, 191, 192
Borgia, Franz	114, 118
Boss, Medard	7
Bracken, H. von	77, 78
Brahms, Johannes	88, 99, 100
Buber, Martin	36, 47
Bühler, Kristin	40, 47
Bülow, Hans von	96, 100, 102
Bürgi, Andreas	47, 179, 192
Burns-Birlin, Angelika	34
Capablanca, José Raoul	155, 156, 157-162, 164
Chopin, Frédéric	38, 39, 88, 96, 99, 100
Churchill, Winston	16, 22, 23, 24
Czerny, Carl	95
Debussy, Claude	125
Dilthey, Wilhelm	14, 15, 24
Donizetti, Geatano	86
Dorsch, Friedrich	49, 50, 58
Dosch, Esther	34, 47
Dvorák, Antonin	30, 31
Eiffel, Gustav	28, 29
Einstein, Albert	156
Freud, Sigmund	1, 4, 5, 6, 7
Fügli, Annemarie	185
Furrer, Markus	188, 192
Gadamer, Hans-Georg	24
Galton, Francis	59, 78
Gassner, Fritz	131, 185, 191

Gauthier, Théophile	98
Gille-Maisani, Jean-Charles	174, 184
Goethe, J. W.	47
Gross, Carl	25, 47
Gysi, Fritz	114, 118
Halder, Kaspar	32, 47, 49, 58, 59, 167, 179, 184, 185, 187, 188, 189, 192, 193
Halder, Veronika	193
Händel, Georg Friedrich	16, 17, 18
Hanslick, Eduard	100
Heberlein, Wolfgang	34, 47
Heermann, Magdalene	42, 47
Heidegger, Martin	17, 19, 20, 21, 22
Heine, Heinrich	98
Heiss, Robert	24, 46, 47, 78, 184
Högger, Rudolf	187
Honegger, Arthur	113
Husmann, Wolfgang	40, 47
Imoberdorf, Urs	24, 25, 47, 59, 107, 185, 187, 189
Jud, Lisbeth	40, 47
Jung, Carl Gustav	6, 7, 119, 178, 179, 184
Karcher, H.L.	60, 78
Katz, Gerhard	192
Klages, Ludwig	9, 11, 13, 19, 24, 38, 78, 107, 121, 129, 130, 192
Knobloch, Hans	184, 192
Lasker, Emanuel	151-157, 159, 163, 165
Lavater, Johann Kaspar	47, 48
Lefebure, Fanchette	174, 184
Lersch, Philipp	35, 48
Liszt, Franz	86, 88, 89, 94, 95-106
Meier, H.P.	135, 137, 144
Mendelssohn, Felix	96, 99
Mette, Karin	185
Morphy, Paul	150
Mühlethaler, Margrith	185
Müller, Arno	40, 48
Müller, Marcel A.	185
Müller, W.H. & Enskat, Alice	27, 48, 78, 179, 184, 192
Napoleon	121
Newman, H.H.	76, 78
Ninck, Martin	122, 130
Osborne, R.T.	75, 78
Paganini, Niccolò	79-93
Pfanne, Heinrich	184

Pierpaoli, Annemarie	48
Ploog, Helmut	192
Pophal, Rudolf	172, 179, 184
Pulver, Johannes	108, 120, 130
Pulver, Max	78, 112, 120, 121, 125, 126, 128, 130, 192
Rachmaninow, Sergej	99
Raffael	122
Rasch, Wolf-Dietrich	25, 27, 28, 48
Reichlin, Urs	40, 47
Román-Goldzieher, K.	60, 78
Rossini, Gioacchino	83, 87, 96
St. Amant, Pierre Charles-Fournié de	145, 146, 147, 149
Saint-Saëns, Camille	99
Salieri, Antonio	95
Sand, George	38
Scherchen, Hermann	114, 117
Schoeck, Othmar	114, 115, 125, 126
Schönberg, Arnold	126, 127
Schumann, Clara	86, 100
Schumann, Robert	86, 88
Shields, J.	76, 78
Spranger, Eduard	179, 184
Stader, Maria	108, 111
Staehelin, Heiner	187
Staunton, Howard	145-151, 163, 165
Steinitz, Wilhelm	145, 151, 152, 153, 164
Strauss, Richard	126
Suter, Daniel	185
Szondi, Leopold	174, 175, 184
Strawinsky, Igor	113, 116
Tausig, Carl	99, 102
Teillard, Anja	115, 130, 179, 184
Uhlmann-Gasser, Ruth	30, 48, 107, 191
Uslar, Detlev von	3, 7, 9, 24, 48, 131, 185, 187, 189
Verdi, Giuseppe	122, 123
Vidmar, Milan	159, 160, 161, 165
Wagner, Cosima	96
Wagner, Richard	96, 100, 102
Wallner, Teut	40, 48, 192
Walter, Bruno	124, 125
Wiedemann, Hans-Rudolf	48
Wieser, Roda	128, 129, 130

Vorwort

Der Herausgeber dieses Buches träumt jede Nacht mehrmals und ist oft froh, im Bett aufzuwachen und sich nicht in der problematischen Situation zu befinden, in der er sich eben aufhielt.

Manchmal hat er sich verirrt und findet den Bahnhof oder das Auto nicht mehr. Manchmal muss er sich im Restaurant neben Leute setzen, die ihn überhaupt nicht interessieren. Dann kommt es vor, dass er mit seinem Vehikel bergab rast und die Bremsen versagen. Oder er hat im Hotel seine Zimmernummer vergessen und der Lift hält im gewünschten Stockwerk nicht an.

Erfreulicher ist es, wenn er seinen längst verstorbenen Eltern begegnet und sich die Traumszenen in seinem Elternhaus abspielen. Die Personen und Lokalitäten im Traum erscheinen ihm oft merkwürdig verändert und die Zeiten verschoben, wie es schon *Freud* in seiner berühmten "Traumdeutung" vor 100 Jahre beschrieben hatte.

Die geneigten Leserinnen und Leser dieses Buches, die sich ebenfalls an Träume erinnern, dürften ähnliche Erfahrungen machen.

Es gibt wohl nur wenige Menschen, die sich für das Phänomen Traum und die Versuche Träume zu deuten nicht interessieren. So mag der Aufsatz des Philosophen und Psychologen *Detlev von Uslar*, der sich seit vielen Jahren mit Träumen und deren Bedeutung befasst, auf entsprechende Aufmerksamkeit stossen.

Ferner finden sich in diesem Buch Aufsätze über andere interessante Phänomene wie Musikbegabung (von Komponisten und Interpreten), über Leistungsfähigkeit (Leistungsformel), Zwillingsforschung und geniale Schachspieler, jeweils garniert und kommentiert mit entsprechenden Handschriftproben.

Schliesslich wird der Stellenwert der Graphologie im Rahmen der Psychologie beleuchtet und die Bedeutung der Handschriftdiagnostik in der Berufsfindung (Berufs-, Schul- und Laufbahnberatung). Dann, was die notorischen Skeptiker der Graphologie besonders erstaunen und/oder ärgern dürfte, wird über die Fluggesellschaft Swissair berichtet, die seit Jahren für die Selektion von geeigneten Linienpiloten einen erfahrenen Graphologen konsultiert, mit überzeugendem Erfolg.

So soll, analog zum im letzten Jahr im gleichen Verlag erschienenen Buch "Histographologica", die Mischung verschiedenster Themen und involvierter Persönlichkeiten sowie deren kompetent analysierten Handschriften, dieses Buch zu einer anregenden Lektüre machen.

Kaspar Halder

Phänomen Traum

Detlev v. Uslar

Was ist eigentlich ein Traum? – Die Antwort, die man auf diese Frage häufig hört oder liest, lautet etwa: Er ist Phantasie und Vorstellung, ein Zug von Bildern, etwas wie ein Film, den man in der Nacht sieht. Aber für den Traum, wie er ist, während man träumt, stimmt das nicht. Sondern während man träumt, ist der Traum die Welt.

1. Der Traum als Welt
Im Traum, solange wir träumen, sind wir in einer wirklichen Situation, in einer wirklichen Welt, genau wie im Wachen. Das kann man sich sofort klar machen, wenn man sich die Situation, in der man gerade jetzt ist, als möglichen Traum vorstellt. Die Welt hört dann auch nicht jenseits der Wände des Zimmers auf, in dem man gerade im Traum ist, sondern der Horizont der Welt als ganzer gehört dazu, auch wenn man sich das im Traum nicht ausdrücklich bewusst macht. Die Welt des Traums beansprucht den ganzen Raum und die ganze Zeit genau so wie die Welt im Wachen.

Jede Erzählung eines Traums beginnt zwar irgendwo in der Zeit. Aber wir sind immer schon da. Es gibt immer schon eine Vergangenheit, auch wenn man über sie vielleicht gar nicht nachdenkt. Sie ist selbstverständlich vorausgesetzt. Sie kann aber auch ausdrücklich als solche bedacht sein. Ich kann zum Beispiel über das Alter der Häuser in der Strasse nachdenken, durch die ich gehe, kann mich an Dinge erinnern, die ich hier vor Jahren erlebt habe. Die Vergangenheit geht zurück ins Unbestimmte genau so wie im Wachen.

Wenn wir aus einem Traum aufgewacht sind, erscheint die Zukunft in ihm begrenzt gewesen zu sein, denn der Traum endet ja mit dem Erwachen. Aber dieses Ende ist ihm gleichsam von aussen gesetzt. Solange wir noch träumen, ist die Zukunft offen und unendlich. Sie kann bedrohlich und angsterregend sein. Auch die Gegenwart kann dramatisch sein. Wir können aber auch ganz unreflektiert in der gegenwärtigen Situation verweilen. Aber zu jeder Situation gehört eine Zukunft.

Der Traum als Welt beansprucht also allen Raum und alle Zeit. Er ist nicht nur eine Welt neben anderen, sondern er ist, solange wir träumen die eine einzige und wirkliche Welt, in der wir existieren. Diese Welt kann, vom Wachen her gesehen, sehr anders sein, als die Welt unserer wachen Umgebung. Sie kann hintergründig, geheimnisvoll, widersprüchlich sein. Darin liegt ein besonderer Reiz des Traums. Aber sie ist die Welt.

Aber da wissen wir in der Regel noch gar nicht, dass es ein *Traum* ist. Solange wir träumen, ist der Traum noch gar nicht als Traum offenbar. Das wird er erst im Erwachen. – Auf die Frage: Was ist der Traum selbst? Was ist der Traum als *Traum*? – ist die Antwort: "Er ist die Welt" nur der erste Schritt. Das Erwachen gehört zum Traum dazu, weil er hier erst wirklich als *Traum* erscheint.

Im Aufwachen geht die geträumte Welt als Welt unter und wird jetzt zur Erinnerung. Sie erscheint uns jetzt als eine Folge von Bildern. Wir wachen in die wache Welt und ihre Wirklichkeit hinein auf. Die geträumte Welt war gar nicht *wirklich* wirklich, sie war "nur" geträumt.

2. Die Durchdringung der Welten im Erwachen.
Im Moment des Erwachens dringt die wache Welt in einem breiten Strom in die geträumte Welt ein. Dinge, die im Traum in einer Einheit beieinander waren, erweisen sich jetzt als Elemente, die in der Wirklichkeit des Wachens weit auseinander liegen. So können wir zum Beispiel im Traum in unserem Elternhaus sein, aber als die Menschen, die wir *jetzt* sind und zusammen mit Partnern unserer Gegenwart. Wir können auch Menschen begegnen, die, vom Wachen her gesehen, gleichsam *zusammengesetzt* sind aus unseren Eltern oder Menschen unserer Kindheit und aus den Partnern unserer Gegenwart. Eine Figur im Traum kann zum Beispiel zugleich unserem Vater und einem unserer Lehrer oder einem Partner aus der Gegenwart gleichen. Sie kann Züge von beiden tragen. Aber im Traum ist das eine Einheit – ähnlich wie auch das Haus im Traum jetzt und hier an einem bestimmten Platz der Traumwelt steht. Aber durch das Erwachen faltet sich das, was im Traum jetzt und hier beisammen war, auseinander in einen Fächer der Orte, Zeiten, Situationen und Personen.

Dinge und Personen aus dem Wachen treten gleichsam hinter die geträumten Dinge und Personen, die aus ihnen zusammengesetzt waren. Die geträumte Welt wird durchsichtig für die wache Welt. Und hier beginnt bereits das Gefühl der Bedeutsamkeit des Traums. Wir beginnen uns zu fragen, was es bedeutet, dass so verschiedene Personen, Situationen, Orte und Zeiten aus unserem Leben im Traum zu einer neuen Einheit verbunden waren. Dies ist das Phänomen, das Sigmund Freud mit dem Ausdruck "Verdichtung" bezeichnet hat.

Die Durchdringung der Welten im Erwachen führt dazu, dass eigentlich die wache Welt, indem sie in den Traum eindringt, diesen deutet. Denn es stellt sich ja eine Fülle von Beziehungen her zwischen der Szenerie des Traums und einer grossen Zahl von Momenten, Orten, Situationen und Personen unserer Lebensgeschichte. Jede Traumdeutung lebt davon, dass sie diese Beziehungen aktualisiert und akzentuiert und nach ihrer Bedeutsamkeit fragt. Die Deutung ist nicht etwas von aussen an den Traum Herangetragenes, sondern sie bringt nur das zum Vorschein, was in der Durchdringung der Welten beginnt und geschieht. – Der Deuter kann diesen Prozess aktivieren, indem er den Träumer fragt, was ihm zu den einzelnen Bestandteilen seines Traums einfällt. Die Deutung zieht gleichsam nur die Perspektiven auf die wache Welt und Lebensgeschichte aus, die sich aus der neuen Konfiguration ihrer Elemente im Traum ergeben.

Wenn einem zu einem Haus im Traum ein bestimmtes Haus einfällt, in dem man vielleicht vor vielen Jahren gewesen ist, dann ergibt sich daraus sofort die nächste Frage, was einem denn nun zu diesem Haus aus der Vergangenheit selber einfällt. Man wird sich vielleicht daran erinnern, dass man hier mit einem bestimmten Menschen zusammen war, und es wird einem einfallen, was dieser Mensch damals für mich bedeutet hat. Die Situation der Vergangenheit stellt sich ebenfalls wieder her. So ist jeder Traum mit den Situationen und Epochen unserer Lebensgeschichte in vielfältiger Weise verbunden, und darin liegt seine Bedeutsamkeit. Je mehr man sich in diese Bezüge vertieft, um so mehr scheint einem der Traum als bedeutungsgeladen. Er erscheint als etwas, das gleichsam zu uns spricht.

3. Der Traum als Bedeuten.
Diese Bedeutsamkeit ist nicht von aussen an den Traum herangetragen, sondern sie wohnt gleichsam im Traum selbst. Sie ergibt sich ja aus der Durchdringung der Welten im Erwachen und aus der Vielfalt der Bezüge des Traums zu unserer Lebensgeschichte. So stellt sich allmählich bei der Besinnung auf diese vielfältigen Beziehungen eine neue Gestalt des Traums ein: Der "Traum als Bedeuten". Es ist wichtig, dass man begreift, dass auch diese Schicht zum Traum als Traum gehört, dass die Bedeutsamkeit ein Teil von ihm ist.

Wenn wir uns in diese Bedeutsamkeit vertiefen, bekommen wir das Gefühl, dass etwas im Traum zu uns spricht, sich uns mitteilen will, und es entsteht die Frage: Wer spricht hier zu uns? Auf diese Frage hat *Ludwig Binswanger* in seinem Buch "Wandlungen in der Auffassung und Deutung des Traumes von den Griechen bis zur Gegenwart" eine interessante Antwort gegeben: In der Antike waren es oft die Götter, ausserirdische Mächte, oder auch Engel und Dämonen, die im Traum zu uns sprechen, sich uns mitteilen. In der Gegenwart seit Sigmund Freud ist es das Unbewusste, das hier zu uns spricht. Zwischen beiden gibt es aber eine Gemeinsamkeit: Wir erinnern uns ja nicht, dass wir den Traum gemacht haben. Er kommt vielmehr über uns, geschieht uns. Er ist dem Bewusstsein transzendent. Das spricht sich ja in dem Wort "Das Unbewusste" aus. Während die Transzendenz zu den Göttern und Dämonen zu Mächten ausser uns führt, ist die Transzendenz zum Unbewussten eine Transzendenz zu einer Tiefe hinter oder unter unserem Bewusstsein. Beides ist etwas Fremdes, das im Traum zu uns spricht. Wir kommen also hier zu einer weiteren Schicht des Phänomens Traum, die wir "Traum als Sprache" nennen können. Die Traumtheorien von Freud und Jung gehen eigentlich von dieser Schicht des Traums als Sprache aus.

4. Die Traumtheorien
Fast alle Traumtheorien versuchen, zugleich die Entstehung der Traumwelt und ihre Bedeutsamkeit zu erklären. *Sigmund Freud* hat in seiner im Jahre 1900 erschienenen "Traumdeutung" den Traum als eine Wunscherfüllung gesehen. Er geht davon aus, dass in uns eine ungeheuer starke, lebensnotwendige Triebenergie wohnt, die nach Ausdruck und Verwirklichung strebt. Weil sie sich aber in der Kulturwelt unseres Lebens nur begrenzt erfüllen kann und vielfältigen Einschränkungen unterworfen ist, versucht sie wenigstens in der Nacht und im Traum, wenn wir nicht handeln müssen, zum Ausdruck zu kommen. Die Libido, wie Freud es nennt, Eros und Sexualität, sind ja die Kräfte, in denen das Leben der Art durch uns hindurch geht.

Freud hat eine im Grunde metaphysische Auffassung von der Bedeutung der Triebe. Ich glaube, man kann sagen, dass wirklich in allen Träumen erotische Anspielungen und Inhalte enthalten sind, aber die Kritik von Carl Gustav Jung ist zugleich berechtigt, dass dies nicht die einzige Quelle des Traums sein kann.

Das Phänomen der *Verdichtung* spielt eine wesentliche Rolle in der Traumtheorie Freuds. Wie wir gesehen haben, faltet sich die Einheit der Traumszene im Erwachen und in der Durchdringung mit der Wachwelt auseinander in einen Fächer von Zeiten, Orten, Personen und Situationen aus unserer Lebensgeschichte. Wenn man nun aber umgekehrt von der Entstehung des Traums her denkt und den Traum als Sprache auffasst, dann ist es gerade das Charakteristikum des Traums, dass er diese weit auseinander liegenden Elemente unseres Lebens und der Welt zu einer neuen Einheit verdichtet hat. Dieses Phänomen der Verdichtung ordnet Freud nun seiner Theorie von der Triebwirklichkeit und von der Wunscherfüllung im Traum unter: Auch in der Nacht und im Schlaf können wir uns unsere Wünsche nicht alle ungehemmt erfüllen. Es gibt Dinge, die wir "uns nicht einmal im Traum einfallen lassen würden". Die Zensur, die im Wachen über unsere Triebe wacht, und die ja eine Form des Gewissens und der Moral ist, wirkt auch im Schlaf noch weiter. Und die Instanz, die sich uns mitteilen will, muss darum diese Zensur umgehen, indem sie das zu Sagende verhüllt, es wie der Journalist, der die Zensur umgehen will, durch die Blume sagt. Die Verdichtung ist für Freud ein Mittel dieser Verhüllung, weil sie es möglich macht, etwas nur noch als Anspielung im Traum auftauchen zu lassen, so dass der Sinn zunächst verborgen bleibt. Freud vergleicht den Traum auch mit einem Maskenball, bei dem nur Maskierte mittanzen dürfen. – Sicher hat Freud Recht, sowie es sich um die Äusserung von Verdrängtem im Traum handelt. Aber die Verdichtung ist viel grundlegender gleichsam die *Sprache* des Traums. Er lebt von der Lust an der Verdichtung.

Carl Gustav Jung hat die Theorien Freuds zugleich kritisiert und erweitert: Der Traum kompensiert ganz allgemein die Enge des wachen Bewusstseins, indem er uns andere Möglichkeiten des Handelns und Erlebens vor Augen führt. So schafft er auf dem Lebensweg ständig einen Ausgleich, der uns gleichsam wie ein Kompass auf dem Lebensweg führen kann und dabei ein Gleichgewicht zwischen dem Bewusstsein und dem Unbewussten schafft. Alte symbolische Themen der Menschheit kommen dabei immer wieder zum Vorschein. Die Welt, die im Erwachen in den Traum eindringt, ist nicht nur die Welt der Fakten unserer Lebensgeschichte, sondern auch die symbolische und mythologische Welt der Bedeutsamkeiten in ihrer ganzen Fülle. Und wenn man den Traum als Sprache sieht, dann hat diese symbolische Fülle als ein Reich von Archetypen schon dem Traum in seiner Entstehung zu Grunde gelegen.

Ich meine, dass sich diese verschiedenen Perspektiven auf den Traum bei Freud und Jung nicht gegenseitig ausschliessen müssen, sondern sich vielmehr ergänzen. Der Perspektivität der Theorien entspricht die Vielfalt der Aspekte, die der Traum selbst bietet. Eine phänomenologische Betrachtung des Traums, wie wir sie hier versuchen, kann die Grundlage bieten für eine Zusammenschau und Verbindung dieser verschiedenartigen Theorien des Traums. Die Kraft des Bedeutens aber hat der Traum vor allem, weil er nicht bloss Phantasie und Bild ist, sondern wirklich, solange wir träumen, die Welt. In diese Welt können wir allnächtlich immer wieder eintauchen, und sie ist in ihrer ganzen Realität und Farbigkeit eine immer neue Kraftquelle, die durch das deutende Gespräch nur akzentuiert wird.

Es ist das Verdienst von *Medard Boss*, dass er in seiner "Daseinsanalyse" die ursprüngliche Wirklichkeit der Traumwelt betont hat. Aber weil die Durchdringung der Welten im Erwachen ebenso zum Phänomen des Traums gehört und damit auch die Fülle der Beziehungen zu unserer ganzen Lebensgeschichte, ist die Art, wie diese Beziehungen bei Freud und Jung aktualisiert und ausgedeutet werden, ebenso berechtigt.

Der Traum kommt in seiner Bedeutsamkeit wohl erst ganz zum Tragen, wenn man nicht nur einzelne Träume, sondern ganze Traumserien betrachtet. Wenn man nun in solchen Serien nur die Traumtexte liest, ist es wie eine Abenteuer-Reise durch das Reich der Träume. Wenn man aber das Gewicht auf die Kette der Kontexte legt, die sich durch die Einfälle zu diesen Träumen ergeben haben, dann ist es, als ob man in einem Tagebuch des Unbewussten blättert. Die ganze Lebensgeschichte ist in ihm dann gegenwärtig. Träume deuten das Leben und das Leben deutet die Träume.

Literatur

Binswanger, Ludwig, Traum und Existenz, in: Ausgewählte Werke, Bd 3, hrsg. von Max Herzog, Roland Asanger Verlag, Heidelberg 1994.
Binswanger, Ludwig, Wandlungen in der Auffassung und Deutung des Traumes von den Griechen bis zur Gegenwart, Springer, Berlin 1928.
Boss, Medard, Der Traum und seine Auslegung, Kindler, München 1974.
Boss, Medard, Es träumte mir vergangene Nacht, Huber, Bern, 1975.
Freud, Sigmund, Die Traumdeutung, Ges. Werke Band 2/3, 6. Auflage, Fischer, Frankfurt 1976.
Jung, Carl Gustav, Allgemeine Gesichtspunkte zur Psychologie des Traumes, und: Vom Wesen der Träume, in: Grundwerk, Bd 1, 2. Aufl., Walter, Olten 1988.
Strauch, Inge und Barbara Meier, Den Träumen auf der Spur, Huber, Bern 1992.
v.Uslar, Detlev, Der Traum als Welt. Sein und Deutung des Traums, 3. Aufl., Hirzel, Stuttgart 1990.
v.Uslar, Detlev, Sein und Deutung, Hirzel, Stuttgart: Bd 1, Grundfragen der Psychologie, 3. Aufl. 1992; Bd 2, Das Bild des Menschen in der Psychologie, 2. Aufl. 1992; Bd 3, Mensch und Sein, 1991; Bd 4, Traum, Begegnung, Deutung, 1994.
v.Uslar, Detlev, Was ist Seele?, Königshausen und Neumann, Würzburg 1999.

Die Graphologie im Rahmen der Psychologie

Detlev v. Uslar

Wenn man sich die Frage nach der Stellung der Graphologie im Gesamtrahmen der Psychologie stellt, bemerkt man, daß es hier ganz verschiedenartige Zusammenhänge gibt. So kann man die Graphologie als einen Teil der diagnostischen Psychologie betrachten. Ebenso hat sie aber auch seit Klages eine paradigmatische Bedeutung für das Verständnis der Ausdruckspsychologie. Wenn man bedenkt, daß die Handschrift einen Menschen sein ganzes Leben hindurch begleitet, dann wird einem deutlich, daß die Graphologie auch eine direkte Beziehung zur Entwicklungspsychologie und zur Erforschung des Lebenslaufs und der Biographie hat. Alle diese Einordnungen scheinen aber zu kurz zu gehen, wenn man davon ausgeht, daß die Schrift ein geschichtlich gewordenes Zeugnis ist und daß jeder, der schreibt, dadurch in einen großen Strom geschichtlicher Entwicklung eingelassen ist.

Schließlich steht Schrift auch in einer engen Beziehung zur Sprache und damit zum Wesen des Geistes. Der Ausdrucksgehalt der Handschrift muß darum immer auch im Zusammenhang mit dem Bedeutungsgehalt der menschlichen Sprache gesehen werden. Handschriften können sich über Jahrhunderte hinweg erhalten. Die Vertiefung in die handschriftlichen Zeugnisse von Menschen längst vergangener Zeiten können uns einen inneren Zugang erschließen zu dem, was damals lebendig war. Das gilt besonders dann, wenn es sich um die Schriften von Menschen handelt, die uns als Urheber von Werken bedeutsam sind, welche uns noch heute ansprechen, wie zum Beispiel Musikwerke des Barockzeitalters oder Werke der bildenden Kunst.

Dies alles zeigt, daß die Deutung der Handschrift in einer anthropologisch orientierten Psychologie, die von demjenigen ausgeht, was den Menschen als Menschen kennzeichnet, eine besondere Rolle einnehmen kann. Das deutende Verstehen ist die genuine Methode der Psychologie. Beispielhaft dafür sind die Traumdeutung, die Deutung des Ausdrucksgeschehens oder unser gegenseitiges, deutendes Verstehen im Gespräch. In diesen Zusammenhang gehört auch die Deutung der Handschrift. Aus den bisherigen Überlegungen ergibt sich auch, daß die Graphologie im Studium der Psychologie einen wichtigen Platz einnehmen muß. Dabei hat sie auch die Funktion einer Übung im Sehen und Deuten.

Ich möchte nun den hier skizzierten Zusammenhängen im Einzelnen nachgehen.

Graphologie und Diagnostik

Im Zusammenhang mit der diagnostischen Beurteilung eines Menschen ist es wesentlich, daß verschiedene Perspektiven und Zugänge einander ergänzen. Gerade hier spielt die Graphologie in der Verbindung mit psychologischen Testverfahren eine wesentliche Rolle. Während psychologische Tests auf künstlich herbeigeführten

Situationen beruhen und gleichsam eine Momentaufnahme bilden, stellt die Handschrift ein gewordenes und gewachsenes Zeugnis des Menschen dar. Sie ist eine natürliche Spur seiner Eigenart, während Testergebnisse eher eine Antwort auf eine eigens zu diesem Zweck von uns arrangierte Situation sind. Für alle psychologischen Testverfahren gilt, daß sie sich gegenseitig ergänzen und korrigieren können. Oft sind es gerade diejenigen Züge und Eigenheiten eines Menschen, die sich in verschiedenen Testverfahren auf verschiedene Weise zeigen, welche uns aufmerksam machen und aus welchen wir ernsthaft Konsequenzen für unser Urteil ziehen.

Andererseits können Testergebnisse sich gegenseitig relativieren. Das Versagen in einem Leistungstest kann zum Beispiel durch die Ergebnisse projektiver Testverfahren verständlich gemacht werden, und diese können uns darauf hinweisen, daß die betreffende Person in Wirklichkeit über ein größeres Leistungsvermögen verfügt, als es sich momentan in den Leistungstests gezeigt hat.

In einem noch weitgehenderen Maße kann eine Vertiefung in die Handschrift uns oft helfen, die Testergebnisse einzuordnen und zu verstehen. Wenn auch in der Handschrift sich ähnliche Störungen zeigen wie in den Testergebnissen, so erhalten diese dadurch ein verstärktes Gewicht. Wenn aber die Handschrift eine größere Ordnung, Ruhe und Ausgeglichenheit zeigt, als die Testergebnisse vermuten lassen, so kann uns das veranlassen zu prüfen, ob nicht die Testergebnisse durch situationsbedingte Aufregung und andere Umstände ein dramatisiertes Bild der Person gegeben haben. Das Zusammenspiel von graphologischer Deutung, metrischen Testverfahren und projektiven Tests ermöglicht eine vieldimensionale Betrachtung der Person und ihrer Situation, die zu einem besseren und sachgerechteren Urteil führt, als solche Beurteilungen, die sich nur auf einzelne Testverfahren allein stützen.

Diese Beobachtung habe ich zum Beispiel im Gebiet der verkehrspsychologischen Begutachtung von Menschen im Hinblick auf ihre Fahrtauglichkeit machen können. Eine scheinbar so umgrenzte und definierte Fragestellung wie die der Beurteilung der Fahrtauglichkeit eines Menschen verlangt doch von uns die Zusammenschau vieler Momente wie zum Beispiel der Leistungs-, Reaktions- und Konzentrationsfähigkeit auf der einen Seite und der charakterlichen Stabilität und Instabilität auf der anderen Seite. Die Ergebnisse einer Untersuchungssituation müssen dabei wenn immer möglich im Zusammenhang mit der Lebensgeschichte und in diesem speziellen Fall der Verkehrsvorgeschichte betrachtet werden.

Auch hier ist es nun ein Vorzug der Handschrift, daß sie gleichsam einen größeren Zeitraum einfängt. Sie kann uns ein Bild der Anpassungs- und Einpassungsmöglichkeiten eines Menschen bieten. Sie kann uns zeigen, ob und wie weit er das Spiel der in ihm wirkenden Kräfte und der Einflüsse der Situation einigermaßen im Gleichgewicht halten kann. Bei derartigen diagnostischen Untersuchungen, die fast immer in einem begrenzten Zeitraum – und unter dem Zwang, eine Entscheidung zu finden, durchgeführt werden, besteht ein großer Vorteil der Graphologie auch darin, daß es für den geübten Beurteiler möglich ist, aus einer Schrift Hinweise und Informationen nicht nur durch eine lange Vertiefung in das Bild der Handschrift zu erhalten, sondern oft auch schon durch einen kurzen Blick, welcher Zusammenhänge aufleuchten läßt und Hintergründe erhellt. Diese Überlegungen bringen uns in die Nähe des nächsten Themas: Graphologie und Ausdruckspsychologie. Weil die Graphologie primär ein Sehen ist, ermöglicht sie ebensowohl eine vertiefte, immer mehr Details und Differenzierungen entdeckende Betrachtungsweise, wie auch einen kurzen zusammenfassenden Blick, der ohne alle Einzelheiten artikulieren und bewußt machen zu müssen, doch einen Gesamtzusammenhang spürbar werden läßt, in welchen andere Untersuchungsergebnisse sich einordnen lassen.

Graphologie und Audruckspsychologie

Ludwig Klages hat mit besonderer Deutlichkeit gesehen, daß die Handschrift eine geronnene Bewegungsspur ist, die man wieder beleben kann, wenn man in Gedanken oder auch wirklich die Bewegung einer Handschrift nachvollzieht. Alles ins Einzelne gehende graphologische Wissen über die Bedeutsamkeit einzelner Merkmale wird immer wieder zu einer lebendigen Einheit zusammengefaßt, wenn man in dieser Weise im Nachvollziehen der Bewegungsspur das in sich aufsteigen läßt, was in der Existenz des Schreibers lebendig war. Dieser Nachvollzug einzelner Wendungen und Fügungen einer Schreibbewegung gehört zu den reizvollsten Erfahrungen und Erlebnissen der Graphologie. Es ist in diesem Moment etwas von dem Menschen da, mit dem man es zu tun hat, das einen zu tiefer Nachdenklichkeit und gewissermaßen zu einem Hineinhorchen in sich selbst führt und mit dem etwas von der Welt und der Wirklichkeit dieses Menschen auftaucht.

Sehr vieles hängt also in diesem Zusammenhang davon ab, wie man das Wesen der menschlichen Bewegung und ihre ausdruckspsychologische Bedeutung versteht und erklärt. Die Ausdruckspsychologie hat dabei vor allem mit zwei Schwierigkeiten zu kämpfen, einmal mit einer Orientierung des Denkens nach dem Schema Innen-Außen, wobei das Innen vorwiegend als das Psychische, Unräumliche gesehen wird, das Außen aber als Körperoberfläche, die eigentlich zur physikalischen Welt gehört. Das kann zu der gleichsam künstlichen Frage führen, wie es denn möglich sei, daß sich Seelisches und Innerliches auf der Körperoberfläche ausdrücken kann und wie denn dieses verstanden werden könne.

Die andere Schwierigkeit der Ausdruckspsychologie liegt darin, daß sie in den vergangenen Jahrzehnten in Konkurrenz geraten ist mit einem operationalisierenden, metrisch nach dem Ideal der Exaktheit orientierten Denken in der Psychologie. Das kann leicht dazu führen, daß die Ausdruckserscheinungen experimentell isoliert und dem Versuch der Messung unterworfen werden. Die Ergebnisse solcher Experimente sind interessant. Sie können aber leicht vom ganzheitlichen Zusammenhang wegführen, der in Wahrheit für das Verstehen des Ausdrucksgeschehens entscheidend ist. Wir müssen uns also zunächst die Frage stellen, ob die Dimension Innen-Außen für das Verständnis der Ausdruckspsychologie den richtigen Zugang bedeutet und ob die

Identifikation der Wissenschaftlichkeit mit dem Ideal des metrischen Objektivierens für diese Wissenschaft überhaupt zutreffend ist.

Für unser natürliches, alltägliches Verständnis ist Seele nicht einfach etwas Innerliches, Unräumliches, das mit einem physikalisch funktionierenden Körper auf rätselhafte Weise verbunden ist, sondern die seelische Wirklichkeit eines Menschen ist vielmehr die lebendige Art seines Gegenwärtigseins im Raum und in der Zeit, die Art und Weise, wie er uns begegnet und wie er uns gegenüber steht. Wir sehen zum Beispiel einen Menschen, der nachdenkt und grübelt, einen Menschen, der heiter und vergnügt oder traurig und verstimmt ist, einen Menschen, der sich anderen zuwendet oder sich in sich selbst zurückzieht. Das alles sind Weisen, wie er uns gegenwärtig ist. Wir nehmen ihn als Ganzes wahr und nicht als eine aus Körper und Seele zusammengesetzte Substanz. Leiblichkeit ist darum ein Wesenszug seelischer Wirklichkeit überhaupt. Seele ist die Art und Weise unseres leiblichen, zeitlichen und gemeinsamen Präsentseins auf der Welt. So ist der Mensch auch in seinen Bewegungen präsent. Wir sehen ihn als den gestrafften, aktiven oder als den gedrückt und erschlafft Dasitzenden. Wir empfinden ihn als den, der sich harmonisch und entspannt bewegt, oder als einen Menschen, der uns verkrampft und forciert gegenübertritt. In diesem allem ist uns seine seelische Wirklichkeit unmittelbar gegenwärtig und wir reagieren auf ihn durch unser eigenes Verhalten und unsere eigene Haltung.

Das Ausdrucksgeschehen ist in unser gegenseitiges Miteinandersein eingebettet, es steht in Bezug zu unserer gemeinsamen Situation und ihren Sinn- und Verweisungszusammenhängen und kann nur aus dieser Einbettung heraus zureichend verstanden werden. Auch die Schrift eines Menschen ist eine lebendige Spur seiner Wirklichkeit. Wie seine Fußtritte im Sand oder das Geräusch seiner Schritte, das wir hören, wenn er eine Treppe hochsteigt, gehört sie zu der Sphäre, in der ein Mensch gegenwärtig ist. Wenn man das bedenkt, wird deutlich, wie reizvoll es ist, daß wir hier Spuren vor uns haben, die nicht so schnell verwischt werden, sondern unter Umständen sich durch Jahrhunderte hindurch erhalten können. Es wird auch deutlich, wie interessant es sein muß, diese Spur seiner Bewegung zusammen zu sehen mit andern Spuren, zum Beispiel mit Werken, die er geschaffen hat, oder mit Zeugnissen seines Wirkens in der situativen und politischen Wirklichkeit. Ebenso interessant wird es sein, den Rhythmus und den Fluß einer Handschrift zu vergleichen mit dem Bewegungsrhythmus der Art, wie ein Mensch geht und den Raum ausfüllt, oder mit dem Klang und der Modulation seiner Stimme, mit der Art und Weise, wie er seine Gedanken in der Rede darstellt, oder wie sein Nachdenken sich in den Pausen seines Sprechens bemerkbar macht.

Es scheint mir also sinnvoll, das Studium der Handschrift einzubetten in die Betrachtung vielfältiger Zeugnisse ein und desselben Menschen. Die deutlichste Artikulation erfährt das Wesen eines Menschen wohl immer in der Sprache, in dem, was er sagt, und in den Sinnzusammenhängen, die sich darin verwirklichen. Mir scheint, daß man darum weder die Ausdruckspsychologie noch die Deutung der Handschrift allzusehr losreißen und isolieren sollte von dem Verständnis der sprachlichen Artikulation eines Menschen.

Es geht dabei aber auch nicht nur um das Verständnis dieses Menschen, sondern primär um das Verständnis der zur Sprache gebrachten Sache, die verschiedene Menschen im Gespräch verbindet. Man sollte also die Handschrift gerade auch in ihrer Einbettung in die Sinnartikulation unserer gegenseitigen Mitteilungen und Äußerungen, d.h. in der Einbettung in die sprachliche Wirklichkeit, verstehen. Das muß nicht der Maxime widersprechen, daß es gut ist, eine Handschrift zunächst zu deuten, ohne auf den Inhalt des Geschriebenen Rücksicht zu nehmen. Aber auf einer anderen Ebene ist gerade die Verbindung der Bedeutsamkeit einer Handschrift mit den Sinn- und Bedeutungszusammenhängen des Geschriebenen und der im Schreiben artikulierten Sache des Denkens wichtig.

Mit diesen Überlegungen nähern wir uns einem weiteren Abschnitt unseres Themas, nämlich dem Zusammenhang von Graphologie, Deutung und Bedeutsamkeit.

Graphologie und Deutung

Deutung ist die genuine Methode der Psychologie. Es geht darum, den Menschen aus seiner Welt und seinen Sinnbezügen heraus zu verstehen. Auch die Erhebung experimenteller Daten dient letztlich dem Verständnis des Menschen in seiner Welt. Auch die Ergebnisse metrischer und operationalisierter Verfahren sind deutungsbedürftig und müssen eingeordnet werden in ein größeres Ganzes. Ein Paradigma der Deutung in der Psychologie ist sicherlich die Traumdeutung, wie sie vor allem durch das Werk Sigmund Freuds begründet worden ist. Ein anderes Paradigma ist die Deutung der Handschrift und des Ausdrucksgeschehens, der Ludwig Klages die entscheidende Richtung gegeben hat. Was heißt Deuten? Deuten können wir immer nur das in sich Bedeutsame, das, was in sich selbst Verweisungszusammenhänge enthält.

Der Traum zeigt den Menschen in seinen weltlichen Verweisungszusammenhängen. Der Traum ist eine in sich geschlossene Welt, die im Erwachen in Zusammenhang gerät mit der Welt unserer wachen Existenz. Beide machen sich gegenseitig hintergründig und deuten sich gegenseitig. Traumdeutung ist daher das Ausziehen und Artikulieren von Perspektiven und Verweisungsbezügen, die im geträumten Traum selbst liegen.

In ähnlicher Weise ist auch die Deutung der Handschrift ein Ausziehen und Artikulieren von Verweisungsbezügen. Es sind die Verweisungen, die in der Art unserer Bewegung liegen. In dieser artikuliert sich unsere leibliche Präsenz im Raum und in der Zeit. Die Deutung der Handschrift ist darum eigentlich Deutung der Leiblichkeit. Die Handschrift sagt etwas darüber aus, wie ein Mensch leiblich, geistig und seelisch da ist, wie er einen Raum ausfüllt, wie er eine Form gestaltet, wie er sich im Spiel seiner Bewegungen verwirklicht. Wir aktivieren diese Verweisungen, indem wir uns diese Bewegung zu eigen machen, dadurch, daß wir die geronnene Bewegungsspur im Betrachten und Analysieren wieder beleben. Indem wir dieses tun, ersteht um uns gleichsam der Raum, in dem ein Mensch sich bewegt, die Heftigkeit und Ruhe seiner Zuwendungen und Abwendungen, die Spannung oder Entspanntheit, mit der er da ist, die Energie seines Auftretens oder die Feinheit und Sensibilität seiner Reaktionen. Indem wir seine Bewegungen und die in ihnen gestalteten Formen uns zu eigen machen, erfassen wir etwas von der Energie seines Daseins, von der Art, wie er in seinem Körper wohnt, von der Präsenz und Gegenwart, die seinem Sein Sinn gibt, und auch von der Angst und Unsicherheit, die seine Existenz bedroht, von den Kräften, die an seiner Wirklichkeit zehren, von seiner Auseinandersetzung mit dem Nichts und der Endlichkeit des Daseins. Die Schrift ist gleichsam ein Spiegel dieser elementaren Bezüge zum Leben, zur Wirklichkeit und zum Bedrohtsein, zum Erfahren von Sinn und Sinnlosigkeit in der realen und leiblichen Existenz eines Menschen in dieser Welt und zu einer bestimmten Zeit.

Wenn wir Handschriften aus verschiedenen Epochen eines Lebens sehen, spüren wir etwas von der Dauerhaftigkeit und dem Wandel dieser Haltungen des Lebens. Es gehört ja zu den besonderen Möglichkeiten der Graphologie, daß sie die Zeugnisse eines Menschen über viele Jahre und Jahrzehnte hinaus betrachten und gleichsam in den Handschriften die Spuren seiner Geschichte sehen kann. Darum gibt es eine elementare Beziehung der Graphologie zur Psychologie der Entwicklung und des Lebenslaufs, zur Zeit und zur Geschichte.

Die Handschrift als Zeugnis der Entwicklung, des Lebenslaufs und des Zeitstils

In jedem Augenblick gehören zur Wirklichkeit eines Menschen auch der Horizont seiner Vergangenheit, sein Gewordensein in der bisherigen Lebensgeschichte, und die Offenheit der Zukunft, die Möglichkeiten, welche sich aus ihr erschließen. Wilhelm Dilthey hat besonders deutlich gemacht, daß seelische Wirklichkeit uns primär als ein Ganzes gegeben ist, in dem wir Einzelheiten artikulieren und differenzieren können, das aber in sich selbst einen komplexen Zusammenhang darstellt. Dieses Ganze ist die Fülle unserer Beziehungen zur Welt, die Fülle unserer Gedanken, Phantasien, Vorstellungen und Gefühle. Es ist aber immer zugleich auch die Fülle von Vergangenheit, Gegenwart und Zukunft. All dies ist es, das wir eigentlich mit anklingen lassen, wenn wir Ich sagen. Aber auch das Du begegnet uns als dieses Ganze im Zusammenhang seines Lebenslaufes, aus dem es herkommt und zu dem die Offenheit seiner Zukunft gehört.

Die Handschrift hat ihren Ort ja vor allem in der gegenseitigen Mitteilung, zum Beispiel in Briefen, die wir uns schreiben, in den Zeugnissen schriftlich fixierter Sprache. Sprache ist ihrem Wesen nach Gespräch und Kommunikation, ist Beziehung zwischen Menschen, die sich in ihren Lebensläufen an bestimmten Orten und zu bestimmten Zeiten begegnen.

Die Handschrift muß also eigentlich im Gesamtzusammenhang eines Geflechts von Bezügen gesehen werden, die die Zeit und den Raum erfüllen und die uns miteinander so verbinden, daß sie dabei die Individualität und Subjektivität des Einzelnen immer auch überschreiten. Handschriften im Zusammenhang der Zeit zu sehen, heißt also nicht nur, sie im Zusammenhang des Lebenslaufs einzelner Menschen zu sehen, sondern zugleich immer auch, sie im Zusammenhang verschiedener Epochen der Menschheitsgeschichte zu betrachten. Handschriften spiegeln ja immer auch den Stil ihrer Zeit und der Welt, in der die schreibenden Menschen leben oder gelebt haben.

Andererseits gibt es eine Entwicklung des Schreibens und Schreibenkönnens, die vor allem in der Kindheit und Jugendzeit unseren persönlichen Lebenslauf begleitet. Das Erlernen des Schreibens bildet einen wesentlichen Inhalt der Schule in den ersten Jahren. Wenn wir die Schriftzeugnisse eines Menschen von seiner frühen Kindheit an verfolgen können, so sehen wir unter Umständen, wie er langsam in seine Schrift hineinwächst, wie er die konvulsiven Umwälzungen und Spannungen der Pubertätszeit zum Beispiel darin verarbeitet und wie er schließlich im glücklichen Falle ein Gleichgewicht und eine harmonische Form findet, die für ihn persönlich charakteristisch sind, indem sie zugleich ein Stück des Zeitgeistes verwirklichen. Besonders interessant sind in dieser Beziehung die Handschriften von Menschen, deren Bezug zum Stil der Zeit uns auch durch andere Spuren ihrer Existenz zugänglich ist, zum Beispiel durch Werke der Musik und der bildenden Kunst, durch dichterisch gestaltete Sprache und philosophisches Denken, oder durch Handlungen, die von politischer Relevanz waren.

Eine Psychologie, die von dem ausgehen will, was den Menschen als Menschen kennzeichnet, wird seelisches Sein und seine Zeugnisse nicht nur im Rahmen der Individualität betrachten, sondern gerade auch im Rahmen dessen, was den Menschen von anderen Lebewesen unterscheidet, nämlich im Rahmen der Zeugnisse von Sprache, Kunst, Religion, Politik und Geschichte. Dilthey hat in diesem Zusammenhang die Psychologie als die Grundlagenwissenschaft der Geisteswissenschaften betrachtet, weil sie sich mit dem Boden beschäftigt, aus dem die geistigen Zeugnisse menschlichen Seins herauswachsen. In einer solchen Betrachtungsweise der Kunst, der Sprache und der Philosophie liegt natürlich immer die Gefahr des Psychologismus, des bloßen Weg-Erklärens und Zurückführens auf biographische Ereignisse. Es gibt aber auch die umgekehrte Möglichkeit, daß man den Menschen als solchen auch psychologisch aus jenen Gestaltungen her zu verstehen sucht, die die höchste Konzentration von Sinnzusammenhängen und Verweisungsbezügen darstellen, nämlich aus den Werken der Kunst, der Dichtung, der Philosophie und Religion, oder aus den Handlungszusammenhängen politischer Wirklichkeit. In diesem Sinne möchte ich die hier angestellten Überlegungen durch die Betrachtung von drei Handschriften ergänzen, die in solchen Zusammenhängen gesehen werden können, nämlich der Handschrift eines Künstlers, der Handschrift eines Philosophen und der Handschrift eines Politikers.

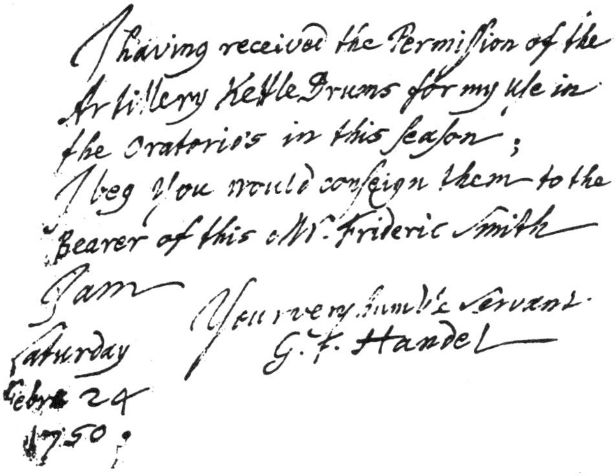

I having received the Permission of the Artillery Kettle Drums for my Use in the Oratorio's in this season; I beg you would consign them to the Bearer of this Mr. Frideric Smith

I am
Saturday
Febry 24
1750

Your very humble Servant
G. F. Handel

Abb. 1 Georg Friedrich Händel, 24.2.1750

Abb. 2 Georg Friedrich Händel
1685 – 1759

Abb. 3 Winston Churchill
1874 – 1965

Abb. 4 Martin Heidegger
1889 – 1976

Beispiele:

Georg Friedrich Händel

Die Abbildungen 5 bis 6 enthalten Ausschnitte aus einer Schrift von Georg Friedrich Händel (vgl. Abb. 1). In einem gedruckten Artikel kann man nicht wie in einer Vorlesung oder einem Vortrag gleichzeitig diese Schrift zeigen und ein Beispiel der Musik von Händel vorspielen. Der Leser kann sich aber in der Erinnerung Musik von Händel vorstellen oder während der Betrachtung des Schriftbeispiels sich Musik von Händel vorspielen. Er wird dann spüren, wie der Duktus und das Leben dieser Handschrift in sehr deutlicher Weise zur Lebhaftigkeit und Gestaltetheit der Musik von Händel passen. Mir ist das besonders einleuchtend geworden bei dem Anhören einer Wiedergabe von Händels Ouverture zum Alexander-Fest. Die Schrift wirkt auf uns selbst wie Musik. Sie zeigt einen kraftvollen Rhythmus und zugleich eine klare sehr gut lesbare Form. Einzelne Buchstaben sind mit Genuß gestaltet und doch zugleich in den Rhythmus des Ganzen einbezogen. Bei der Art, wie zum Beispiel der Name Frideric Smith geschrieben ist, glaubt man, Händel als Dirigenten zu sehen. Wenn man versucht, den Duktus dieser beiden Worte mit der Hand nachzuvollziehen, bemerkt man, mit welcher Energie, Klarheit und Präzision die Striche geführt sind und wie dabei die Form zu äußerster Klarheit und Einfachheit gebracht worden ist. Zugleich wird man in einen fortlaufenden Bewegungszug einbezogen, der in elastischem Vor- und Zurückschwingen und wunderbaren Bögen gleichsam tänzerisch dem Sich-Entfalten der Buchstaben folgt. Man sieht diesen Schwung am Ende des Wortes bei dem Namen Smith ausschwingen und weitertragen.

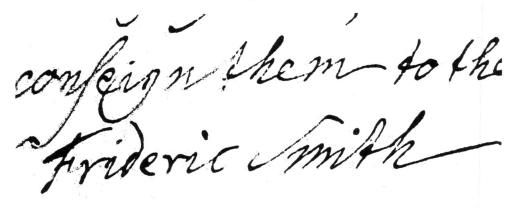

Abb. 5   Händel 1750, Ausschnitt

Ähnliches erlebt man, wenn man Händels Unterschrift auf diesem Schriftstück nachvollzieht. Selbstbewußt und klar und auf der anderen Seite sehr vereinfacht und durchsichtig sind die drei Großbuchstaben G, F, H hingesetzt. Die Art, wie der Name Händel geschrieben ist, zeichnet sich durch eine überragende Lesbarkeit aus. Hier ist nichts verschleiert oder durch unwesentliches Beiwerk verziert, sondern die hingeschriebenen Buchstaben stehen so da, daß das Gesamtbild des Namens in einer gültigen Form einleuchtet.

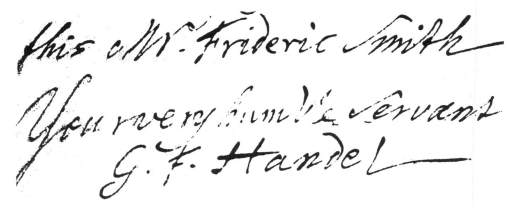

Abb. 6   Händel 1750, Unterschrift

Betrachten wir nun die Schrift mit einem etwas größeren Abstand, so spüren wir die klare Einheit von Takt und Rhythmus, die das Ganze durchzieht. Die Strenge der Form verbindet sich mit einem genußvollen Ausschwingen-lassen einzelner Unterlängen und mit einem tänzerischen Hin und Her der Bewegungsführung. Die Schrift stellt eine besonders gelungene Verbindung von Form und Bewegung dar. Je mehr wir uns in sie vertiefen, um so mehr wird aus ihr ein Mensch in seiner Präsenz und vibrierenden Ausstrahlung gegenwärtig werden.

Martin Heidegger

Das nächste Beispiel führt uns in eine andere Zeit, aber auch in eine ganz andere Domäne menschlichen Geistes und zu einer ganz anders gearteten Persönlichkeit. Auch diese Schrift zeichnet sich durch eine besondere Lesbarkeit und Klarheit aus, vorausgesetzt natürlich, daß man die Buchstaben der sogenannten deutschen Schrift kennt. Zunächst scheint die Schrift nicht besonders auffällig. Die Formen folgen relativ sorgfältig der Vorlage. Man sieht, daß der Schreiber verstanden werden will und sich auch Mühe gibt, die Schrift sorgfältig und deutlich zu artikulieren.

Bei einer näheren Betrachtung drängen sich aber einzelne Züge auf, die den Rahmen aufzusprengen scheinen und irgendwie in eine ganz andere Dimension führen. Es sind Obenzüge, die steil in die Höhe schießen und nicht in einer Schleife oder irgend einer anderen Form enden, sondern irgendwo in der Höhe aufzuhören scheinen. Diese Schriftzüge sind für Heideggers Schrift immer wieder besonders charakteristisch. Ludwig Klages hat einmal gesagt, daß solche, aus dem Schriftduktus gleichsam herausragenden, in die Höhe führenden Schriftzüge, die nicht mehr zurückschwingen, sondern gleichsam in einer oberen Region verbleiben, ein Zeichen sein können für eine Beziehung zum Religiösen, Transzendenten oder Metaphysischen.

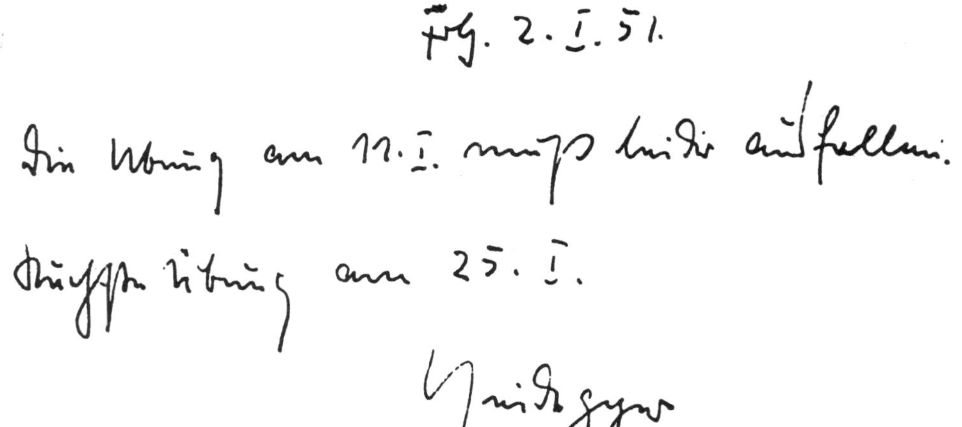
Frbg. 2. I. 51.

Die Übung am 11. I. muß leider ausfallen.

Nächste Übung am 25. I.

Heidegger

Abb. 7 Martin Heidegger, 2.1.1951

Wenn man sich nun in die Philosophie Heideggers vertieft, so bemerkt man, daß sehr häufig auch seine Vorträge so aufgebaut sind, daß sie mit dem Verständlichen, Vertrauten und Üblichen beginnen und auf diesem Wege den Zuhörer eine Zeit lang in scheinbar vertrauten Bahnen führen, bis plötzlich und oft sehr unvermittelt etwas absolut anderes hereinbricht, sich alle gewohnten Formen aufzulösen scheinen und eine andere Dimension erreicht wird. Heidegger hat einer Sammlung solcher Aufsätze und Vorträge den Titel ‚Holzwege' gegeben und dazu im Motto dieses Buches geschrieben, daß Holzwege Wege im Wald sind, die jäh und unvermittelt im Unbegangenen enden. Es ist als ob diese unvermittelt auftretenden jähen Oberzüge in der Handschrift genau diese Seite seines Denkens und seiner Persönlichkeit vertreten. Auch in der Stimme Heideggers konnte in entscheidenden Momenten eine solche Spannung auftreten, die die Stimme gleichsam in die Höhe trieb. Es ist der immer wieder durchbrechende Zug zu etwas Ungewöhnlichem, der vertrauten Form Widersprechendem, der das Werk des Denkers bestimmt und ihn zu einem geistigen Revolutionär macht, der auf der anderen Seite in großer Feinheit und Feinfühligkeit die Formen der Tradition aufnimmt, allerdings um sie anzuverwandeln und umzuschmelzen.

Abb. 8 Heidegger 1951, Ausschnitt

Wenn man sich in diese Handschrift vertieft, kann man darin durchaus die Persönlichkeit des Menschen wiederfinden, der verhalten und distanziert wirken konnte und plötzlich im Gespräch gleichsam etwas anderes aufblitzen lassen konnte, das seine Hörer und Schüler mitgerissen hat. Wenn wir einmal versuchen, den Bewegungsduktus des Wortes ‚ausfallen' in unserem Handschriftbeispiel mit der Hand nachzuführen, dann empfinden wir etwas von diesem plötzlichen seismographischen Ausschlag, der in der Gestaltung des Buchstabens ‚s' zum Durchbruch kommt, aber sofort wieder aufgefangen wird in der klar gestalteten Form der folgenden Buchstaben.

Eine ähnliche Doppelgesichtigkeit zeigt sich schließlich in der außerordentlich charakteristischen Unterschrift des Philosophen, die ihre Form durch viele Jahrzehnte hindurch bewahrt hat. Der Anfangsbuchstabe ‚H' ist hier zu einem einheitlichen Zug verwandelt und vereinfacht worden, der wie ein Signal wirkt und gleichsam symbolisch für den Willen zur Umwandlung und verändernden Gestaltung steht, während der Rest dieses Namens wieder außerordentlich deutlich und lesbar in Formen geschrieben ist, die sich bemühen, die traditionelle Schriftvorlage nicht zu weit zu verlassen. Es ist eine spannungsvolle Einheit, die aus diesem Bild der Unterschrift spricht, das ja immer in gewisser Weise auch ein Selbstbildnis ist.

Die Abbildungen 9 bis 12 zeigen Unterschriften Heideggers aus vier verschiedenen Jahrzehnten. Die früheste Schrift stammt aus einem Bibliotheksleihschein vom 3.12.1912. Es ist die Schrift des 23-jährigen Studenten, die sich noch durch eine gewisse Linksschrägheit auszeichnet. Wenn man die Bilder des Philosophen aus dieser und früheren Zeiten betrachtet, sieht man den Grad des Eigenwillens und auch der Abgrenzung gegenüber der Umwelt, die ihn in manchem als einen Revolutionär erscheinen lassen. Andererseits ist auch hier die klare und beabsichtigte Lesbarkeit dominierend. Das ‚H' ist als Großbuchstabe gestaltet und hebt sich vom restlichen Namen ab, aber es hat noch nicht die vereinfachte Form, die die spätere Handschrift kennzeichnet.

Abb. 9   Heidegger, 3.12.1912, 23 Jahre

Die nächste Unterschrift stammt aus einem Schriftbeispiel vom 2.1.1951. Es ist die Schrift des 61-jährigen, der ein bedeutendes Lebenswerk geschaffen und die Philosophie entscheidend verändert hat. Die Schrift ist weicher und ausgeschriebener, aber der Grundduktus zeigt doch eine erstaunliche Ähnlichkeit mit der Jugendschrift. Nur das umgestaltete und verwandelte ‚H' am Anfang springt einem gleichsam in die Augen, obwohl es in den energischen und in kurzen Rhythmen gestalteten Gesamtduktus der Unterschrift einbezogen ist.

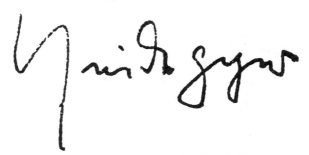

Abb. 10   Heidegger, 2.1.1951, 61 Jahre

Das nächste Beispiel vom 21.3.1965 zeigt die Unterschrift des inzwischen 75-Jährigen. Die Schrift ist in gewisser Weise weicher und konzilianter geworden. Sie zeigt in den Großbuchstaben ‚M' und ‚H' einen fast etwas tänzerischen Rhythmus, obwohl das ‚M' zugleich die für den Schreiber so charakteristischen inneren Spannungen enthält. Aber auch bei dieser Schrift des 75-Jährigen ist die Kontinuität mit den früheren Unterschriften, die klare Lesbarkeit in der Gestaltung der Kleinbuchstaben eindrucksvoll.

Abb. 11   Heidegger, 21.3.1965, 75 Jahre

Das vierte Beispiel schließlich ist die Schrift des 84-Jährigen auf einer Karte vom 15.10.1973. Man sieht hier die Verwandlung der Schrift durch das Alter, die sich in der Strichführung bemerkbar macht, doch zugleich den selben klaren Gestaltungswillen, der wie in den früheren Beispielen das große ‚M' des Vornamens Martin und das große ‚H' des Nachnamens Heidegger besonders hervorhebt, andererseits ist die Gestaltung gleichsam klassischer geworden. Die Großbuchstaben sind in das Gesamtbild zurückgenommen, das eine in sich gültige und ausgewogene Einheit darstellt. Gerade diese Unterschrift scheint sich zu entfalten, wenn man sie länger betrachtet und eine gefundene, endgültige Form zu repräsentieren.

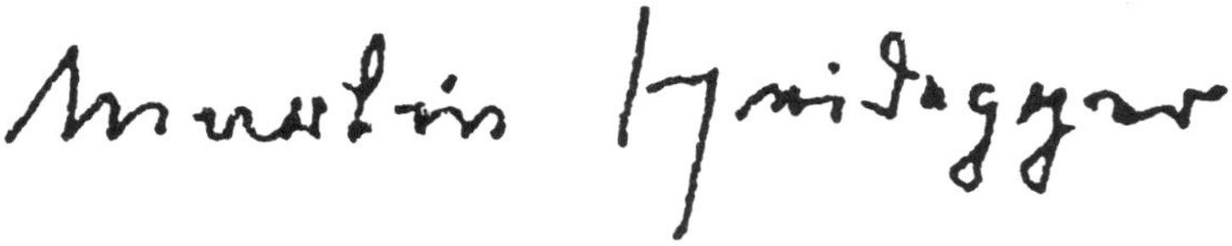

Abb. 12   Heidegger, 15.10.1973, 84 Jahre

Winston Churchill

Unser drittes Beispiel gehört zu einem Mann des Handelns und der Praxis. Auch diese Schrift zeichnet sich aus durch eine positive Beziehung zur überkommenen Form. Die Worte sind als zusammenhängende Einheiten in sich gestaltet, die gleichsam in einem weiten Raum zu schwimmen scheinen. Zum Kennzeichnenden dieser Schrift gehören die großen Wortabstände, die dem Gesamtduktus einen weiten Atem geben und gleichsam viel Raum zum Nachdenken lassen. Wenn man die Schrift in diesem Hinblick auf das Verhältnis von gestalteter Form und Zwischenraum betrachtet, dann bemerkt man, je länger man sich darein vertieft, umso mehr die Größe und Weite des Entwurfes. Man spürt in diesen Abständen von einem Wort zum anderen den Reichtum der Überlegung und der Einfälle.

An diesem Beispiel ist es besonders interessant, den Duktus der Handschrift mit dem Duktus des gesprochenen Wortes zu vergleichen. Es gibt eine Tonaufnahme der Rede, die Winston Churchill etwa zur selben Zeit, wie dieser Brief geschrieben ist, nach dem Ende des zweiten Weltkrieges in der Universität Zürich gehalten hat, eine

Rede, die mit den berühmten und weit in die Zukunft weisenden Worten endet: "Therefore I say to you, let Europe arise". Es waren Worte, die zum Beispiel von den Hörern oder Lesern in Deutschland in jener Zeit wie die Eröffnung einer neuen Zukunft vernommen wurden. Wenn man nun diese Rede hört, so fällt einem auf, daß immer wieder in entscheidenden Passagen die Abstände zwischen den einzelnen gesprochenen Worten außerordentlich groß sind. Jedes dieser Worte, auch wenn es wenig betont wird, bekommt dadurch eine außerordentliche Geltung. So spiegelt sich in der gesprochenen Sprache etwas ähnliches wie in diesem Beispiel der geschriebenen. Die Dinge werden gleichsam auseinandergerückt und in neuer Perspektive gesehen. Es ist die Handschrift eines Architekten politischer Wirklichkeit. Die Schrift spricht dabei von ruhigem Selbstbewußtsein. Sie verläuft in einem gleichmäßigen Zug, der nur durch einzelne markante Gestaltungen unterbrochen wird. Sie beschränkt sich auf das Wesentliche und versucht dies klar und einfach zum Vorschein zu bringen. Insofern kann die Schrift auch wie eine Handlungsanweisung erscheinen. Je länger man sich in sie vertieft, umso mehr wird der klare, weitmaschige Rhythmus dieser Mitteilung deutlich, der von einem ausdauernden Willen getragen ist, wie ihn Churchill durch das berühmte Victory-Zeichen zum Ausdruck gebracht hat.

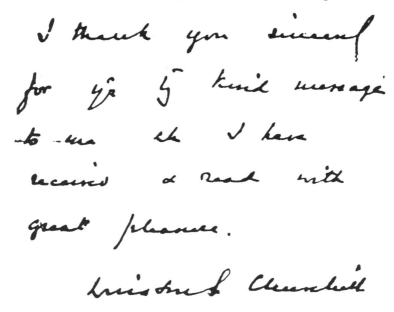

Abb. 13   Winston Churchill 1945

Unsere drei Beispiele haben uns in sehr verschiedene Reiche menschlichen Handelns, menschlichen Denkens und der Kunst geführt. Man könnte alle diese Schriften natürlich in den Einzelheiten im Hinblick auf ihre graphologischen Merkmale betrachten und würde sicher viele Bezüge zu der Persönlichkeit ihrer Verfasser entdecken. Es kam mir hier nur darauf an, sie als anschauliche Beispiele des zuvor theoretisch Dargestellten zu zeigen und eine Betrachtungsweise zu beginnen, die sie in sich selbst weiter wirken läßt, je mehr man sich in diese Schriftzüge vertieft und versucht, ihren inneren Puls und Rhythmus zu erahnen.

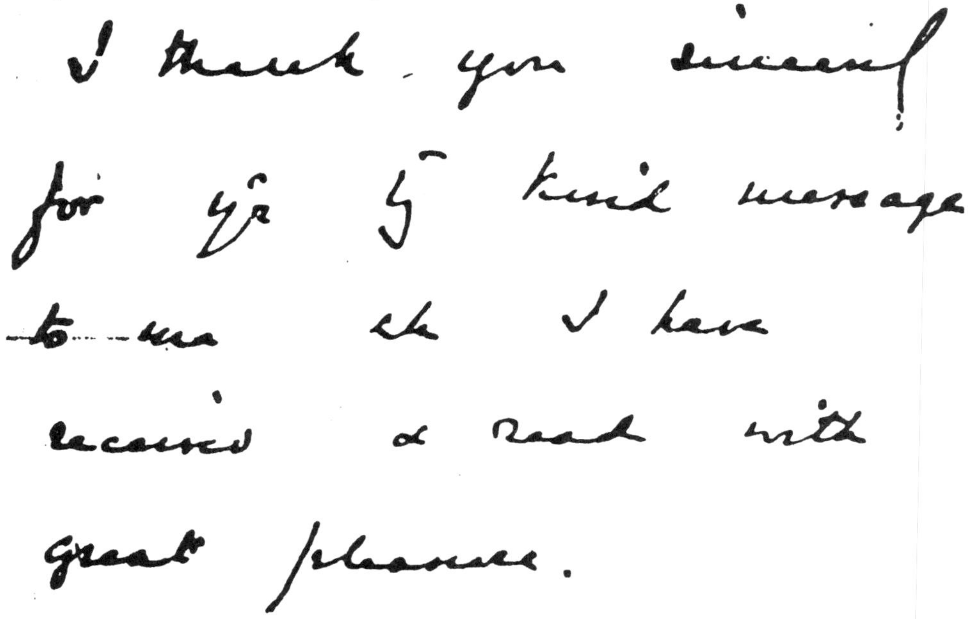

Abb. 14 Churchill 1945, Ausschnitt

LITERATUR

Dilthey, Wilhelm, Ideen über eine beschreibende und zergliedernde Psychologie in: Ges. Schriften Bd. 5,7. Aufl., Vandenhoeck, Göttingen 1982.
Gadamer, Hans-Georg, Wahrheit und Methode, 4. Aufl., Mohr, Tübingen 1975.
Heiss, Robert, Die Deutung der Handschrift, 3. Aufl., Claassen, Düsseldorf 1966.
Imoberdorf, Urs, Die diagnostische Situation. Beiträge zur Theorie psychologischen Deutens, Bouvier-Verlag, Bonn 1971.
Imoberdorf, Urs, Die Graphologie und das Beratungsgespräch, in: Beratung, Diagnostik und Therapie in der anthropologischen Psychologie, hrsg. von Urs Imoberdorf und Urs Reichlin, Hirzel, Stuttgart 1986, S. 17 – 27.
Klages, Ludwig, Handschrift und Charakter, 28. Aufl., Bouvier, Bonn 1982.
v. Uslar, Detlev, Sein und Deutung, Hirzel, Stuttgart, Herbst 1987.

Prof Dr. Detlev v. Uslar, Psychologisches Institut der Universität Zürich, Zürichbergstraße 43, CH- 8044 Zürich

Quelle: ZfM 3/87, 51. Jahrgang

Handschrift und Handschriftdiagnostik

Urs Imoberdorf

Besonders *drei* Gebiete möchte ich in meinem Vortrag streifen, die, meiner Ansicht nach, in Zukunft für die angewandte Graphologie an Bedeutung gewinnen werden. Es sind Gebiete, die zwar schon vor Jahrzehnten von der Graphologie "entdeckt" wurden, heute aber neu gesehen werden, kritischer und selbstkritischer vielleicht als dazumal; es zeigen sich heute auch neue Formen der Interpretation und der Zusammenarbeit mit anderen psychodiagnostischen Methoden. Es ist das Gebiet der sogenannten *"Berufsschriften"*, die in der Berufs- und Laufbahnberatung eine wichtige Rolle spielen, im weiteren die Gebiete der *Partnerschafts-Diagnostik* und der *Schriftentwicklung*.

Dabei versuche ich, anhand von Beispielen aus der täglichen Praxis und historischer Persönlichkeiten aufzuzeigen, wie wir als Betrachter Handschriften erleben, begreifen und interpretieren und unsere Eindrücke und Ansichten aus anderen Blickwinkeln ergänzen und erweitern können.

Berufsgruppen und Handschrift

Nur in seltenen Fällen ist es möglich, aus der Handschrift alleine den Beruf eines Schreibers zu erraten. Denn es gibt selbstverständlich nicht *die* Handschrift des Schneiders, der Physiotherapeutin, des Biochemikers oder der Krankenschwester. Und doch kann es sinnvoll sein, die Schriften von übergeordneten Berufsgruppen zu untersuchen und der Frage nachzugehen, ob erfolgreiche Vertreter dieser Gruppen Gemeinsamkeiten in ihren Schriften aufweisen.

Wolf-Dietrich Rasch (1989) hat die Schriften von vier Berufsgruppen untersucht, nämlich die Schriften von Berufsleuten, die sich besonders bewährt haben in den Gebieten:

Vertrieb (Verkauf und Absatz von Produkten),
Marketing,
Finanzwirtschaft und
Konstruktion und Entwicklung.

Die Gemeinsamkeiten, die er bei diesen Berufsgruppen gefunden hat, beschreibt er anhand von *Ganzheitsqualitäten* der Schrift, welche die *Bewegung*, die *Form*gebung und die *Raum*aufteilung betreffen (C. Gross). Zu den Schriften der erfolgreichen Verkaufsleute etwa schreibt er: "Stabile bis zügige Bewegungsführung, raumausgreifend; vereinfachte und prägnante Formgebung" (S. 232).

Vortrag gehalten am 17.3.1992 am Diagnostik-Kongress an der Universität Zürich und erstmals erschienen in "Psychodiagnostik heute" Hrsg.: Urs Imoberdorf, Roland Käser, René Zihlmann. Hirzel Stuttgart und Schweizerischer Verband für Berufsberatung 1992.

Im Folgenden zwei Beispiele aus meiner Sammlung, die diesen Sachverhalt illustrieren:

Zwei brillante Verkäufer

Abb. 1 zeigt die Schrift eines Verkäufers im Computer-Bereich, der viele Jahre hindurch Spitzenergebnisse erzielte und von seiner Firma entsprechend ausgezeichnet und prämiert wurde: Eine antriebsstarke Schrift mit elastischer Druckgebung, starker Betonung der expansiven Tendenzen und einem zumindest gut mittleren Schreibtempo; der Antrieb wird gut kontrolliert, die Schrift wirkt stabil und gestrafft, ohne ihre Beweglichkeit einzubüssen; die Formen sind klar, einfach, prägnant und leserlich.

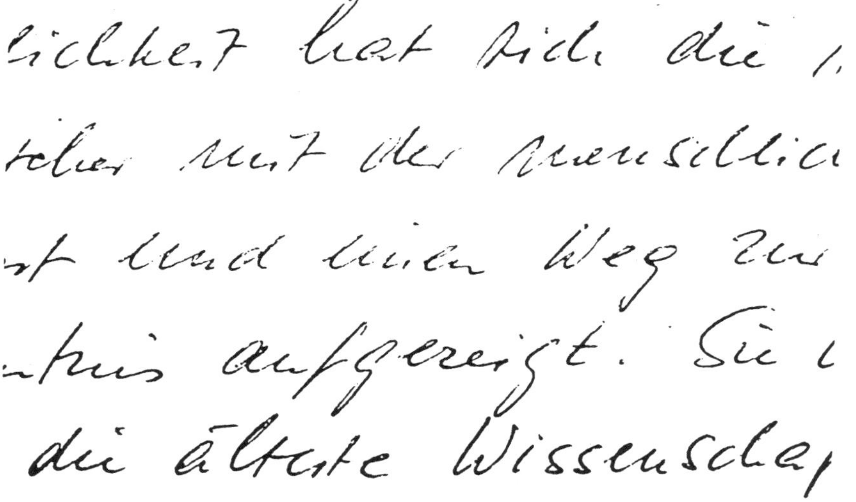

Abb. 1   Erfolgreicher Verkäufer der Computerbranche, um die 30

Abb. 2 zeigt die Schrift eines weiteren besonders begabten und erfolgreichen Verkaufsmannes. Sie zeigt ein ähnliches Bewegungs- und Formbild wie die erste Schrift. Es bereitet dem Schreiber sichtlich Spass, die Formen seiner Schrift zu variieren und dieser einen eigenen elegant-gefälligen Akzent zu geben. Vor allem die Anfangsbuchstaben sind schwungvoll und betont, und der aufmerksame und einfühlende Betrachter spürt in diesem gelungenen Anfangselan die Könnerschaft und Lust, mit welcher dieser Schreiber auftritt, etwas in Gang bringt und sich und seine Sache in Szene setzt. So schwungvoll-bereichert die Anfangsbuchstaben, so knapp, reduziert und vereinfacht sind die Wortenden. So elegant und ausgreifend seine Anfangsgesten auch sein mögen, so bestimmt und klar, hat man den Eindruck, kann dieser Schreiber einer Sache ein Ende setzen. Er weiss die andern durch eine gefällige Präsentation einzunehmen; doch er ist kein Schwätzer – er weiss, wann er aufhören und seine Sache zum Abschluss bringen muss.

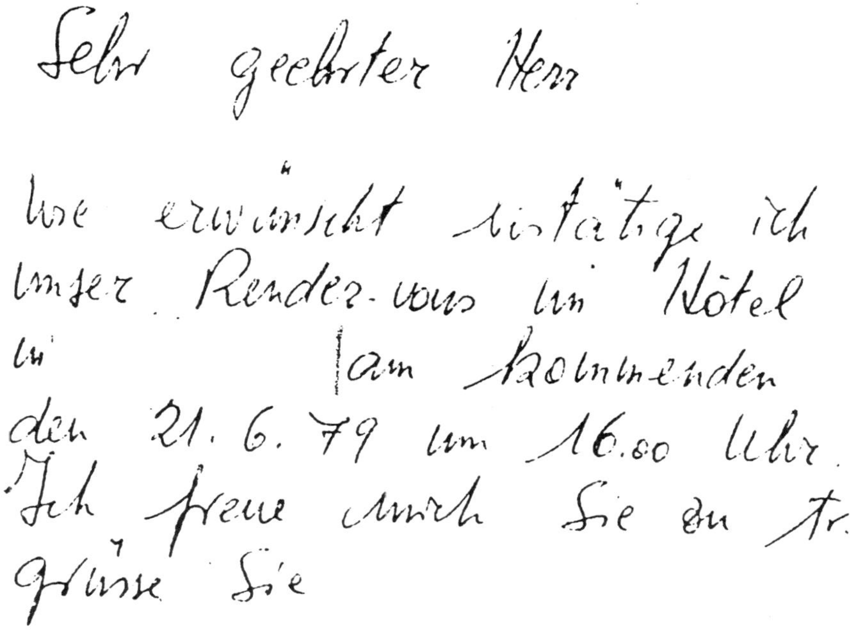

Sehr geehrter Herr

*Wie erwünscht bestätige ich
unser Rendez-vous im Hôtel
in   am kommenden
den 21.6.79 um 16.00 Uhr.
Ich freue mich Sie zu tr.
Grüsse Sie*

Abb. 2 Starverkäufer, Ende 40

Zwei begabte Konstrukteure

Rasch (1989, S. 232) beschreibt die Schriften der Berufsgruppe "Konstruktion und Entwicklung" folgendermassen:

"Differenzierte, feingliedrige Bewegungsführung, eher klein und raumaussparend, genaue und detailorientierte Formgebung".

Ein sprechendes Beispiel für diesen Schrifttypus ist Abb. 3, die Schrift eines talentierten jüngeren Ingenieurs, der hochdifferenzierte medizinische Geräte und Apparaturen entwickelt: Eine fein-sensible, bedächtige und gleichsam vibrierende Strichführung, eine formbetonte (Müller-Enskat) Schrift, die den einzelnen Buchstaben heraushebt, das Detail "pflegt", dieses sorgfältig und liebevoll gestaltet und – bei aller Klarheit und Präzision – doch auch wohlgeformte und eigengeprägte Buchstaben und Buchstabenverbindungen hervorbringt, zum Beispiel in den Grossbuchstaben "D", "A" und "K", aber auch in den Buchstabenverbindungen "er" der ersten und dritten Zeile. Der Schreibantrieb – Tempo, Umfang und Wucht der Bewegung – ist im Vergleich zu den Verkäufer-Schriften stark reduziert; man spürt das Bedächtige, vorsichtig Beobachtende, Prüfende, aber auch das fein Kombinierende zwischen den einzelnen Elementen.

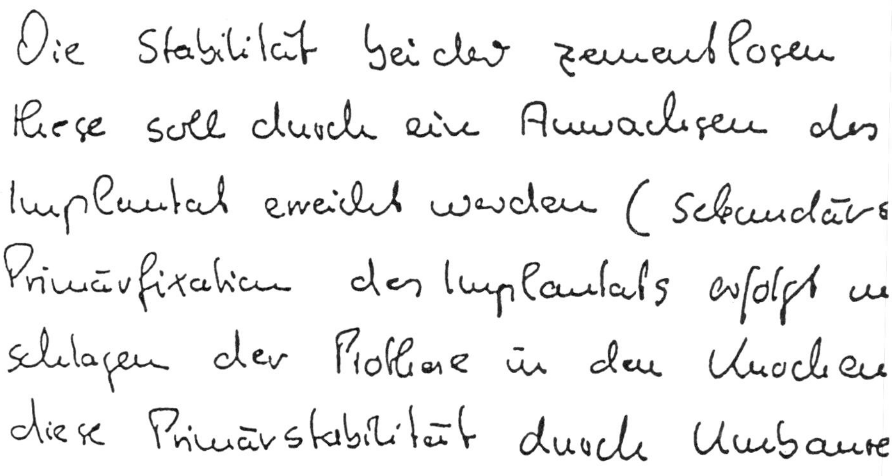

> *Die Stabilität beider zementlosen
> Hüfte soll durch ein Anwachsen des
> Implantat erreicht werden (sekundär
> Primärfixation des Implantats erfolgt in
> schlagen der Prothese in den Knochen
> diese Primärstabilität durch Umbau*

Abb. 3   Entwicklungsingenieur, 27 Jahre

In einem gewissen Sinne könnte man die raumausgreifenden, expansiven Verkäuferschriften als Gegenpol verstehen zu den eher kleinen und raumsparenden Schriften der Konstrukteure und Entwickler.

In der Feinheit und Differenziertheit der Bewegungsführung ist Abb. 4, die Schrift Gustav Eiffels, der vorhergehenden verwandt. Dazu kommt aber ein ausgreifender Schwung, eine grosszügig "gebieterische" und werbende Gestik, wie wir sie eher beim Verkaufsmann oder beim Unternehmer erwarten würden. Und so könnte man die Schrift Eiffels verstehen als eine gelungene Kombination zwischen den beiden Berufstypen Verkauf und Konstruktion: Auf der einen Seite die elegant-überzeugende und gewinnende Anfangsbewegung, deutlich etwa in den Anfangsbuchstaben "V", "L" und "J". Aber auch in denjenigen seines Namenszuges, ja die Unterschrift als Ganze verkörpert sozusagen diesen selbstbewusst-gekonnten und einnehmenden Schwung. Auf der anderen Seite die von Rasch erwähnte feingliedrige Bewegungsführung und genaue Formgebung etwa in "La sagesse".

Der Brief trägt das Datum vom 30. Oktober 1890. Für die Pariser Weltausstellung, die 1889 stattfand, wurde der Eiffelturm erbaut. Die letzten drei Zeilen des hier abgebildeten Briefausschnittes stehen im Brieforiginal nicht unten, sondern oben auf der zweiten Seite.

Die ansprechende und ungewöhnliche Schrift Eiffels bildet für uns gleichsam den Übergang zu den "Künstlerschriften", wobei nicht vergessen werden darf, dass die künstlerische Begabung nicht immer – und manchmal nur in Andeutungen – in der Handschrift eines Menschen in Erscheinung tritt.

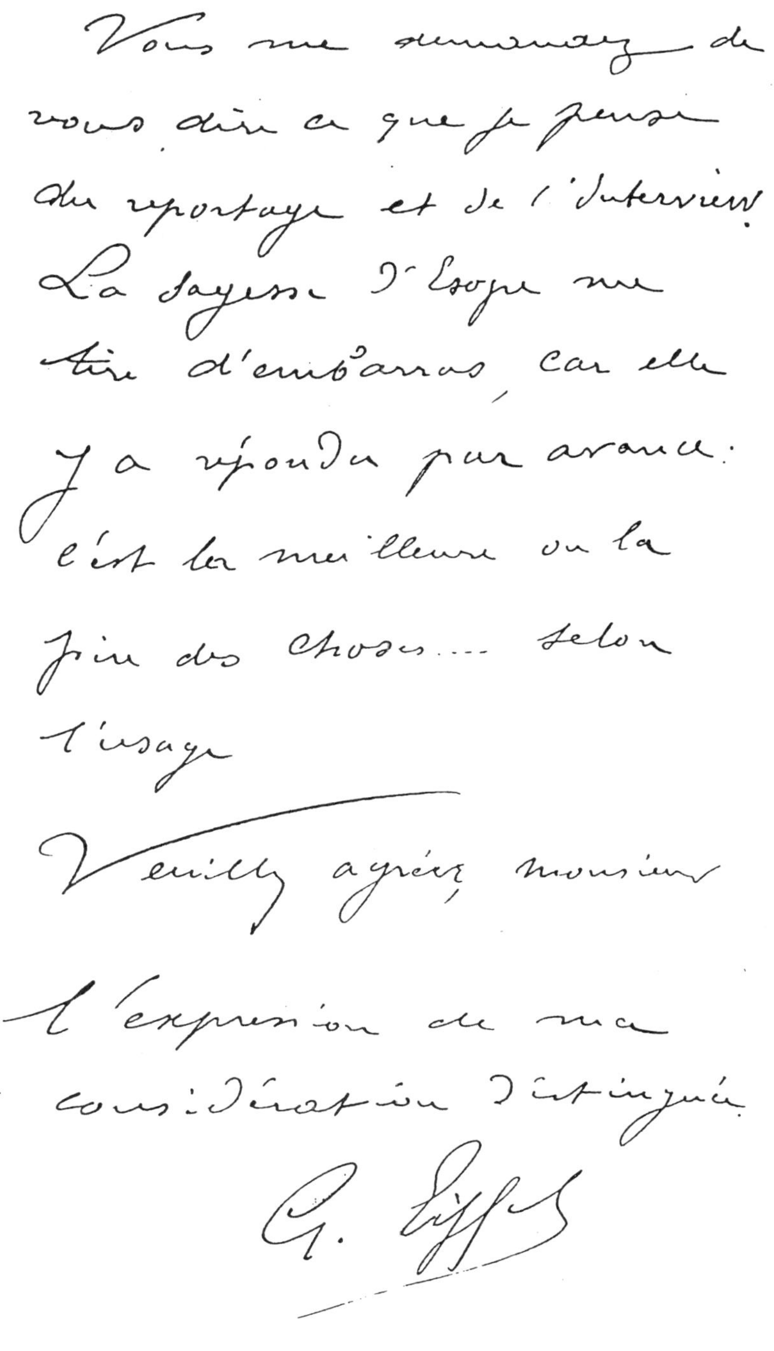

Vous me demandez de vous dire ce que je pense du reportage et de l'interview. La sagesse d'Ésope me tire d'embarras, car elle y a répondu par avance: c'est la meilleure ou la pire des choses.... selon l'usage

Veuillez agréer monsieur l'expression de ma considération distinguée.

G. Eiffel

Abb. 4 A.G. Eiffel, 1832-1923, franz. Ingenieur

Zwei Künstlerschriften

Die Graphologin Ruth Uhlmann-Gasser hat auf eindrückliche Art die "Musiker-Schriften" beschrieben (siehe S. 107). Sie hebt das häufige Vorkommen von Drucklosigkeit, Dünnstrichigkeit, bzw. Schärfe, in Verbindung mit Fadenbindung, Unregelmässigkeit und hohem rhythmischem Gehalt hervor, der zusammen mit erheblichen Rhythmusstörungen vorkommen kann. Sie schreibt:

> "Nur handelt es sich in vielen Fällen nicht um dieses ruhige, gleichmässige Fliessen und Strömen (...), das man gewöhnlich als Rhythmus bezeichnet. Musikerschriften gleichen oft Flüssen, die Hochwasser führen; sie ziehen nicht ruhig und breit, in Wellen gleichmässiger Abfolge dahin, sondern in Wellen, die sich überstürzen, die vorwärts strudeln, um plötzlich wieder zu stocken und zu erneutem Anlauf anzusetzen (...) sie sind in ihrem Rhythmus häufig ganz erheblich gestört, was bei der Erregbarkeit der musikalischen Natur durchaus kein Wunder ist." (S. 128)

Ein sprechendes Beispiel für diese "produktive musikalische Erregbarkeit" ist die Schrift Antonin Dvoráks (Abb. 5). Der besondere Akzent des rhythmischen Geschehens liegt hier wie bei einer grossen Zahl von Musikern auf der Schreib*bewegung*, im sogenannten *Ablaufrhythmus*, und weniger in der rhythmischen Betonung von Form- und Raumbild.

Dies ist schon dadurch verständlich, dass die Musik selber eine fortlaufende "Bewegung" von Tönen und Tonkombinationen darstellt. Das musikalische Geschehen ist die lebendige Gestaltung und Verwirklichung im "Hier und Jetzt" dessen, was der Komponist geschaffen hat. Sowohl der Dirigent als auch der Interpret an seinem Instrument müssen sich während der Darbietung ihrer Musik in diesem "Hier und Jetzt" bewähren und sich selber mit all ihrem Können in diese "musikalische Bewegung" einbringen. Auf eine ganz spezifische Art ist also der berufene Musiker ein Bewegungs-Talent, und diese verbindend-integrierende Bewegungsfähigkeit und Bewegungskraft wiederum spiegelt sich in der jeweiligen Handschrift und vor allem eben im *Bewegungsrhythmus*.

Ganz andere Talente und Fähigkeiten verlangen andere Kunstrichtungen, zum Beispiel die Malerei, in welcher dem Zeitfaktor in der Regel eine weit geringere Bedeutung zukommt. Der Maler muss sein Werk nicht in einem bestimmten Zeitpunkt und in einer bestimmten Zeitabfolge herstellen. Auch nicht der Schriftsteller. Dafür gelten in diesen Künsten andere "Regeln"; andere Schwierigkeiten und Hürden gilt es darin zu überwinden.

Dass sich solche musikalische "Bewegungs-Genies" auch mit ganz alltäglich-menschlichen Dingen beschäftigen können oder müssen, zeigt der hier wiedergegebene Briefausschnitt von Dvorák (Abb. 5), der im oberen, in gotischen Buchstaben geschriebenen Teil, anfängt: "Es wäre mir lieb, wenn Sie mir das Honorar für meine Composition bald schicken. Ich könnte es zum neuen Jahr gut brauchen.-"

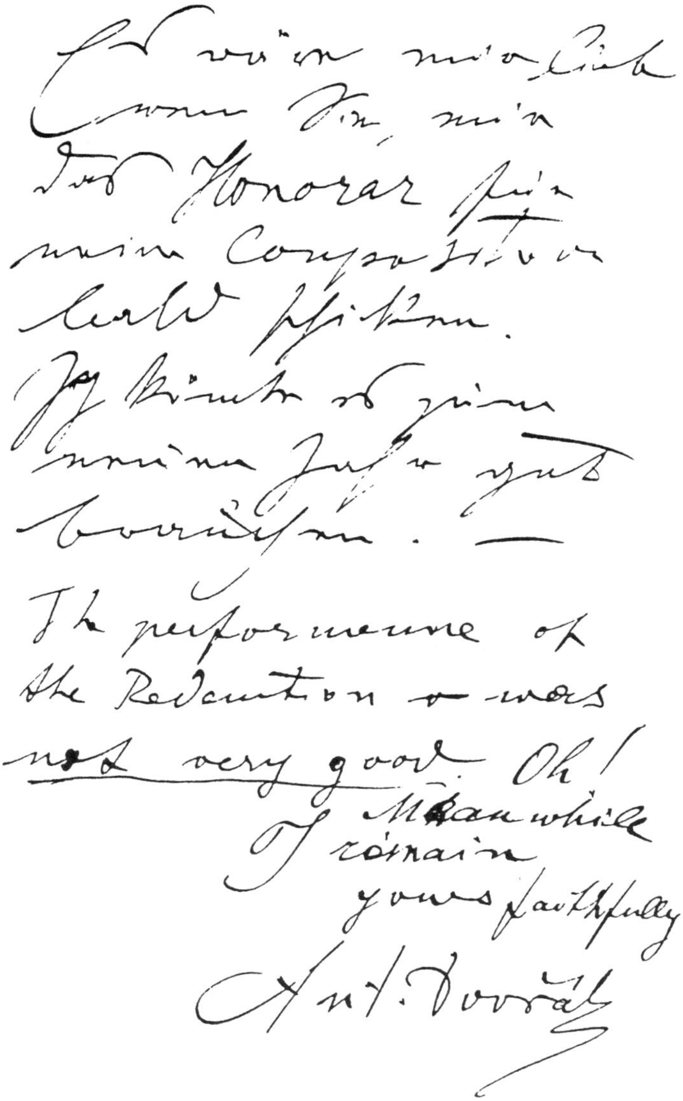

Abb. 5 Antonin Dvorák, 1841-1904, der Brief ist vermutlich um die Jahreswende 1885/86 entstanden, aus: "Briefe und Albumblätter grosser Komponisten und Interpreten in Handschriften" von H.-R. Wiedemann.

Nicht alle Musiker sind gekennzeichnet durch diese gespannt-erregten Schriften mit abrupten und unregelmässigen Druckschwankungen. So zeigen etwa die folgenden Schriftzüge eines Komponisten moderner elektronischer Musik (Abb. 6) einen relativ harmonischen Bewegungsfluss, wohlgestaltete und stilvolle Buchstaben, wie sie auch von einem Maler stammen könnten.

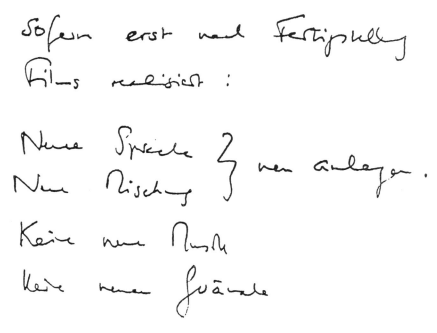

Abb. 6   Komponist und Musiker, ca. 30-jährig

Handschrift und Wartegg-Test eines vielseitig begabten Studenten

Der graphologisch arbeitende Berufs- und Laufbahnberater kann, indem er von typischen Schriften bestimmter *Berufsgruppen* ausgeht, in der Handschrift eines Klienten manchmal gewisse Grundbegabungen, Neigungen oder Einstellungen erkennen, die auch für die zukünftige Berufswahl und für eine glückliche Ausübung eines Berufes mitentscheidend sein können. Als Graphologe muss er sich aber bewusst bleiben, dass nicht alle Begabungen, ja nicht einmal alle "Hochbegabungen" im Schriftbild erscheinen müssen. Er tut also gut daran, neben der Schrift und dem eingehenden *Gespräch* mit dem Klienten weitere diagnostische Mittel, insbesondere auch bewährte *Neigungstests* beizuziehen und anzuwenden.

Ein solches Verfahren, das die Graphologie sinnvoll ergänzen kann, ist der Berufsbilder-Test (BBT) von Martin Achtnich. Aus ca. 100 Photos von Berufsleuten wählt der Klient diejenigen aus, die ihn auf irgend eine Weise positiv ansprechen. Aus diesen positiven Wahlen bildet er Gruppen von Bildern, die etwas Gemeinsames haben und irgendwie zusammengehören. Diese Gruppen bringt er nun in eine Rangreihe. In einem Gespräch erklärt der Klient, was das Gemeinsame an diesen Bilder-Gruppen ist, welches Bild ihn innerhalb der Gruppe am meisten anspricht, was ihm an den anderen Bildern gefällt etc. Am Ende muss er – nach einer Anregung des Berufsberaters und Graphologen Kaspar Halder – "fünf bevorzugte Bilder" aus dem Gesamt der positiven Wahlen bestimmen. Soweit einige Hinweise zur Durchführung des Berufsbilder-Tests nach Achtnich.

Im Folgenden zeigen wir die Handschrift (Abb. 7), den Wartegg-Test (Abb. 8) und die fünf bevorzugten Bilder des BBT nach Achtnich (Abb. 9) eines künstlerisch begabten Studenten.

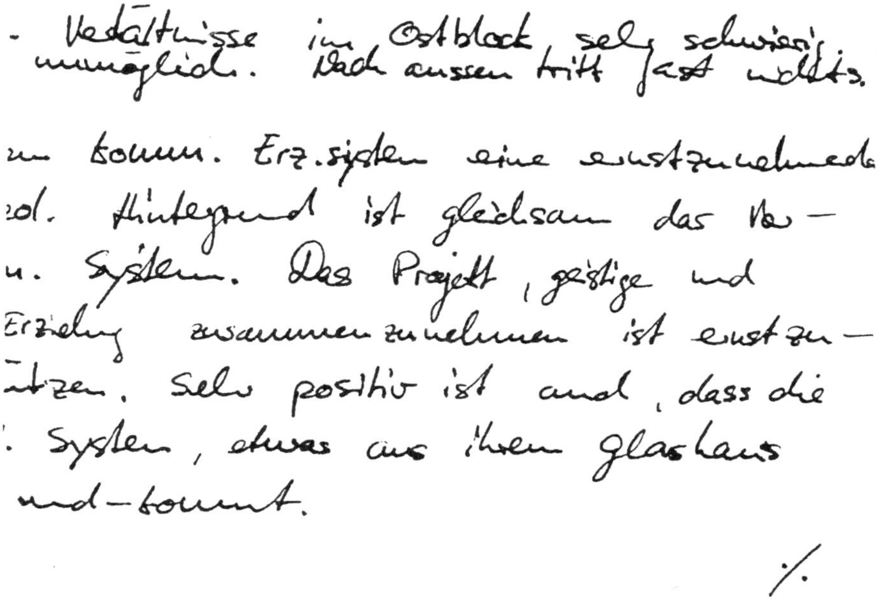

Abb. 7   Student, 21 Jahre

Die sowohl sensiblen als auch unruhig bewegten *Schriftzüge*, die vielfältigen, teilweise noch unbestimmten und gleichsam fliessenden Formen und Buchstabenverbindungen deuten auf einen vielseitig begabten Schreiber hin, der sich in einer Auf- und Umbruchphase befindet.

Die feinen Schattierungen, die differenzierten, vielschichtigen und vieldeutigen Formen des *Wartegg-Tests* und die witzigen und hintergründigen Titel, die er seinen eigenen Bildern gibt, lassen die besondere Eindrucksempfänglichkeit und die Möglichkeiten eigenen Gestaltens erahnen, das einen künstlerischen Ausdruck sucht: 1. "Eiertätsch-ttsch-tsch-sch-h" 2. "Octopus" 3. "Haltlos" 4. "Coiffeur" 5. "Symmetrie", "Grundübel" 6. "bar-frucht" 7. "fruchtbar" 8. "Leidenschaft – "

Seine *"fünf bevorzugten Bilder"* schliesslich – Dirigent, Clown, Conférencier, Schauspieler, Kunstmaler – geben seine Neigungen und Interessen in konzentrierter Form wieder und machen deutlich, wie sehr er sich von der darstellenden und insbesondere von der Schauspielkunst angesprochen fühlt.

Mancher Jugendliche mag ähnliche Berufswünsche hegen und äussern, denen der Berater mit begründeter Skepsis begegnen würde. Er sähe in ihnen vielleicht unrealistische Wunschträume. Handschrift und Wartegg-Test weisen in unserem Falle jedoch darauf hin, dass diese Wünsche auch von entsprechenden Begabungen getragen werden und eine begründete Aussicht besteht, dass er eine anspruchsvolle Ausbildung zum Schauspieler bestehen und in seinem Beruf wirkliche Befriedigung finden kann. Bevor wir das Gebiet der "Berufsschriften" verlassen, möchte ich darauf hinweisen, dass in letzter Zeit auch der relativ neue und weitläufige, für Wirtschaft, Industrie, Lehre und Forschung so bedeutende Bereich der Informatik und der in diesem Gebiet Arbeitenden graphologisch untersucht wurde, insbesondere von Dosch/ Heberlein (1990) und Burns-Birlin (1990).

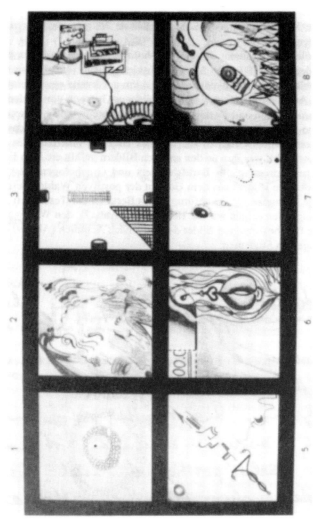

Abb. 8 Wartegg-Test desselben Studenten

Abb. 9 Seine "fünf bevorzugten Bilder" nach dem Berufsbildertest von M. Achtnich

Partnerschafts-Diagnostik

Vor allem die europäische Psychologie befasste sich in ihren Anfängen mehrheitlich mit dem Erleben, dem Verhalten, den Fähigkeiten, Neigungen, mit den seelisch-geistigen Eigenschaften des *Einzelnen*. Ein glänzendes Zeugnis dieser "Psychologie des einzelnen Menschen" ist etwa der "Aufbau der Person" von Philipp Lersch (1970).

Ähnlich wie die Psychotherapie von der therapeutischen Behandlung und Erforschung des einzelnen erkrankten Menschen ausging, so die Psychodiagnostik von der Beschaffenheit und Eigenart des *Einzelnen*. In den letzten Jahrzehnten entwickelte sich aber in Therapie und Diagnostik ein zunehmendes Interesse an den Beziehungen, die zwischen zwei oder mehreren Menschen bestehen. Die Diagnostik beschäftigt sich mehr als früher mit diesen zwischenmenschlichen Beziehungen (Buber), mit der *Partnerschaft* im engeren oder weiteren Sinne des Wortes. Ein wichtiges Gebiet, in dem solche Beziehungen für das Gelingen eines Unternehmens entscheidend sind, ist die *berufliche Zusammenarbeit*.

Berufliche Zusammenarbeit

In der graphologischen Praxis werden heute wohl häufiger als früher Fragen gestellt, die sich auf eine gegenwärtige oder zukünftige Zusammenarbeit beziehen, daraufhin etwa, ob zwei Geschäftspartner miteinander oder ob ein Vorgesetzter mit seinem Mitarbeiter gut zusammenarbeiten könnten, ob sie sich gegenseitig ertragen, ergänzen und fördern, ob sie zusammen ein gutes Team bilden würden. Selten kann die Graphologie alleine solche Fragen schlüssig beantworten; sie kann aber oft, richtig angewandt, einen wichtigen Beitrag zu einer Antwort liefern. Dazu ein Beispiel: Die folgende Handschrift (Abb. 10) gehört einem Firmenleiter, der mit einer aussergewöhnlichen verkäuferischen Dynamik ein Unternehmen gründete, vorantrieb und zum Blühen brachte: Eine zügige und spannkräftige Schrift mit einem sicheren Stricheinsatz, dezidierten Endzügen und zielbestimmten t-Querstrichen, eine Schrift mit einfach-rationellen Schriftformen und einer klaren Raumaufteilung, und dies trotz der relativ kleinen Wortabstände.

Der wichtigste Mitarbeiter während des Auf- und Ausbaus des Unternehmens ist in der nun über zwei Jahrzehnte dauernden Zusammenarbeit der Schreiber von Abb. 11, ein fähiger Leiter und Administrator, der zwar nicht über dieselbe Stosskraft wie sein "Chef" verfügt, dafür aber über eine gute Anpassungsfähigkeit und ein feines Sensorium, wie er sich in den verschiedenen Situationen verhalten muss. Die Schrift zeigt einen eher verhaltenen, gut gesteuerten Antrieb, feine und recht differenzierte Formen und deutliche Abstände zwischen den Wörtern und den Zeilen: Ein die Dinge vorsichtig planender und einteilender Organisator von einer ausgleichenden und vermittelnden Wesensart und einem ausgewogenen und subtilen Urteilsvermögen, der seinen entscheidungsfreudigen Chef, der impulsiv und vorprellend sein kann, ideal ergänzt.

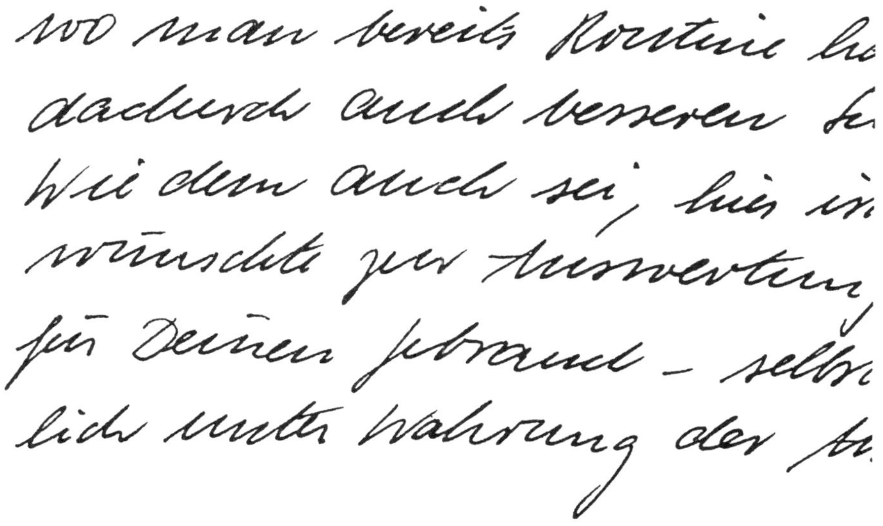
wo man bereits Routine ha
dadurch auch besseren Ge
Wie dem auch sei, bis in
wünschte zur Auswertung
für Deinen Gebrauch – selbs
lich unter Wahrung der Be

Abb. 10 Unternehmer, Mitte 30

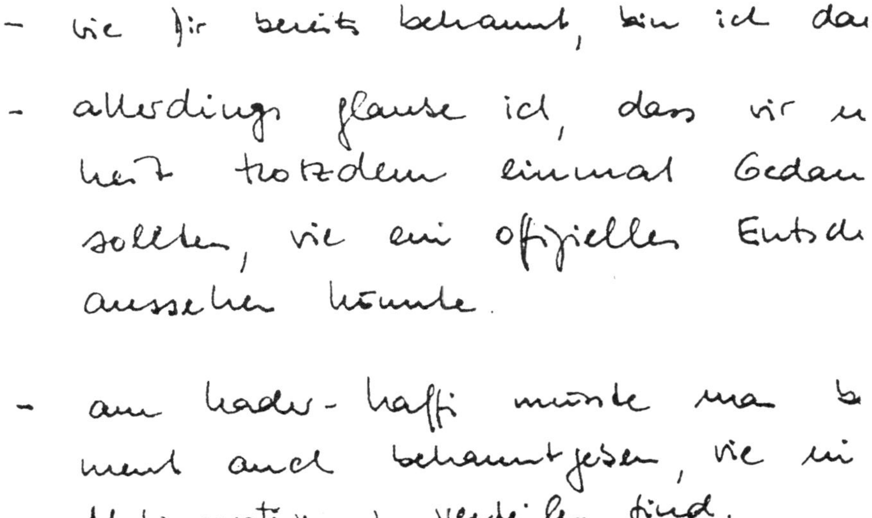
– wie Dir bereits bekannt, bin ich da
– allerdings glaube ich, dass wir u
heit trotzdem einmal Gedan
sollten, wie ein offizieller Entsch
aussehen könnte.
– am Leader-Kaffi müsste man b
ment auch bekanntgeben, wie die
Aktennotizen zu verteilen sind.

Abb. 11 Abteilungsleiter und rechte Hand des Schreibers von Abb. 10

Paardiagnostik

Ganz entscheidend ist das richtige Erfassen einer zwischenmenschlichen Beziehung und Partnerschaft in der Paar-Diagnostik, im Studium also der wohl intensivsten Beziehung, mit der Erfüllung und Glück menschlichen Daseins in einem ganz besonderen Masse verbunden sind.

Eine der interessantesten und ungewöhnlichsten Beziehungen – auch aus graphologischer Sicht – ist diejenige von George Sand und Frédéric Chopin, die etwa ein Jahrzehnt dauerte, und die manche überkommene und idealtypische Vorstellungen der Rollenmuster zwischen Frau und Mann auf den Kopf zu stellen scheint: Die kraftvoll gespannten Schriftzüge, die grossräumigen, sicheren und selbstbewusst wirkenden Gesten in der Handschrift von George Sand (Abb. 12), neben den feinsten, zartesten, obwohl nicht weniger gespannten, gleichsam auf hohe Ziele hin gestreckten Schreibbewegungen von Frédéric Chopin (Abb. 13) – zwei zum Bild gewordene Zeugnisse einer so fruchtbaren und zugleich spannungsgeladenen menschlichen Beziehung, die dem einfühlenden Beobachter durch die "bleibend fixierten Bewegungsspuren" (Klages) der beiden Schriften bis zu einem gewissen Grade nachvollziehbar wird.

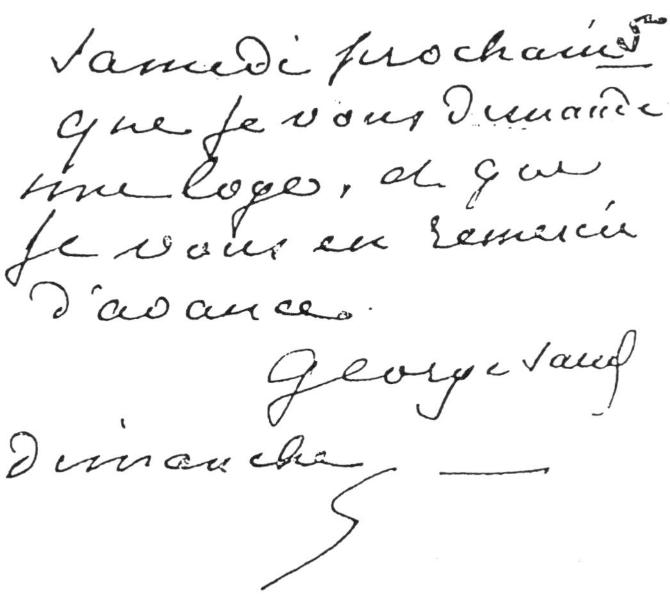
Samedi prochain
que je vous demande
une loge, et que
je vous en remercie
d'avance.
George Sand
Dimanche

Abb. 12 George Sand (1804-1876), franz. Schriftstellerin

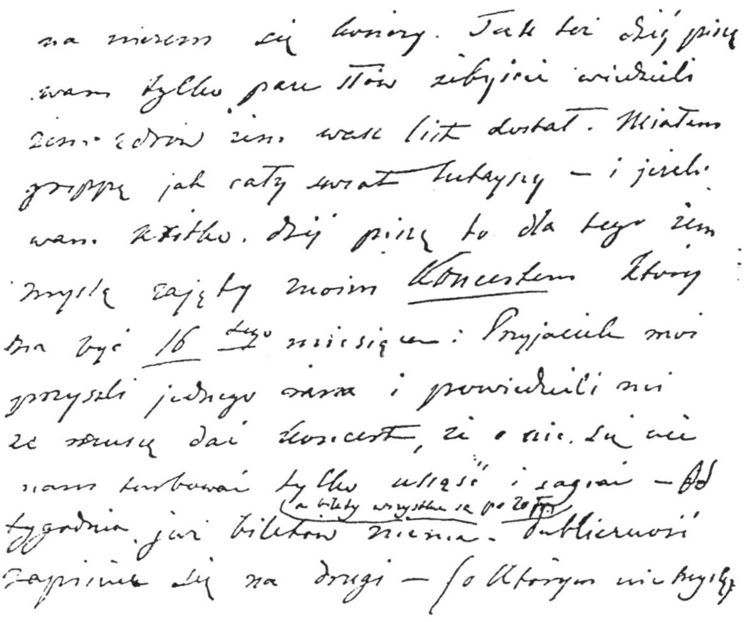

Abb. 13 Frédéric Chopin (1810-1849), polnischer Komponist

Paardiagnostik und Giessen-Test

Die Graphologie, so glaubten früher gewisse Graphologen, könne gültige Aussagen darüber machen, ob zwei Menschen in einer Partnerschaft zusammenpassen oder nicht. Damit wurden jedoch die Möglichkeiten nicht nur der Graphologie, sondern auch der einzelnen diagnostischen Methoden überhaupt bei weitem überschätzt. Denn die Graphologie kann zwar in der Regel wertvolle Aussagen über Eigenschaften der Persönlichkeit machen, über gewisse Seiten des Charakters, des Temperaments, der Antriebsstärke und über wichtige Aspekte des Gefühlslebens. Wesentliche Einstellungen etwa sozialer, religiöser oder politischer Art kann sie jedoch nicht oder nur indirekt erfassen; auch kann sie kaum Auskünfte darüber geben, was für ein Wunsch- oder Idealbild ein Schreiber auf seinen jetzigen oder zukünftigen Partner projiziert. Es ist nämlich nicht so einfach, wie es gelegentlich dargestellt wurde, dass sich zwei Menschen in einer Partnerschaft vor allem oder ausschliesslich *ergänzen* sollen. Es gibt – psychoanalytisch gesprochen – nicht nur komplementäre, sondern auch narzisstische Partner-Wunschbilder. Es gibt seelische Bereiche, in denen sich jemand einen ähnlichen, andere Bereiche, in denen sich jemand einen gegensätzlich gearteten Partner wünscht. Die Wunschvorstellungen können zudem in sich widersprüchlich (ambivalent) sein und sich im Laufe der Zeit verändern.

Wolfgang Husmann, Lisbeth Jud und Urs Reichlin haben in einem ausführlichen Beitrag (ZfM 1991/92) gezeigt, wie die Beiträge der Graphologie in der Paardiagnostik sinnvoll mit den Ergebnissen des Gießen-Tests (Beckmann/Richter 1972) ergänzt werden können, weil dieser Fragebogen-Test wichtige Aufschlüsse geben kann über das *Partnerwunschbild*, und zwar in bezug auf die Dimensionen *Soziale Resonanz, Dominanz, Steuerung, Stimmung, Durchlässigkeit* und *Soziale Potenz*. Diese Wunschbilder können dann graphologisch mit den "wirklichen Bildern" der beiden Partner verglichen, auf Übereinstimmungen, auf Widersprüche und Unstimmigkeiten und auf die daraus sich ergebenden Chancen, Möglichkeiten und Konflikte hin untersucht werden. Anhand eines anschaulichen Beispiels, eines zeitweise dramatisch zugespitzten Ehekonfliktes, anhand der beiden Schriftbilder, der Gießen-Test-Diagramme und des erläuternden Kommentars der Paartherapeutin wird gezeigt, wie die Graphologie und der Gießen-Test in der Paardiagnostik und in der Paartherapie sinnvoll miteinander kombiniert werden können.

Schriftentwicklung

Die Handschriftdiagnostik bietet die spannende Möglichkeit, nicht nur Schriften aus aktueller Zeit zu untersuchen, sondern einen Blick in die Vergangenheit zu werfen, Schriften aus früheren Zeiten beizuziehen und die Schriftentwicklung über Jahre hinweg zu verfolgen und zu studieren. Eine der gründlichsten und vollständigsten Studien über die Schriftentwicklung, "Konstanz und Veränderung im Leben zweier Menschen", hat Kristin Bühler* verfasst (ZfM 1978/3-4). Bei zwei Personen hat sie über 65, resp. 40 Jahre hin – jährlich zwei Schriften – untersucht und ausgemessen. Interessant ist ihre Aussage dazu, wie sich die Schriften dieser erwachsenen Personen verändert haben: "Das auffallendste an diesem Phänomen ist sein eigenartiger, für jede Versuchsperson etwas andersartige (grundsätzlich wohl zu erwartende) Rhythmus: Veränderungen treten nicht abrupt auf, sondern bahnen sich gewissermassen an, schleifen sich ein, indem sie erscheinen, verschwinden, wieder auftreten, wieder – über kürzere oder längere Zeitspannen – verschwinden, sich allmählich behaupten, sich im Verlauf dieses Prozesses vielleicht mehrfach wandeln, bis sie, jetzt zur Schrift gehörend, ihre neue Erscheinungsform erreicht haben."

Die eine der von Bühler untersuchten Personen hatte eine bereits früh "ausgereifte" Handschrift, die sich im Laufe des Lebens in ihren wesentlichen Zügen kaum mehr veränderte; die andere dagegen zeigte in ihrer Schriftentwicklung viel grössere Schwankungen.

---

* Interessante Einblicke in die Gesetzmässigkeiten von Schriftveränderungen bieten auch die beiden Arbeiten von Arno Müller (1991) und Teut Wallner (1991), die sich mit den Problemen der richtigen zeitlichen Zuordnung von handschriftlich verfassten Texten befassen.

Beispiel einer "normalen" Schriftentwicklung

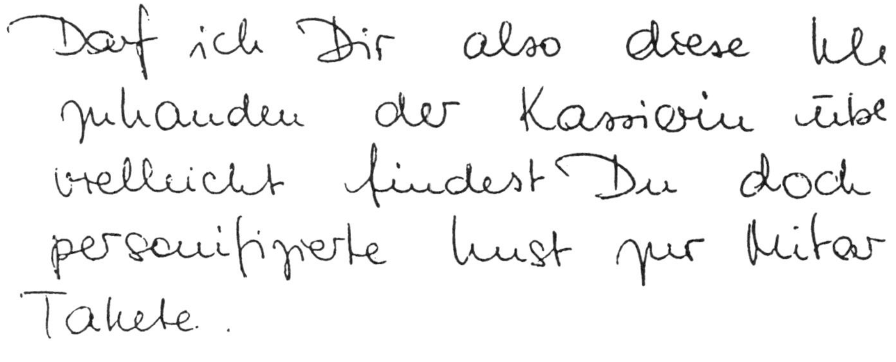

Abb. 14 Student 25 Jahre

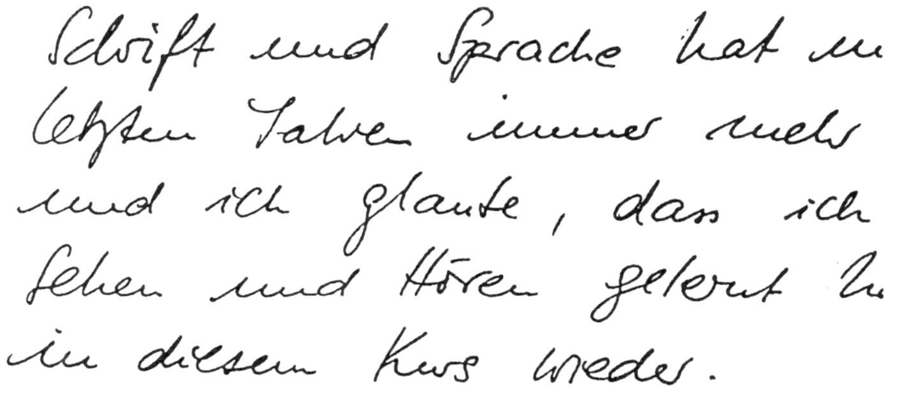

Abb. 15 derselbe mit 47 Jahren, in einem beratenden Berufe tätig

Es kann nun aufschlussreich sein, Schriften nicht nur in ihrer fortlaufenden Entwicklung zu betrachten, sondern Schriften ein und derselben Person aus ganz unterschiedlichem Alter nebeneinanderzustellen und damit gleichsam einen Sprung über die Jahre hinweg zu machen.

Abb. 14 zeigt die Schrift eines 25jährigen Studenten, der 22 Jahre später (Abb. 15) in einem beratenden Berufe tätig ist. Er gehört zu denjenigen Schreibern, deren Schrift sich im Verlaufe des Erwachsenenalters nicht so stark verändert und die schon relativ früh ein stabiles Formbild erreichen. Eine – fast möchte man sagen – typische Girlandenschrift mit weich schwingenden "Schalengirlanden". Völle und Bogenzügigkeit herrschen vor, die Tendenz zur Bereicherung und Anfangsbetonung – ein gefühlsbetonter Schreiber, dessen kreisend-bergende, aufnehmend-umgreifende Ausdrucksbewegung auf Einfühlungsgabe, Verständnisbereitschaft und eine helfend-betreuende Einstellung hinweist. Die Schrift des 47-jährigen ist zwar rechtsschräger, etwas straffer und weniger umkreisend und weniger bereichert, in ihren Endzügen vereinfacht, verknappt und in ihrem ganzen "Auftreten" bestimmter und gezielter. Im Formbild etwas klarer, prägnanter und deutlicher, etwas souveräner auch in der Gestaltung des Schreibraumes – all dies sind Hinweise auf eine Festigung, weitere Reifung und deutlichere Profilierung der Gesamtpersönlichkeit. Doch im Ganzen ist sich dieser Schreiber über ein Vierteljahrhundert hinweg "treu geblieben" und hat zahlreiche, für ihn wesentliche Bewegungsgesten und Gestaltungstendenzen beibehalten.

Schriftentwicklung während einer Psychoanalyse

Die folgenden zwei Schriften stammen von einer Lehrerin. Abb. 16 zeigt die 31-jährige Schreiberin zu Beginn einer vier Jahre dauernden Psychoanalyse, Abb. 17 die 35-jährige nach deren Abschluss. Auf den ersten Blick scheinen diese Schriften völlig unterschiedlich, so dass man vorerst kaum glauben möchte, dass sie von derselben Person stammen. Die Schrift nach Abschluss der Analyse wirkt flüssiger, stärker bewegungsbetont, vielfältiger und eigengeprägter in ihren Formen, weniger stereotyp und versteift, in einem gewissen Sinne auch fröhlicher, unbeschwerter und "tänzerischer". Sie hat mehr Eigenrhythmus (Magdalene Heermann), eigene Ausstrahlung und eine lebendig und gelöst wirkende Unregelmässigkeit und Schwankung ihrer Merkmale. Man hat den Eindruck, sie sei innerlich befreiter, zufriedener und wahrscheinlich auch genussfähiger, sie habe sich aus einem schulförmigen und einengenden Schema lösen und zu sich selber finden können. Bei Schlussfolgerungen dieser Art ist allerdings Vorsicht geboten. Es bleibt zu berücksichtigen, dass die frühere Schrift mit einer dünnen Feder, die spätere mit einem breiten Filzstift (Faserstift) geschrieben wurde. Da uns nur wenige Schriftproben zur Verfügung stehen, ist nicht ganz auszuschliessen, dass die Schreiberin schon früher über zwei oder mehrere Schriften verfügte, die "Berufsschrift der Lehrerin" und ihre "private" Schrift. Auch darf man solche Schriftveränderungen, falls sie echt und dauerhaft sein sollten, nicht vorschnell auf einen ganz bestimmten Einfluss, etwa denjenigen einer Psychotherapie zurückführen. Während vier Jahren eines noch jungen Menschenlebens sind möglicherweise noch ganz andere, schwer überprüfbare Einflüsse wirksam, die ihre Spuren auch in der Handschrift hinterlassen können. Trotz diesen Einwänden kann natürlich eine genau und vorsichtig erhobene Untersuchung der Schrift und Schriftentwicklung während einer Psychotherapie wichtige Indizien und Hinweise über seelische Entwicklungsprozesse liefern.

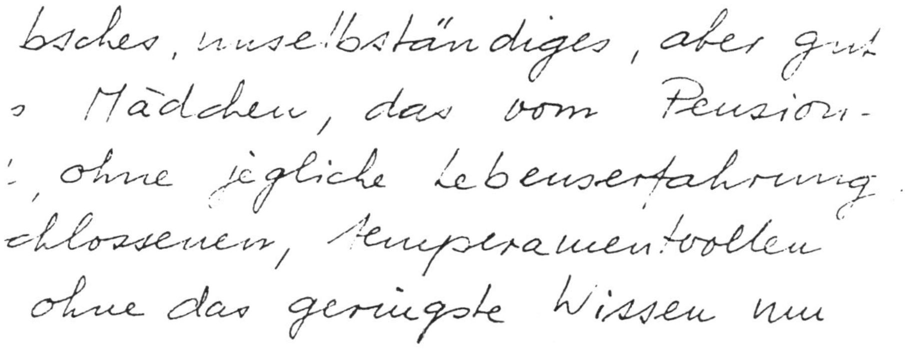

bsches, unselbständiges, aber gut
Mädchen, das vom Pension-
ohne jegliche Lebenserfahrung
chlossenen, temperamentvollen
ohne das geringste Wissen um

Abb. 16 Lehrerin, 31 Jahre, zu Beginn einer Psychoanalyse

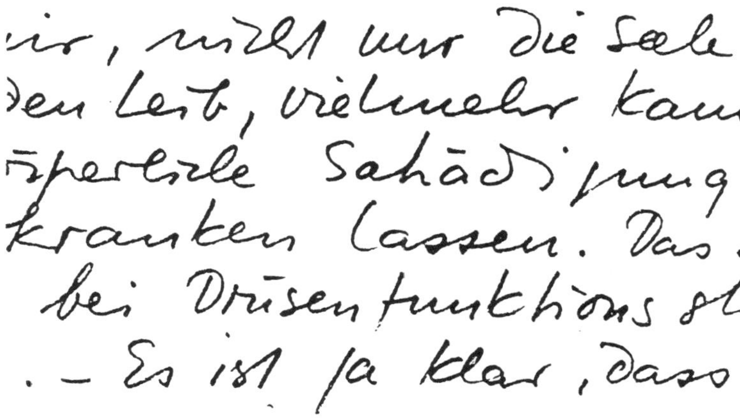

ir, nicht nur die Seele
den Leib, vielmehr kann
örperliche Schädigung
kranken lassen. Das sieht
bei Drüsenfunktionsstörun-
. – Es ist ja klar, dass

Abb. 17 dieselbe mit 35 Jahren, nach Abschluss der Psychoanalyse

Schriftentwicklung vom Schreibenlernen bis ins Erwachsenenalter

In beispielhafter Form haben Ursula Avé-Lallemant (1970) und Robert Bollschweiler (1989) an zahlreichen Beispielen die Schriftentwicklung von Kindern und Jugendlichen von der Phase des Schreibenlernens bis ins Erwachsenenalter dargestellt und beschrieben, indem sie Schriftausschnitte – einen Schriftstreifen pro Jahr – untereinanderstellten, so dass die ganze Entwicklung der Schrift auf ein bis zwei Seiten, in geraffter und übersichtlicher Form, gleichsam mit einem Blick, überschaut und nachvollzogen werden kann.

Das folgende Beispiel (Abb. 18-20) gibt einen Überblick über die Schriftentwicklung eines Mädchens, beginnend mit dem Alter von sieben bis zum Alter von 19 Jahren und neun Monaten. Die ersten drei Ausschnitte zeigen in den brav geformten

Buchstaben eine recht gut gelungene Anpassung an die Schreibvorlage. Die mit 9;11 Jahren, in der sogenannten Phase der "reifen Kindheit", geschriebene Probe wirkt ruhig und ausgeglichen. Ein Jahr später (10;10) wird die Schrift unregelmässiger, steifer und ungelenk. Mit 12 Jahren und fünf Monaten wird die Strichführung feiner und differenzierter, die Schrift als ganze aber unsicherer und schwankend in den Abständen zwischen den Buchstaben; mit 13;9 Jahren schliesslich brechen die pubertätsbedingten "Störungen" voll durch: eine versteifte, unregelmässige Schrift mit

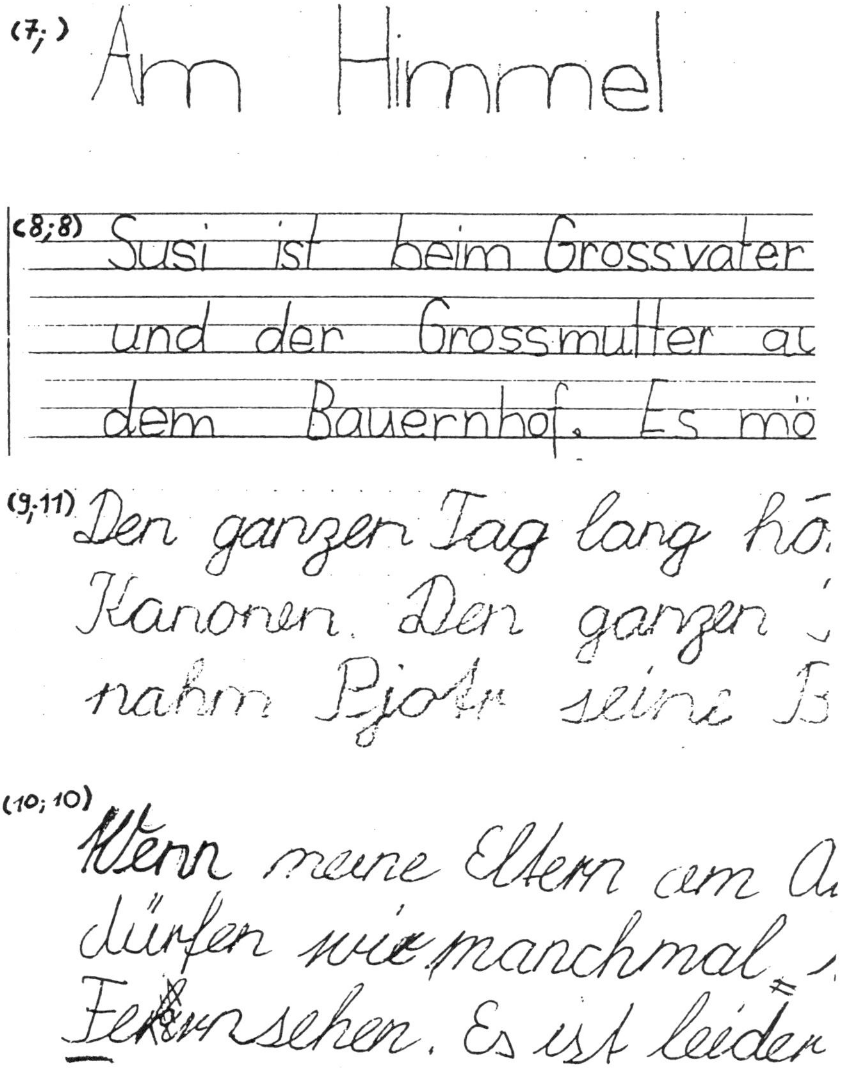

(7;) Am Himmel

(8;8) Susi ist beim Grossvater und der Grossmutter a[u] dem Bauernhof. Es mö[chte]

(9;11) Den ganzen Tag lang hö[rt] Kanonen. Den ganzen nahm Pjotr seine B

(10;10) Wenn meine Eltern am A[bend] dürfen wir manchmal Fernsehen. Es ist leider

Abb. 18 Schriftentwicklung eines Mädchens vom 7.–10. Lebensjahr

Handschrift und Handschriftdiagnostik

starken Schwankungen des Drucks und des Neigungswinkels. Mit 15;5 Jahren tritt eine gewisse Beruhigung in der Druckverteilung und im Neigungswinkel ein, und die folgende Schrift (16;7) ist auch einheitlicher in den Weitenverhältnissen innerhalb und zwischen den Buchstaben, zeigt Ansätze zu einem gelungenen Eigenrhythmus und – etwa in den Grossbuchstaben "K", "B" und "G" – eigengeprägte Formen.

Abb. 19 dieselbe Schreiberin vom 12.–16. Lebensjahr

In den letzten beiden Ausschnitten (18;3 und 19;9) gewinnt die Schrift weiter an Zügigkeit und Eigenartsgrad: Die Formen werden beweglicher, individueller und vielseitiger, behalten aber – in dieser Phase der Adoleszenz eine gewisse Formunbestimmtheit (R. Heiss) und Offenheit. Die weitere Entwicklung ist noch nach vielen Seiten hin offen und in vollem Fluss.

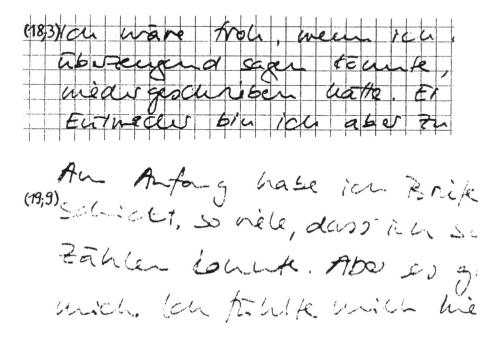

Abb. 20 dieselbe Schreiberin im 18. und 19. Lebensjahr

Schlussbemerkung

Es ist etwas Eigenartiges mit dem Studium und der Praxis der Graphologie. Je mehr man sich der Grenzen dieser Methode, die sich mit der lebendigen Handschrift beschäftigt, bewusst wird, je mehr man als Graphologe kleinere oder grössere Enttäuschungen erleben und innerlich verarbeiten muss, Enttäuschungen darüber, dass die Methode, die einem am meisten vertraut ist, bei weitem "nicht alles" kann, desto mehr gewinnt man auch Boden unter den Füssen. Je besser man begreift, dass aufgrund der Handschrift alleine keine Berufsberatung betrieben werden kann, dass dazu das Gespräch und oft noch weitere Methoden gehören; je besser man begreift, dass die Bedingungen einer geglückten Partnerschaft in der Schrift von zwei Menschen selten ausreichend erfasst werden können, je mehr also der graphologische Diagnostiker von seiner "Grandiosität" und seiner kindlichen Grössenvorstellung der "Allwissenheit" ablassen und die Begrenztheit alles diagnostischen

Erkennens begreifen und akzeptieren kann, desto näher kommt er selber einer "geglückten" Partnerschaft mit anderen Diagnostikern und diagnostischen Methoden, die seine Sichtweise ergänzen und erweitern, desto näher kommt er einem sinnvollen Zusammenspiel der Methoden, kann dann aber, von seinem Standort aus, zum richtigen Zeitpunkt und zur richtigen Fragestellung seinen Beitrag leisten, der das Verständnis eines Menschen oder einer Beziehung vertiefen kann. In ähnlicher Richtung geht die Aussage eines der liebenswürdigsten, einerseits zwar unglaublich schwärmerischen, andererseits aber entwaffnend ehrlichen und aufrichtigen Ausdrucksforschers und Physiognomen, des Zürcher Pfarrers Johann Kaspar Lavater, der in seinen mit Goethe gemeinsam herausgegebenen "Physiognomischen Fragmenten" 1777 schrieb: "Wohl verstanden – nicht den *ganzen* Charakter, nicht *alle* Charakter – aber von *manchen* Charaktern viel – von *einigen* aber *wenig*, lässt sich aus der blossen Handschrift erkennen." (S. 114)

LITERATUR

Achtnich, M.: Der Berufsbilder-Test. Projektives Verfahren zur Abklärung der Berufsneigung. Bern 1979.

Avé-Lallemant, U.: Graphologie des Jugendlichen. Bd. 1. Längsschnitt-Analyse. München/Basel 1970.

Beckmann, D. & Richter, H.-E.: Gießen-Test (GT). Ein Test für Individual- und Gruppendiagnostik. Bern 1972

Bollschweiler, R.: Berufsberatung und Graphologie. Erhältl. bei: Schweiz. Verband für Berufsberatung. Zürich 1989.

Buber, M.: Das dialogische Prinzip. Heidelberg 1965

Bühler-Oppenheim, K.: Konstanz und Veränderung im Leben zweier Menschen. Eine Längsschnittuntersuchung. ZfM 1978/3-4.

Bürgi, A.: Gedanken zu einer wissenschaftlichen Fundierung der Graphologie. ZfM 1990/2 Burns-Birlin, A.: Zur Handschrift der Informatiker. ZfM 1990/3.

Dosch, E. & Heberlein, W.: Eignungsspezifische und charakterologische Anforderungsprofile für Informatiker. ZfM 1990/1.

Gross, C.: Vitalität und Handschrift. 2. Aufl. Bonn 1950

Halder, K.: Zur Verwendung der graphologischen Methode in der Berufs- und Laufbahnberatung. ZfM 1983/1-2.

Heermann, M.: Schreibbewegungstherapie und Schreibbewegungstest bei verhaltensgestörten, neurotischen Kindern und Jugendlichen. 3. Aufl. München 1985.

Heiss, R.: Die Deutung der Handschrift. 3. Aufl. Hamburg 1966.

Husmann, W. & Jud L. & Reichlin U.: Paardiagnostik mit Graphologie und Gießen-Test. ZfM 1991/4 und 1992/1.

Imoberdorf, U.: Führungsverhalten und Führungsstil im Spiegel der Handschrift. ZfM 1980/2.

Lavater, J.C.: Physiognomische Fragmente. Band 3. Zürich 1969

Lersch, Ph.: Aufbau der Person. 11. Aufl. München 1970

Müller, A.: Zur Entstehungszeit handschriftlicher Texte Bettine von Arnims. ZfM 1991/3

Müller, W.H. & Enskat, A.: Graphologische Diagnostik. Ihre Grundlagen, Möglichkeiten und Grenzen. 3. Aufl. Bern 1987.

Pierpaoli, A.: Die Graphologie im Dienste der Berufsberatung. ZfM 1988/2.

Rasch, W.-D.: Graphologische Aussagen zur Berufseignung – Probleme und Methoden. ZfM 1989/4.

Uhlmann-Gasser, R.: Musiker-Handschriften. ZfM 1987/4.

v. Uslar, D.: Die Graphologie im Rahmen der Psychologie. ZfM 1987/3.

Wallner, T.: Wie man undatierte Schriftproben mit Hilfe graphischer Kriterien datieren kann – ein, Leitfaden. ZfM 1991/2.

Wiedemann, H.-R.: Briefe und Albumblätter grosser Komponisten und Interpreten in Handschriften. Lübeck 1990.

Die Leistungsformel

Kaspar Halder

Ein zentraler Begriff der psychologischen Praxis ist derjenige der Leistung – sei es im Beruf, sei es in Schule oder Studium, in Lehre oder Ausbildung – immer geht es um das Vermögen eines Individuums, eine gegebene Arbeit in einer bestimmten Zeit zu erbringen. Bei Dorsch (Psychologisches Wörterbuch, 9. Auflage, Huber Verlag, Bern) finden wir die Leistungsdefinition: "Leistung ist die in der Zeiteinheit verrichtete Arbeit" und "Leistung ist der durch Energieaufwand geschaffene Wert".

Weiter finden wir bei *Dorsch* die Aussage: "Psychologisch ist Leistung der Einsatz der dem Menschen (bez. einem Organismus) verfügbaren Fähigkeiten. Leistung hebt sich damit ab vom psychologischen Gepräge (Wesen) sowie von der Haltung (Verhalten). Damit kommt die Leistung dem Begriff der Funktion nahe und deckt sich weitgehend mit ihr." Und: "Leistung ist nicht nur Funktion der Fähigkeit, sondern auch des Anreizes (incentive)."

Das Stichwort "Leistungsbewertung" umfaßt "Qualifikationsbewertung, Aussagen über konkret erbrachte und beobachtete sowie zugleich über weiterhin zu erwartende Arbeitsergebnisse. Bewertung nach bestimmten Merkmalen (Qualifikationsliste, Fragebogen, Schätzung). Auch die Personalbeurteilung, Laufbahnbeurteilung, Verwendungsbeurteilung, die über Fähigkeiten, Interessen, Motivationen und weitere persönliche Merkmale, über Kenntnisse, Fertigkeiten, Ausbildung und Erfahrungen Klarstellung zum Ziele hat, ist jeweils zugleich Leistungsbewertung".

Zum Thema "Funktion" (lat. ‚functio' – Verrichtung) schließlich findet sich bei Dorsch u.a.: "Leistung, vor allem die der Erfüllung einer bestimmten Aufgabe zweckdienliche Leistung; dann aber auch die durchzuführende Aufgabe selbst. Mit solchen Aufgaben sind komplizierte Anpassungsvorgänge verbunden, Systeme mit sich ständig ändernden weiteren Funktionen (die Funktion des Verdauens reguliert z.B. laufend die Funktion der Magen-, Darmdrüsen, des Gallezuflusses etc.). Noch kompliziertere Funktionssysteme liegen bei sog. "höheren" psychischen Funktionen vor. *Luria* (1971) beschreibt als Beispiel den Prozeß des Schreibens. Dieser kann "nur bei einem bestimmten Tonus der Gehirnrinde ablaufen (der durch subkortikale Strukturen garantiert wird), dessen weitere Bedingung ist eine genaue phonematische Analyse des Lautbestandes der Wörter, die zu schreiben sind (dies wird durch die Mechanismen der Schläfen-Hör-Rinde garantiert), wobei eine gleichzeitige kinästhetische (artikulatorische) Analyse der Laute (durch den Apparat der postzentralen, kinästhetischen Rinde) nur bei Unversehrtheit der räumlich organisierten Sehschemen der zu schreibenden Buchstaben ... erfolgen kann und muß. Außerdem sind zum Schreiben erforderlich: ein ständiges Umschalten der Bewegungsimpulse und die Durchführung fließender kinetischer Programme... sowie die feste Bewahrung der Ausgangsabsichten bei ständiger Kontrolle über die Ausführung der entsprechenden Handlungen (die unmöglich wäre ohne die Beteiligung der Stirnlappenregion des Gehirns)".

So kompliziert ist offensichtlich das, was wir Graphologen zum Gegenstand unserer Wissenschaft und Kunst machen, wenn wir in der "Bibel der Psychologen", im "Psychologischen Wörterbuch" von *Dorsch* nachlesen ...

Eine "Funktion" ist schließlich auch, was *Dorsch* beschreibt als "eine Größe, die gesetzmäßig von einer anderen Größe abhängt. Dieses Abhängigkeitsverhältnis zwischen Größen läßt sich mathematisch folgendermaßen darstellen: y = f (x). Die Formel besagt, daß mit einer Veränderung der Werte von x jeweils auch eine bestimmte Veränderung der Werte von y einhergeht".

Leistungsformel

$$T = \frac{F \times (Ach + M)}{St_a + St_i} + B + K + L = A + E$$

T	=	Tüchtigkeit, Leistungsfähigkeit (in Beruf, Schule, Lehre, Studium)
F	=	Fähigkeiten, Fertigkeiten, Intelligenz, Vitalität, Konstitution
Ach	=	Arbeitscharakter, Einsatz, Wille, Ausdauer, Initiative
M	=	Motivation, Interesse, Engagement, Identifikation
St_a	=	äußere Störfaktoren, Milieueinflüsse, soziale Schranken, Ablenkung
St_i	=	innere Störfaktoren, gesundheitliche Probleme, Neurosen, Sorgen, Irritierbarkeit
B	=	Bildungsstand, Schulung, Ausbildungsqualität
K	=	allgemeine Kenntnisse, selbständig erworbenes Wissen
L	=	Lebenserfahrung, Persönlichkeitsreife
A	=	Anforderungen (durch Beruf, Schule, Lehre, Studium, Stellung)
E	=	Erwartungen (zusätzlich durch Vorgesetzte, Lehrer, Meister, Umgebung)

Die Leistungsformel, die hier vorgestellt wird, bewährt sich als modellhafte Darstellung der Zusammenhänge, die in bestimmtem Verhältnis und gegenseitiger Abhängigkeit das Erbringen einer Leistung ermöglichen. Sie mag dem Lehrer, dem Erzieher, dem Schulpsychologen, dem Berufs- resp. Laufbahnberater und auch dem in der betrieblichen Personalberatung mitwirkenden Betriebspsychologen und Graphologen helfen, die für eine Leistung benötigten Komponenten zu verstehen und seinen Klienten, Eltern usf. darzustellen und zu erklären.

T steht für Tüchtigkeit, Leistungsfähigkeit in allen Bereichen. Damit diese Leistungsfähigkeit zum Tragen kommt, müssen gewisse Voraussetzungen erfüllt sein. Zunächst müssen überhaupt Fähigkeiten (F) in minimalem Umfang und in minimaler Qualität vorhanden sein. Ohne dieses Minimum an Vitalität, Konstitution, Fertigkeiten, insbesondere auch an Intelligenz ist nichts zu machen. Aber beste Fähigkeiten, beste Intelligenz allein sind noch gar nichts wert, wenn sie nicht umgesetzt werden in den Alltag. Das heißt, es muß neben den Fähigkeiten auch noch ein Minimum an Arbeitscharakter (Ach) und Motivation (M) vorhanden sein. Letztere könnte man auch als Unterkomponente des Arbeitscharakters beschreiben, aus praktischen (und didaktischen) Gründen aber erscheint es sinnvoll, die Motivation (Interesse, Engagement, Identifikation) gesondert anzuführen. Unter Arbeitscharakter können Eigenschaften wie Initiative, Einsatzbereitschaft, Wille, Ausdauer, Durchhaltevermögen und Belastbarkeit verstanden werden, sowie auch Ich-Stärke, Selbstdisziplin und Pflichtgefühl.

Entscheidend ist nun die Tatsache, daß die Fähigkeiten einerseits, Arbeitscharakter und Motivation andererseits, miteinander durch Multiplikation verbunden sind. Was das bedeutet, wird durch das Einsetzen von Zahlen deutlich. Angenommen, der Maximalwert sei 10. Sind nun solch maximale Intelligenz und Fähigkeiten vorhanden (F = 10), aber andererseits Arbeitsverhalten und Motivation miteinander schwach (Ach + M = 1), so erhalten wir mit 10 x 1 = 10 einen tiefen Gesamtwert. Genauso umgekehrt: mangelnde Fähigkeiten (F = 1) mal ausgezeichnete arbeitscharakterliche Tugenden und hohe Motivation (Ach + M = 10) vermögen nicht über ein gesamthaft schwaches Ergebnis hinwegzuhelfen (1 x 10 = 10). Sind aber beide Komponenten durchschnittlich vorhanden, so erhalten wir mit 5 x 5 = 25 einen wesentlich höheren Gesamtwert. Mit anderen Worten: alle Komponenten müssen überhaupt (oder besser noch in möglichst hoher Ausprägung) vorhanden sein, damit Leistung tatsächlich zustandekommt.

Unter dem Bruchstrich finden wir jene Komponenten, die möglichst zu vermeiden sind: die Störfaktoren. Man unterscheidet zwischen äußeren und inneren Störfaktoren. Als äußere Störfaktoren (St_a) sind Milieueinflüsse im weitesten Sinne zu verstehen, vorab alle Varianten von Ablenkung, bedeutend in Fällen von zerrütteten Familien, finanzieller Not, sozialen Schranken. Sitten und Gebräuche der Gesellschaft oder Schicht, der man angehört, können sich hemmend auswirken. Vielleicht läßt sich auch der "Zeitgeist" hier ansiedeln.

Innere Störfaktoren (St_i) sind Eigenschaften und Wirkungen aus der Person heraus, gesundheitliche Probleme insbesondere. Ablenken läßt sich nur, wer irritierbar ist. Die Irritierbarkeit läßt einen ablenkenden Einfluß erst manifest werden. Ferner wirken Gesundheitskomponenten im engeren Sinne hemmend. Wer einen schweren Migräneanfall hat, wer unter Alkohol- oder Drogeneinwirkung steht, wer an einer schweren Depression leidet, Sorgen oder Liebeskummer hat, wird kaum zu großen Leistungen imstande sein. Ausgeprägte Charaktereigenschaften wie Eigenwilligkeit, Unangepaßtheit und Angst gehören auch hierhin. Die Störfaktoren insgesamt müssen möglichst kleine Werte aufweisen ($St_a + St_i = 1$), um eine erwünschte Leistung zu ermöglichen.

Schließlich kommen noch drei weitere Faktoren hinzu, die zur Erbringung von Leistung mit einen Einfluß haben können.

Zunächst ist der Bildungsstand (B) eines Individuums nicht zu unterschätzen. Umfang und Qualität von Schulung und Ausbildung helfen, Probleme zu erkennen und zu lösen. Unter "Bildung" können wir noch viel umfassendere Bereiche verstehen: generelle Einsicht in Zusammenhänge, Grundhaltung, Übersicht, Souveränität in allen Lebenslagen, "Weisheit".

Dann sind Wissen und Kenntnisse (K), die außerhalb der beruflichen und persönlichen Ausbildung erworben wurden, von Belang. Das allgemeine Wissen hilft, sich zurechtzufinden und die Übersicht über eine gegebene Situation zu erlangen.

Weiter ist das, was man mit Lebenserfahrung (L) bezeichnet, miteinzubeziehen. Die Lebenserfahrung hängt unter anderem davon ab, wie alt jemand ist, was er in seinem Leben bisher unternommen hat und was er aus seinen Erfahrungen und Erkenntnissen macht (Persönlichkeitsreife).

Diese letzteren drei Faktoren sind zusätzliche Komponenten, die weniger mit der eigentlichen Persönlichkeitsstruktur zusammenhängen, aber trotzdem von mehr oder weniger großer Bedeutung sein können, wenn es um das Erbringen von Leistung geht.

Die ganze Formel kann nun auch den Anforderungen (A) gleichgesetzt werden, die durch einen Beruf, eine entsprechende Stellung, aber auch durch eine bestimmte Schule, ein Studium oder eine Berufslehre oder -anlehre an ein Individuum gestellt werden – und zusätzlich durch die (eventuell hohen) Erwartungen (E) eines Vorgesetzten, Lehrers oder Meisters. Hinzu kommen auch die Erwartungen von außen, die ein sozialer Rang, eine Position oder ein Amt an dessen Träger stellt (Milieudruck). Wer den Anforderungen und zusätzlichen Erwartungen, die von außen an ihn gestellt werden, genügt, beweist seine entsprechend hohe Leistungsfähigkeit. Natürlich handelt es sich bei der vorliegenden Formel um "Quasi-Mathematik". Ein Ausrechnen der Formel vermittels Einsetzen von Zahlenwerten je Faktor ist nur bedingt sinnvoll. Es ist eher im Sinne des berühmten Professor Parkinson zu verstehen, der allgemeingültige Zusammenhänge in Form von (ironischen, aber nichtsdestoweniger validen) Formeln gefaßt hat.

In der Medizin gilt der Grundsatz, daß nur eine Therapie verabfolgt werden soll, wenn zuerst eine Diagnose gestellt wurde. Die Leistungsformel möge zur Diagnose (und Selbst-Diagnose) von alltäglichen Zusammenhängen dienen, zum Finden und Aufzeigen von Schwächen und Stärken bei der Diskussion von Leistung aller Varianten.

Die hier vorgestellte Leistungsformel wurde von *Rinaldo Andina* im Heft 6/1967 der Fachzeitschrift "Industrielle Organisation" der Eidgenössischen Technischen Hochschule Zürich erstmals vorgestellt unter dem Titel "Talenterfassung und optimaler Einsatz des Potentials". Der Autor dieser Zeilen hat die Formel noch etwas verändert und ausgebaut. Selbstverständlich ist die Formel diskutabel.

Im folgenden soll nun versucht werden, anhand einiger Schriftbeispiele die Formel graphologisch-praktisch anzuwenden. Den größten Wert dürfte die Leistungsformel weniger im spezifisch graphologischen Bereich als ganz generell im pädagogischen und psychologischen Arbeitsfeld haben. Dennoch mag es reizvoll sein, zu prüfen, was die Formel graphologisch hergibt.

Die Leistungsformel

Alle in der Folge vorgeführten Schriften stammen von Klienten aus der Berufs- und Laufbahnberatung. Es wurden ganztägige umfassende Abklärungen gemacht, die aus Anamnese und Gespräch, umfangreichen Tests zur Intelligenz- und Interessendiagnostik und zur Erfassung der persönlichen Eigenart bestanden. Die Schriften entstanden zu Hause, in der Zeit zwischen Abklärungstag und Besprechung der Ergebnisse. Das Thema des Aufsatzes war "Ich", das heißt, der Klient hatte die Aufgabe, sich selber so zu schildern, wie er sich gegenwärtig sieht, mit seinen Vorlieben und Abneigungen, seinen Stärken und Schwächen ohne Entwurf und Reinschrift – ganz spontan. Material: eigenes Schreibwerkzeug, zwei leere Briefbögen im Format A4. Geschrieben werden sollte Handschrift (kein Script) und am Schluß durfte die Unterschrift nicht fehlen.

Der Schreiber der Schrift Nr. 1 ist 52jährig, Architekt von Beruf (Absolvent der ETH, der technischen Hochschule von Zürich) und seit zwei Jahren, seit seiner Scheidung und Rückkehr aus dem Ausland, beruflich in großen Schwierigkeiten. Desgleichen auch im persönlichen Bereich – er ist in psychiatrischer Behandlung und verlor seinen Bruder kürzlich durch Suizid.

Schrift Nr. 1

Die Schrift zeigt einen unsicheren Menschen mit viel Eigenwilligkeiten und wenig Effizienz. Seine Belastbarkeit ist schwach, und er wirkt irgendwie fast kindlich-hilflos. Die Gestaltungswünsche scheinen durch – aber ein besonders kreatives Talent ist er wohl nicht. Er kann heute über seine ursprünglich zweifellos hohen intellektuellen Gaben nicht verfügen. In der Leistungsformel ist ein hoher Wert bei den inneren Störfaktoren einzusetzen. Dieser Umstand schlägt durch auf den Arbeitscharakter (Langsamkeit, schwache Belastbarkeit) und auf die momentane Verfügbarkeit seiner Talente. Trotz reicher Lebenserfahrungen, gutem Bildungsniveau und breitem Allgemeinwissen ist er im heutigen Zustand fast nicht "lebenstüchtig". Er versucht nun, einen Posten in einer staatlichen Verwaltung (zum Beispiel Denkmalpflege) zu erhalten oder in einem größeren (möglichst nicht profitorientierten) Unternehmen unterzukommen.

Die Schrift Nr. 2 gehört einem 20jährigen jungen Mann, dessen ausschließlicher Berufswunsch heute ist, Schauspieler zu werden. Er hat das Gymnasium zwei Jahre vor der Matura abgebrochen, "schnupperte" dann in verschiedenen Buchhandlungen mit dem Ziel, Buchhändler zu werden, war ein halbes Jahr in einer Krankenpflegerausbildung, die er ebenfalls aufgab, und jobbt nun als Früchte- und Gemüse-Hilfsverkäufer, um sich über die Runden zu bringen. Mit den Eltern hat er zur Zeit gebrochen. Er will in jeder Beziehung von zu Hause unabhängig sein.

*Im Moment höre ich
das gibt Power. Die
mit mir durch zu
bis zur Ohnmacht
Aber ich habe unter*

Schrift Nr. 2

Die Schrift zeigt einen hochbegabten jungen Mann mit hohen Ansprüchen und wenig Neigung zu profaner "bürgerlicher" Kleinarbeit. Er ist geistig beweglich, faßt außerordentlich rasch auf, und sein Drang ins "Exhibitionistische" ist offensichtlich. Was ihm ganz abgeht, sind Realismus, Selbstdisziplin, Härte und Durchsetzungsvermögen. Seine Wünsche schweben in den Wolken – er möchte zwar viel, real leistungsfähig ist er jedoch wenig. B, K und L (Bildung, allgemeines Wissen und Lebenserfahrung im Sinne von Persönlichkeitsreife) fehlen weitgehend. Seine Stärke ist seine hohe Begabung, die er aber mangels Selbstdisziplin, Ausdauer und Belastbarkeit (Durchsetzungsvermögen, das nötig ist, um in einem so harten "Markt", wie ihn die Schauspielerei darstellt, zu reüssieren) nicht ausreichend in dem von ihm erhofften Ausmaß einsetzen kann. Hier hilft nur eine therapeutische Betreuung, die ihn auf den

Boden der Realität stellt. Im Grunde wäre seinen Fähigkeiten am ehesten eine höhere Schule (Hochschulreife) angemessen.

ut mit einigen, lasse alle niemanden an
mir eine solide Mauer, die mich schü
nd Unabhängigkeit, merke jedoch in
nicht so gut vertrage. Ich weiss, dass ic
etwas ändern muss. Ich könnte "prokten.
etieren". Gemütlich zu Hause wohnen, u

Schrift Nr. 3

Die Schrift Nr. 3 gehört einer 22jährigen Pharmaziestudentin, die nun in einer Offizin im großen Praktikum steckt und unglücklich ist. Dieser Beruf, der sich auszeichnet durch ein anspruchsvolles naturwissenschaftliches Studium und einen im allgemeinen ganz andersgearteten beruflichen Alltag (Verkauf, Kommerz und etwas Beratung), macht entsprechenden Studenten immer wieder Schwierigkeiten. Bei dieser jungen Frau kommt hinzu, daß sie sich mit gewissen (durchaus branchenüblichen) Praktiken nicht abfinden kann und will. So stört es sie, daß wider besseres Wissen Medikamente an Patienten abgegeben werden, die von diesen mißbraucht werden. Weiter will sie sich nicht damit abfinden, daß die Pharmakonzerne eine Geschäftspolitik betreiben, die sie nicht gutheißt. Die Schrift zeigt eine depressive Grundlage, einen Menschen, der nicht leicht und locker und oberflächlich dahinlebt, sondern sich Gedanken macht, die Dinge eher schwer nimmt und viel Idealismus aufbringt. Eine ästhetische Komponente ist in der Schrift nicht zu übersehen. Kaufmännische Interessen gehen der Schreiberin vollständig ab. Sie hat eine große rezeptive Leichtigkeit, lernt schnell und hat im Studium keine Probleme. Die Probleme hat sie mit sich selber, mit ihrer Identität, die sie noch nicht gefunden hat. Sie ist auf der Suche, ist innerlich sehr unruhig und reagiert stark gemüthaft-emotional. Als Alternative sieht sie den Beruf der Ergotherapeutin (Beschäftigungstherapeutin), welche Patienten in Kliniken mit eher künstlerisch-praktischen Verrichtungen (Weben, Schreinern) beschäftigt oder (funktionell) rehabilitiert. Ob ihre eigenen praktischen Interessen und Fähigkeiten in ausreichendem Maße vorhanden sind (nebst der großen Geduld, die es in derartigen Berufen braucht), ist die Frage. Im Sinne der Leistungsformel sind hier die Probleme wohl vor allen Dingen in der derzeit völlig fehlenden Motivation zu sehen und in der noch wenig ausgeprägten Persönlichkeitsreife. An Fähigkeiten und Arbeitscharakter mangelt es nicht.

Die Schrift Nr. 4 gehört einem 18jährigen Gymnasiasten, der eine außerordentlich hohe abstrakte Begabung besitzt und der sich überhaupt intellektuell (gemäß den Intelligenz und Begabungstests) im Mensa-Bereich bewegt (d.h. er gehört mit seinem Prozentrang neunundneunzig zum höchsten Prozent). Schulisch ist er zwar gut, aber (in den Zeugnissen) nicht brillant, da er praktisch für die Schule nichts tut und sein Gymnasium sozusagen mit der linken Hand absolviert. Er denkt an ein Physikstudium. Sein intensives Hobby ist das Schreiben von Computerprogrammen, eine Tätigkeit, die er bereits außerordentlich gut beherrscht. Die Handschrift zeigt die ans Geniale grenzende intellektuelle Begabung nicht unbedingt, obwohl viele Komponenten für hohe Intelligenz sprechen. Innere Unruhe und große Unsicherheit sind vorherrschend, gepaart mit sehr sensiblen Zügen. Eine unangenehme körperliche Krankheit, die eventuell psychosomatischen Ursprung hat, macht dem Schreiber viel zu schaffen. In der Leistungsformel müßte die Schwachstelle bei den inneren Störfaktoren gesucht werden.

[Handschriftprobe]

Schrift Nr. 4

Die Schrift Nr. 5 gehört einem 26jährigen Spanier, der mit 19 Jahren heiratete, bevor er seine Ausbildung in Spanien mit einem Abitur abgeschlossen hatte. Er kam dann in die Schweiz und war in verschiedensten Bereichen tätig: als Beleuchter in einem Filmstudio, als Dekorateur und Hilfsgrafiker, als Telexist in einer Nachrichtenagentur und zur Zeit als Versandbuchhändler für technische Speziallitteratur. Sein Traumberuf wäre Möbeldesigner, allerdings machte er bisher keine ernsthaften Anstalten, Prototypen von Möbelstücken herzustellen und potentielle Produzenten hierfür zu finden.

*weil ich wircklich jung war und Si-
ich meine naivität, oder meine un-
zigkeiten gaaten wären. Heute bin
ich genüge Erfahrungen, das ich selt
eter Beziehung haben wir weiss zu
en. Sie begreift nicht das ich dass
ist natürlich auch schwer, Sie wa.*

Schrift Nr. 5

Die Handschrift verrät einen im Prinzip intellektuell (sprachlich) begabten Menschen, dessen Schwächen die Realitätsbeziehung und die Effizienz sind. Seine Ideen bleiben Träume – ein Realisator ist er nicht. In der Leistungsformel ist auch der äußere Störfaktor "Familie" zu berücksichtigen, denn er hat Frau und zwei Kinder, die versorgt werden müssen. Finanziell und auch sonst liegen große "Sprünge" nicht drin. Die frühe Heirat gibt ihm heute das Gefühl, einiges verpaßt zu haben, insbesondere eine solide berufliche Basis. Er wird einen "bürgerlichen Kompromiß" schließen müssen und erklärte nach abgeschlossener Beratung, er sehe ein, daß er auf den Boden kommen müsse ...

Als letzte Schrift (Nr. 6) sei die Handschrift eines 16jährigen Schülers vorgestellt, der im letzten obligatorischen Schuljahr steckt (Bezirksschule, d.h. die anforderungsreichste Stufe der Volksschule, die zu anspruchsvolleren Berufslehren oder zum Übertritt in einen Gymnasialtyp hinführt). Nun ist auch für ihn die Berufswahlfrage aktuell geworden, allerdings "schwimmt" er total und weiß nicht, wofür er sich entschließen soll. Am ehesten denkt er an eine kaufmännische Lehre (die schon sein erfolgreicher Vater absolviert hatte). Die Handschrift zeigt eine außerordentliche Unruhe und tiefe innere Widersprüchlichkeiten, die seine Schwierigkeit, eine berufliche Linie zu finden, ohne weiteres einleuchtend machen. An Potential fehlt es dem Burschen nicht, aber an (Berufswahl-)Reife und Konstanz. Er hat mit seiner Launenhaftigkeit zu kämpfen, sein Spannungsbogen ist sehr kurz. Die erwähnten Mängel sind entwicklungsbedingt und lassen eine reifefördernde Zwischenlösung angezeigt erscheinen, zum Beispiel eine Berufswahlschule. Ein späteres Einsteigen in die kaufmännische Richtung liegt durchaus im Bereiche des Möglichen, sollte aber erst vollzogen werden, wenn dies als klarer und eindeutig einzuschlagender Ausbildungsweg ausgewiesen ist. Die Leistungsformel ergibt Mängel in den Bereichen innere Störfaktoren (Unreife, Irritierbarkeit), Arbeitscharakter und Lebenserfahrung (Persönlichkeitsreife) – die richtige Therapie ist wohl ein "Spielen auf Zeit", allerdings ausgefüllt mit reifefördernden Maßnahmen.

Schrift Nr. 6

Die Diskussion der sechs Schriften mag gezeigt haben, daß die Komponenten der Leistungsformel für berufsberaterische und andere Zwecke als Denkmodell genutzt werden können.

LITERATUR

Andina, Rinaldo: Talenterfassung und optimaler Einsatz des Potentials, in: Industrielle Organisation, Heft 6/1967, Zürich.
Dorsch, Friedrich: Psychologisches Wörterbuch, 9. Auflage, Verlag Hans Huber, Bern Stuttgart Wien 1976.
Halder, Kaspar: Zur Verwendung der graphologischen Methode in der Berufs- und Laufbahnberatung, in: Zeitschrift für Menschenkunde, Heft 1/2 1983, Wien.

Zwillingsforschung

Kaspar Halder, Urs Imoberdorf

Vorbemerkung

Ich bin selber ein Zwilling (zweieiig – mein Bruder hat eine andere Blutgruppe). Nicht zuletzt deshalb hat mich die Zwillingspsychologie schon immer besonders interessiert, insbesondere die Anlage-Umweltproblematik, die von der Medizin und der Psychologie mit der sogenannten "Zwillingsforschung" seit vielen Jahren bearbeitet wird. Es erstaunt doch einigermaßen, daß die Graphologie in diesem Gebiet bisher nicht noch mehr und systematischer eingesetzt wurde, um charakterologische Eigenheiten von ein- resp. zweieiigen Zwillingen zu untersuchen. Denn in der einschlägigen Literatur finden sich nur wenige Hinweise. Die beiden Autoren dieses Aufsatzes wollen einen Beitrag leisten, daß diese Lücke allmählich ausgefüllt werden kann. Sie gingen in ihrer Arbeit folgendermaßen vor:

Es wurde ein Merkblatt verfaßt, das an Zwillingspaare im näheren und weiteren Bekanntenkreis verschickt wurde und die Absicht erläuterte, die hinter dem Unternehmen steckt. Es wurde darauf hingewiesen, wie die Schriftproben beschaffen sein sollen, damit diese für unsere Zwecke brauchbar sind. Der Rücklauf war recht erfreulich (eineiige und zweieiige Zwillinge). Aus Platzgründen mußte eine Auswahl getroffen werden. Einige Schriftproben konnten im Rahmen dieser Arbeit näher ausgewertet, besprochen und abgebildet werden, sämtliche Schriftproben wurden für die Statistik über die Ähnlichkeit von Zwillingsschriften beigezogen.

Dieser Aufsatz könnte Ausgangspunkt sein für weitere allgemeine und graphologische Zwillingsstudien, weil in der folgenden Arbeit erst ein Teil der offenen Fragen angegangen und teilweise beantwortet werden konnte.

Kaspar Halder

Beim Menschen kommt unter etwa 85 Geburten eine Zwillingsgeburt vor. Zwillinge entwickeln sich zu 75% aus zwei gleichzeitig durch je eine Samenzelle befruchtete Eizellen, die sich nebeneinander in der Gebärmutter festsetzen. Man spricht in diesem Fall von zweieiigen Zwillingen (ZZ), die somit erbverschieden und sich nicht ähnlicher sind als andere Geschwister untereinander. Zu etwa 25% entwickeln sich Zwillinge aus einer durch eine Samenzelle befruchteten Eizelle, in der es ausnahmsweise zur Bildung von zwei gleichen Keimanlagen kommt. In diesem Falle spricht man von eineiigen und somit von erbgleichen Zwillingen (EZ).

Zwillinge, die sich äußerlich zum Verwechseln ähnlich sehen, haben manchmal Handschriften, die sich wenig ähnlich sind. Dies ist schon Sir Francis Galton (1822 – 1911) aufgefallen, dem englischen Naturforscher, den man als Begründer der Humangenetik und der Zwillingsforschung bezeichnen kann. Er schrieb: "Ich kenne nur einen einzigen Fall, in dem niemand, auch die Zwillinge selbst nicht, ihre Notizen unterscheiden konnten, und höchstens zwei oder drei, bei denen die Handschrift von anderen nicht unterschieden werden konnte, ferner nur ein Paar, bei dem man die Handschriften noch sehr ähnlich nennen konnte. Andererseits habe ich viele Fälle, in denen sie als unähnlich bezeichnet werden müssen, und einige, bei denen sie als der einzige Punkt erscheinen, in dem sich die Zwillinge unähnlich sind." (zitiert nach Karcher, S. 180 f.)

Lange Zeit war es für Graphologen schwer verständlich, warum Zwillinge, die sich äußerlich so sehr gleichen, so unterschiedliche Schriften haben können. K. Román-Goldzieher ging in ihrer "Untersuchung der Schrift und des Schreibens von 283 Zwillingspaaren" (1945) derselben Frage der Ähnlichkeit von Zwillingshandschriften nach.

Schriftpaare	Eineiige Zwillinge	Zweieiige Zwillinge
unähnlich	27,5%	54,5%
ähnlich	57,5%	38,0%
Doppelgängerschrift	15,0%	7,5%

Tabelle 1: Die Ähnlichkeit im Erscheinungsbild von Handschriften nach K. Román-Goldzieher. Anzahl untersuchter Schriftenpaare: 113 eineiige, 160 zweieiige.

Das Ergebnis (Tabelle 1) zeigt, daß bei erbgleichen Zwillingen mehr als ein Viertel, bei zweieiigen Zwillingen sogar mehr als die Hälfte unähnliche Schriften aufweisen. Eine gewisse Ähnlichkeit zeigen bei eineiigen Zwillingen immerhin etwas mehr als die Hälfte, bei zweieiigen ein gutes Drittel. Doppelgängerschriften, das heißt solche, die man nur schwer voneinander unterscheiden kann, gibt es bei erbgleichen 15%, bei erbungleichen Zwillingen 7,5%. Dadurch werden die Aussagen von Galton etwas relativiert und ins rechte Licht gerückt.

In unserer Untersuchung, die sich auf die Schriften von 29 Zwillingspaaren stützt, versuchten wir, den geschätzten Ähnlichkeitsgrad auf der folgenden vierstufigen Skala zu erfassen:

sehr ähnlich – ähnlich – unähnlich – sehr unähnlich

Bei den untersuchten *eineiigen* Zwillingen sind sich die Schriften im Durchschnitt *ähnlich*, bei den *zweieiigen unähnlich*; sehr ähnlich sind sich nur drei Handschriften von eineiigen, sehr unähnlich nur zwei Schriften von zweieiigen Zwillingen. Im folgenden einige Beispiele:

Sehr ähnlich sind sich die beiden Schriften (Abb. 1) hinsichtlich der ruhig-langsamen und sorgfältigen Bewegung, der liebevoll, ausschmückenden Formgebung und der sehr ordentlichen Raumbehandlung. Ein genauer Vergleich kann natürlich auch bei diesen beiden Schriften Unterschiede feststellen: etwa die größeren Wortabstände bei Tanja und damit verbunden die etwas größeren Abstände zwischen den Buchstaben innerhalb eines Wortes. Doch aufs ganze gesehen sind die (interindividuellen) Unterschiede zwischen diesen beiden Schriften kaum größer, als die (intraindividuellen) Unterschiede, die bei ein und derselben Schreiberin auftreten können, die das eine Mal in fröhlicher, das andere Mal in einer etwas gedrückten Stimmung schreibt. So wirkt in unserem Beispiel die obere Schrift etwas eingeengter, versteifter, die untere etwas flüssiger, spontaner und freier. Bei beiden jedoch spürt man die Freude am liebevoll gestalteten Detail, an der schön geschmückten Form. Es sind, graphologisch gesprochen, Schriften, die gut zu den heute ausgeübten Berufen der beiden Schreiberinnen passen.

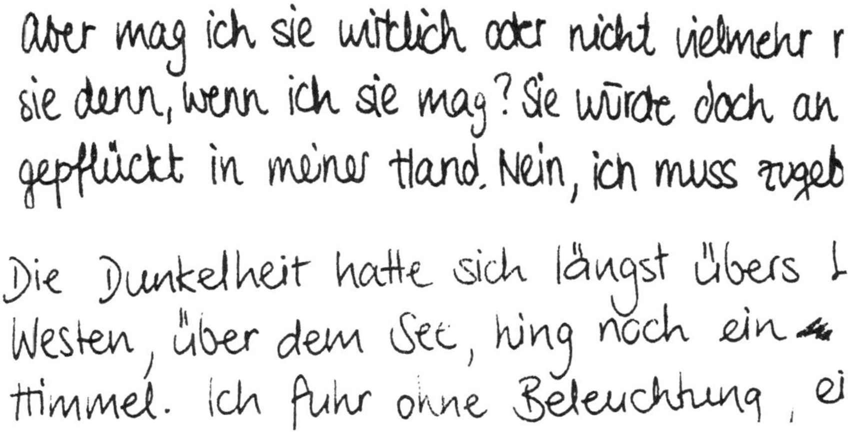

Aber mag ich sie wirklich oder nicht vielmehr r sie denn, wenn ich sie mag? Sie würde doch an gepflückt in meiner Hand. Nein, ich muss zugeb

Die Dunkelheit hatte sich längst übers L Westen, über dem See, hing noch ein Himmel. Ich fuhr ohne Beleuchtung, ei

Abb. 1: Eineiige Zwillinge, 20 Jahre alt. Verena* (obere drei Zeilen) ist gelernte Gärtnerin und arbeitet heute als Blumenverkäuferin; Tanja (untere drei Zeilen) ist in der Ausbildung zur Dekorationsgestalterin. Diese beiden Schriften wurden als "sehr ähnlich" eingestuft.

Die Unterschiede in den Schriften dieser zweieiigen Zwillingsschwestern (Abb. 2) sind offensichtlich: Die Schrift von Bettina (oben) ist bewegungsbetont, bogenzügig, mit konventionelleren, jedoch schwungvoll ausgeführten Formen und deutet auf eine kontaktfreudige Person hin mit einem anschaulichen und praxisbezogenen Denken; Hannas Handschrift (unten) ist formbetont, strichzügig und linear, mit eigengeprägten und individuelleren Formen und einer klar strukturierten Raumaufteilung. Die Formen und die räumliche Gliederung wirken "intellektueller". Weil die beiden Schriften bei näherer Betrachtung aber doch auch vergleichbare Eigenheiten aufweisen, wurden sie nur als "unähnlich" und nicht als "sehr unähnlich" eingestuft. Beide Schriften haben eine deutliche Anfangsbetonung, die Wortabstände sind bei beiden größer als die Zeilenabstände und die Bewegungsdynamik, vor allem Schreibtempo und Druckstärke, scheinen bei beiden ähnlich zu verlaufen.

---

* Die Namen sind aus Diskretionsgründen geändert worden.

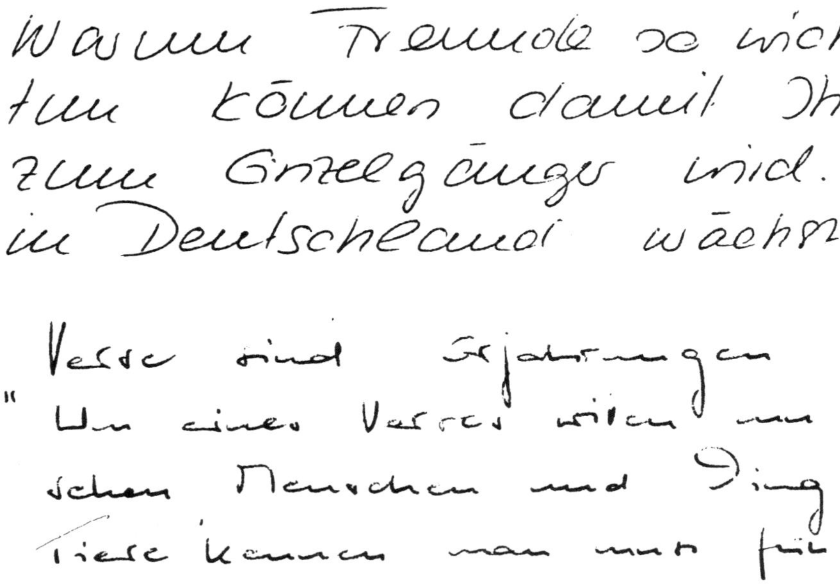

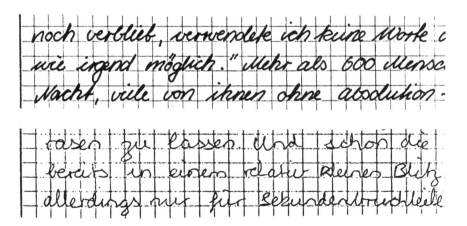

Abb. 2: Zweieiige Zwillingsschwestern, Anfang 30. Bettina, die Schreiberin (obere vier Zellen) schreibt über sich selbst: "Coiffeuse, arbeite 60%, Hausfrau und Mutter"; Hanna (untere vier Zeilen): "Romanistik-Studium, Bezirkslehrerin, arbeite 80%, lebe in Partnerschaft."
Diese Zwillingsschriften sind als "unähnlich" eingestuft worden.

Abb. 3: Nic (oben) und Stefan (unten), eineiige Zwillinge, 17 3/4 Jahre, beide Schreinerlehrlinge.

Es gibt nicht nur *Unähnlichkeit* der Schriften bei zweieiigen sondern auch bei eineiigen Zwillingen. Ein Beispiel liefert die Abb. 3. *Nics* Handschrift (obere drei Zeilen) folgt noch weitgehend der Schulvorlage, ist betont ordentlich, regelmäßig und zeigt einen ruhigen und gut gesteuerten Bewegungsfluß. *Stefan* (untere drei Zeilen) ist auf der Suche nach einer persönlichen Schreibform. Seine Buchstaben sind individueller gestaltet. Doch seine Schrift scheint stärker versteift zu sein. Sie ist unregelmäßiger und uneinheitlicher durch ihre Lageschwankungen und zeigt größere Wortabstände. Obwohl die Zwillingsbrüder noch nicht 18 Jahre alt sind und einen handwerklichen Beruf ausüben, in dem Sprache und Schreiben nicht eine so große Rolle spielen, haben sie doch beide Schriften, die sich stark voneinander unterscheiden.

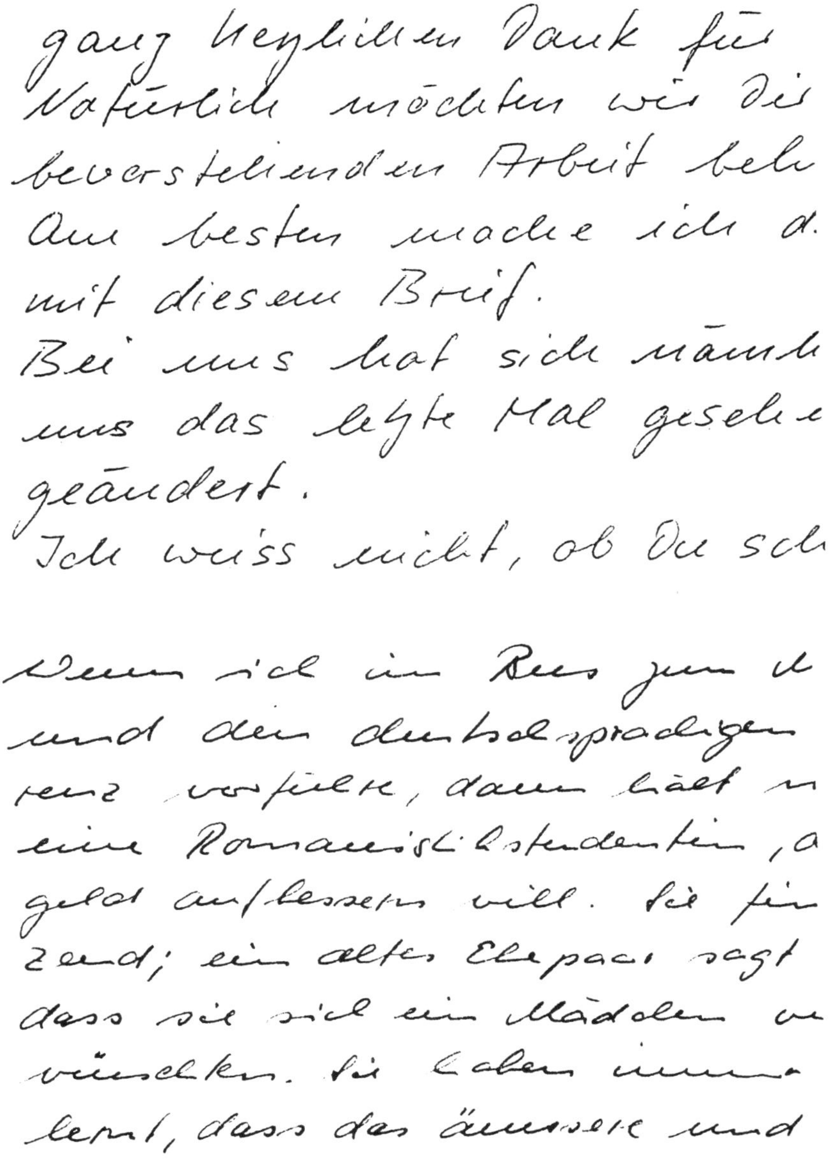
ganz herzlichen Dank für
Natürlich möchten wir Dir
bevorstehenden Arbeit beh
Am besten mache ich d.
mit diesem Brief.
Bei uns hat sich nämlich
uns das letzte Mal gesehe
geändert.
Ich weiss nicht, ob Du sch

Wenn ich im Bus zum d
und den deutschsprachigen
renz vorführe, dann hält m
eine Romanistikstudentin, a
geld aufbessern will. Sie fin
zend; ein altes Ehepaar sagt
dass sie sich ein Mädchen w
wünschten. Sie haben immer
lernt, dass das Äussere und

Abb. 4: *Susanne* (oben) und *Sonja* (unten), eineiige Zwillinge, Anfang 50, beide ausgeprägte Rechtshänderinnen, von Beruf gelernte Schneiderinnen und Handarbeitslehrerinnen

Es drängt sich an dieser Stelle die Frage auf, warum Zwillinge, die so ähnlich aussehen, so unterschiedlich schreiben können. Wie lassen sich sowohl die Ähnlichkeiten als auch die Unterschiede im Schreiben von Zwillingen erklären? Damit ist auch die Frage verbunden: Wie ähnlich, bzw. unähnlich sind sich eigentlich Zwillinge in ihren seelischen Eigenschaften? Bevor wir uns auf Antworten, die darauf gegeben werden, einlassen, wollen wir uns eingehender mit vier Zwillingspaaren und deren Handschriften beschäftigen, mit denen wir Interviews über ihr Verhältnis zueinander und über die Frage geführt haben, wie sie sich selber und wie sie ihren Zwillingspartner sehen und erleben. Wir hoffen, daß es uns gelingt, durch die Aussagen der Zwillinge deren Schriften besser zu verstehen und umgekehrt durch die Handschriften die Aussagen, die die Zwillinge über sich und ihren Zwillingspartner gemacht haben *(Selbstbild und Fremdbild)*, besser zu begreifen. Wir beginnen unsere Darstellung mit dem eineiigen Zwillingspaar *Susanne* und *Sonja* (Abb. 4): Sie sind Anfang 50, beide ausgeprägte Rechtshänderinnen, beide haben den Beruf der Schneiderin und daran anschließend denjenigen der Handarbeitslehrerin erlernt. Beide Schwestern sind verheiratet, Susanne hat eine Tochter und einen Sohn, Sonja einen Sohn. Die Ehemänner, die glänzend miteinander auskommen, tragen den gleichen Vornamen, sind akademisch gebildet und in verantwortungsvoller und leitender Stellung tätig. Das Interview wurde mit jeder Schwester einzeln durchgeführt. Eine Reihe von Antworten waren so übereinstimmend, daß sich diese als eine gemeinsame Aussage der Zwillinge über ihre Gemeinsamkeiten darstellen lassen.

Gemeinsamkeiten: "Wir sind in einfachen Verhältnissen aufgewachsen. Unsere Mutter war die dominierende Person in der Familie. Sie war sehr ordentlich, konnte geradezu pedantisch sein und hielt uns unter strenger Kontrolle. Der Haushalt mußte bei ihr perfekt sein. Sie hat uns ein starkes Pflichtgefühl eingeimpft. Sie hat sehr darauf geachtet, daß wir immer gleich angezogen waren, alles zusammen gemacht, zusammen die Ferien verbracht haben. Dies war für uns damals ganz selbstverständlich und überhaupt kein Thema. Der Vater war eher der gutmütige in der Familie, auch der fröhliche, der gesellige. Wir Schwestern haben uns von Anfang an sehr geglichen, von Kopf bis Fuß. Wir haben lange Zeit keine Freundinnen gehabt; wir hatten uns ja gegenseitig, und später hatten wir gemeinsame Freundinnen. Nach außen haben wir lange Zeit nur mit ‚wir' gesprochen, und für die anderen waren wir ‚die Zwillinge'. Wir haben die gleichen Schulen besucht, die Primar-, die Bezirksschule und später dasselbe Handarbeitsseminar. Unsere Abschlußnoten waren bis auf die Stelle hinter dem Komma gleich. Wir sind beide mehr praktisch begabt. Erst als wir 21 waren und Freunde in unser Leben traten, trennten sich unsere Wege. Noch heute haben wir einen ganz ähnlichen Geschmack. Es ist vorgekommen, daß wir unabhängig voneinander ausgingen und beide die gleichen Schuhe kauften." Soweit die Gemeinsamkeiten. Es gibt aber auch einige interessante Unterschiede zwischen den beiden Schwestern:

Unterschiede: Beide sind sich darin einig: *Sonja* war und ist die etwas dominantere. Mit den Worten von *Sonja*: "Auch die Mutter hat gesagt, ich sei die lebendigere, die frechere, die mutigere gewesen. Ich war andern gegenüber diejenige, die das Wort ergriffen hat und Susanne hat mich dazu noch angestachelt: Mach Du es!" *Sonja* erlebt sich selber als die etwas heiterere, ihre Schwester als die etwas ernstere. *Susanne* jedoch sagt von sich: "Ich bin gerne in fröhlicher Gesellschaft, wo etwas läuft und habe gerne Besuch; doch selber kann ich nicht so viel zur guten Stimmung beitragen. Ich bin zwar nicht introvertiert, jedoch auch nicht eine ‚Stimmungsmacherin'. Manchmal beneide ich Leute, die das können. Meine Schwester spricht mehr als ich und kann besser das Gespräch führen. Ich bin, als wir jünger waren, ihr gegenüber jeweils zurückgestanden." *Susanne* hat von sich das Gefühl, daß sie mehr noch als ihre Schwester ihre Gefühle zeigen kann. Beide seien zwar offen, sie selber könne aber auch rasch einmal weinen. *Sonja* sieht keine Unterschiede, was die Gefühlsoffenheit betrifft. Jede könne, ihrer Ansicht nach, auf ihre persönliche Art die Gefühle zeigen. Vielleicht könne sie, *Sonja*, aufs ganze gesehen etwas impulsiver reagieren. Darauf aufmerksam gemacht, wie ordentlich, genau und sauber die Handschriften von beiden sind, und auf die Frage, ob eine von beiden die Genauigkeit und Ordnung stärker als die andere betone, haben beide den Eindruck, daß nicht sie sondern die Zwillingsschwester die etwas exaktere und 'perfektere' sei.

Die Handschriften der Zwillingsschwestern: Obwohl sich die beiden Schriften noch leicht voneinander unterscheiden lassen, betrachten wir sie als ‚eher ähnlich'. Sie stimmen überein in der *Antriebsdynamik*: Sie haben ein ähnliches, nämlich ein gut mittleres Schreibtempo, eine etwa durchschnittliche Druckstärke und einen mittleren Umfang (Größe, Weite, Längenunterschied etc.). Auch der *Eigenartsgrad* ist ähnlich, weder besonders betont noch unbetont. Die *Raumaufteilung* ist bei beiden ausgewogen, einheitlich; die Zeilen- und Wortabstände sind fast deckungsgleich. Welches sind nun aber die wenigen, aber doch noch deutlichen Unterschiede? *Susannes* Schrift ist etwas bogiger, runder, mit etwas mehr Schwankungen in der Schriftlage und in der Zeilenführung; *Sonjas* Handschrift dagegen etwas linearer, regelmäßiger, straffer, etwas stärker und konsequenter nach rechts ausgerichtet. Dadurch wirkt sie zielstrebiger, willensbetonter, etwas nüchterner, entschiedener und forscher; *Susannes* Schrift dagegen etwas weicher, offener, eine Schreiberin, die sich stärker beeindrucken und beeinflussen läßt, die etwas mehr mitschwingt, sich anpaßt und ‚sich mitnehmen' läßt – im ganzen eine Bestätigung des Bildes, das die Zwillinge von sich selber und von der Schwester haben: *Sonja*, die stärker führende, bestimmende, die etwas stärker leistungsbetonte; *Susanne*, die anpassungsfähigere, die sich selber als etwas passiver, abwartender, gefühlsbetonter und gefühlsoffener sieht und erlebt.

Aus dem Beispiel der Zwillinge *Susanne* und *Sonja* können wir folgende Schlüsse ziehen:
1. Die Umwelt neigt dazu, Zwillinge, die zusammen auftreten, als eine Einheit zu erleben und anzusprechen. Durch den Stolz der Eltern – in diesem Falle vor allem der dominierenden Mutter – kann das Gefühl zusammenzugehören wesentlich verstärkt werden. Man ist geneigt, von einer eigentlichen ‚Zwillings-Identität' zu sprechen.

2. Auch schwierige Situationen, wie beispielsweise Einsamkeit, können von Zwillingen anders erlebt oder bewältigt werden: "Wir haben lange Zeit keine Freundinnen gehabt; wir hatten uns ja gegenseitig ..."
3. Trotz dieses Gemeinschaftsgefühls treten schon früh *Differenzierungen* in den Selbst- und Fremdbildern der Zwillinge auf: "Ich bin die lebendigere, die frechere, die mutigere gewesen."
4. Die Selbst- und Fremdbilder stimmen nicht immer überein. Das *Wunschbild*, wie ich sein oder eben nicht sein möchte, prägt das Selbst- und das Fremdbild: "Nicht ich, sondern die Zwillingsschwester ist die etwas exaktere und ‚perfektere'." Kleinere oder größere Selbsttäuschungen kommen – wie könnte es anders sein – auch bei Zwillingen vor.
5. Interessant sind die vielen *Gemeinsamkeiten*, die weit über die äußere Ähnlichkeit hinausgehen können, etwa in Fragen des Geschmacks, der Begabung, der Berufs- und Partnerwahl.

Wie sich aus einem starken Gemeinschaftserleben heraus das Individuelle und Persönliche herausdifferenzieren, wie sich eigentliche *Rollenmuster* des Verhaltens zu- und miteinander entwickeln können, zeigt deutlich das Beispiel des folgenden Zwillingspaares: *Daniel* und *Reto* (Abb. 5), Anfang 40, sind eineiige Zwillinge, die zusammen ein Architekturbüro leiten. Sie stammen aus schwierigen Familienverhältnissen, in denen sie oft auf sich alleine gestellt und miteinander belastende und einsame Situationen durchzustehen gezwungen waren. Sie wurden nach außen stets als Zwillinge behandelt. Deshalb ist es verständlich, daß in der Pubertät und Adoleszenz sich beide gegeneinander stemmen, in Opposition treten und voneinander Distanz gewinnen mußten. Schon damals war es vor allem *Daniel*, der den Gegensatz und die Selbständigkeit betonte, während *Reto* stärker das Verbindende hervorhob.

Das Interview wurde zuerst mit *Daniel*, dann mit *Reto*, schließlich mit beiden zusammen geführt. Auf die Frage, welches heute die Unterschiede zwischen den Brüdern sind, antwortete *Daniel* spontan: "Ich war immer etwas mehr der vorwitzige, der mutige, der Wegbereiter. Ich war der erste, der mit einem Mädchen geschmust, der erste, der daheim so richtig ausgerufen und rebelliert hat. Subjektiv habe ich den Eindruck, das ist heute noch so: Ich bin etwas mutiger, störrischer, ungeduldiger, aufmüpfiger. Mein Bruder ist etwas ängstlicher, mehr auf Sicherheit bedacht, während ich das Traditionelle eher ablehne. Und was für mich auch typisch ist: Ich bin nicht verheiratet und lebe seit zehn Jahren mit einer *Partnerin* zusammen, die zwei Kinder aus erster Ehe mitgebracht hat. Mein Bruder dagegen ist mit einer geschiedenen Frau *verheiratet*. Diese hat ein Kind aus erster Ehe. Der Bruder wohnt seit vielen Jahren im Elternhaus, was für mich früher überhaupt nicht in Frage gekommen wäre. Auch in bezug auf unser Architekturbüro bin ich unterschwellig der etwas dominantere, obwohl mein Bruder nach außen als Manager auftritt. Er ist der Mann der Außenkontakte. Ich bin vor allem verantwortlich für den Entwurf und für alles, was mit Informatik zu tun hat. Mein Bruder ist eher der vorsichtige, der bremsende. Das ist zwischen uns allerdings auch ein Rollenspiel, und die Rollen können manchmal ausgetauscht werden. Dann will mein Bruder vorwärts und ich bin der bremsende. Wenn es ums Detail geht, bin ich der genauere, der pedantischere. Mein Bruder kann da etwas leger sein, während er meine Art von Ordentlichkeit in der Regel schützt. Es gibt Leute, die uns gut kennen und den Unterschied zwischen uns auf folgende Formel bringen: Ich sei der Entwerfer und Künstler, mein Bruder der Manager oder der Techniker; ich sei der ‚Innen'-, mein Bruder der ‚Außenminister'. Er kann die Außenkontakte wirklich gut wahrnehmen, und weil wir uns so gut verstehen, ergibt das eine positive Synergie. Wir haben nie Streit miteinander des Geldes oder der Mitarbeiter wegen.

Reto zeigt im Interview von sich und von seinem Bruder ähnliche Bilder, wie sie *Daniel* gezeichnet hat. Etwas anders sieht er aber die Frage der Dominanz zwischen beiden. *Reto* hatte nämlich früher den Eindruck, *er* sei der Dominantere und nicht der Bruder. *Reto* hebt aber stärker das Gemeinsame und das tiefe Vertrauen hervor, das zwischen beiden besteht: "Mir fällt es leichter, Konventionen einzuhalten und mit Leuten zusammenzuarbeiten, mit denen ich sonst wenig Gemeinsames habe. Ich bin etwas mehr der umgängliche, der kontaktfreudige. Was die Ordnungsliebe betrifft, da sind wir beide Pedanten oder besser: Perfektionisten. Doch kann ich noch eher fünf gerade sein lassen. Mein Bruder hat ein etwas stärkeres Bedürfnis als ich, sich zu profilieren und Wegmarken zu setzen, ich habe ein stärkeres Bedürfnis nach Konsens und kann leichter Kompromisse eingehen; ich bin etwas mehr der vermittelnde und ausgleichende. Die Grundbasis an Vertrauen, die zwischen uns da ist, ist für mich wirklich beglückend. Wir können ohne Bedenken einander ersetzen. Auch im privaten Bereich gibt das einen großen Rückhalt, wenn ich weiß: Da ist jemand, der bedingungslos zu mir steht. Privat pflegen wir zwar wenig Kontakt miteinander. Als mein Bruder jedoch längere Zeit im Ausland war, da war für mich die Distanz fast zu groß. Da hat mir etwas gefehlt, wie jemand Geliebtes, der nicht da ist. Früher gab es öfters Streit zwischen meiner Frau und mir, wenn sie etwas gegen meinen Bruder sagte. Heute ist das kein Problem mehr für uns."

Auf die Frage, ob sich ihre *Lebenspartnerinnen* auch ähnlich seien, ergibt sich folgendes Bild: "Beide Partnerinnen, so unterschiedlich sie auf den ersten Blick auch scheinen mögen, sind auf ihre Art dominierende Persönlichkeiten, die uns stark geprägt und auch geführt haben, was die Sensibilität und das bewußte Wahrnehmen wichtiger Lebenszusammenhänge betrifft. Beide sind in ihrer Gemütsverfassung jedoch labiler als wir und beneiden uns wegen der Ruhe und Sicherheit, die wir ausstrahlen."

Die Handschriften der Zwillingsbrüder: Die Schrift von *Reto* ist bewegungsbetont, von einem einheitlichen Fluß, etwas weiter und größer im Mittelband, mit vielen Bogen und Rundungen und weniger ausgeprägtem Eigenartsgrad. Das Raumbild wirkt dichter und dadurch etwas wärmer, das Bedürfnis nach Nähe und Kontakt zum Ausdruck bringend. In den einfacheren und selbstverständlicheren Formen zeigt sich die Anpassungsfähigkeit an Konventionen, im ruhigen Fluß der Schreibbewegung die innere Ausgewogenheit, und, damit verbunden, der Sinn für das richtige Maß.

Gesamthaft gesehen das Bild eines kontaktoffenen, ausgeglichenen, warmherzigen Menschen, der sich andern nahe fühlt und leichter Nähe und Vertrauen auszudrücken vermag. Dies alles wird getragen durch eine frische und flott-zügige Bewegungsdynamik.

*Daniel*s Handschrift dagegen ist formbetont, mit markanten und profilierten eigenen Formen. Der Versteifungsgrad und die innere Anspannung sind größer. Die Bewegungen sind linearer, kantiger, zum Teil ruckartig. Das Mittelband ist kleiner und enger, Wort- und Zeilenabstände wirken dadurch größer, so daß sich die einzelnen Wortkörper stärker voneinander abheben und abgrenzen. Der Eigenartsgrad ist stärker betont, die Schriftformen sind individuell und eigengeprägt. Das Raumbild ist klarer strukturiert, die Schriftlage steiler. Die Schrift als ganze wirkt etwas nüchterner, karger und stärker verstandesbetont. Es ist leicht, in den Schriftzügen den auf Eigenständigkeit, Eigenprofilierung, Eigenproduktivität und stärker auf Abgrenzung ausgerichteten Bruder wiederzuerkennen, der sich neben dem Entwurf auch der Informatik widmet, der die verbindenden Außenkontakte jedoch in der Regel lieber seinem Zwillingsbruder überläßt.

Die Schlußfolgerungen, die wir aus der Zwillingsgeschichte von Susanne und Sonja gezogen haben, lassen sich am Beispiel der Brüder *Daniel* und *Reto* fortsetzen und ergänzen:

6. Die Zeit der Pubertät ist in der Regel auch eine Zeit der Abgrenzung, der Opposition, der Selbstbetonung und Selbstprofilierung. Bei Zwillingsgeschwistern, die sich so nahe sind und von außen oft als eine ‚Einheit' erlebt und angesprochen werden, kann in der Pubertät diese Abgrenzung vor allem auch als eine *gegenseitige Distanzierung* voneinander erlebt und erlitten werden.

7. Eines der Rollenmuster, das unter Zwillingen vorkommen kann, besteht nun gerade darin, daß der eine Teil mehr das *Trennende*, der andere Teil mehr das *Gemeinsame* betont.

8. Diese *Rollenverteilungen* darf man sich nicht als etwas Endgültiges oder Starres vorstellen. Zuweilen sind sie auch *austauschbar*. Mit den Worten von *Daniel*: "... die Rollen können manchmal ausgetauscht werden. Dann will mein Bruder vorwärts und ich bin der bremsende."

9. Ein häufig vorkommendes Rollenmuster ist dasjenige der *Außenvertretung*, die oft vor allem durch den einen Zwillingspartner wahrgenommen wird. *Daniel* drückt es so aus: "Mein Bruder ist der ‚Außenminister'. Er kann die Außenkontakte wirklich gut wahrnehmen."

10. Das Ausmaß an *gegenseitigem Vertrauen* kann bei Zwillingen auch im Erwachsenenalter so stark sein, wie es unter gewöhnlichen Geschwistern seltener vorzukommen scheint. *Reto* drückt es so aus: "Die Grundbasis an Vertrauen, die zwischen uns da ist, ist für mich wirklich beglückend."

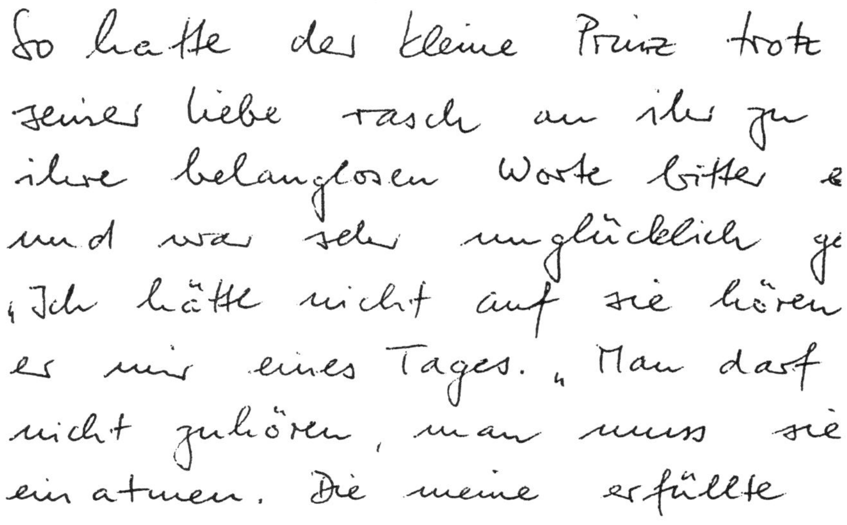

So hatte der kleine Prinz trotz
seiner Liebe rasch an ihr zu
ihre belanglosen Worte bitter e
und war sehr unglücklich ge
„Ich hätte nicht auf sie hören
er mir eines Tages." Man darf
nicht zuhören, man muss sie
einatmen. Die meine erfüllte

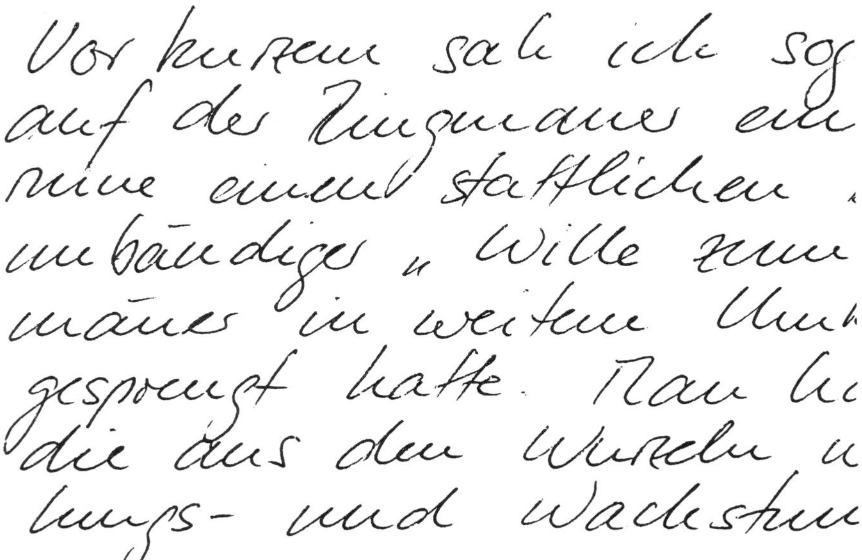

Vor kurzem sah ich sog
auf der Zingnane ein
nur einem stattlichen
unbändiger „Wille zum
mäher in weitem Umk
gesprengt hatte. Man li
die aus den Wurzeln u
lungs- und Wachstum

Abb. 5: *Daniel* (oben) und *Reto* (unten), eineiige Zwillinge, Anfang 40, die an einer Hochschule Architektur studiert haben und heute gemeinsam ein Architekturbüro leiten

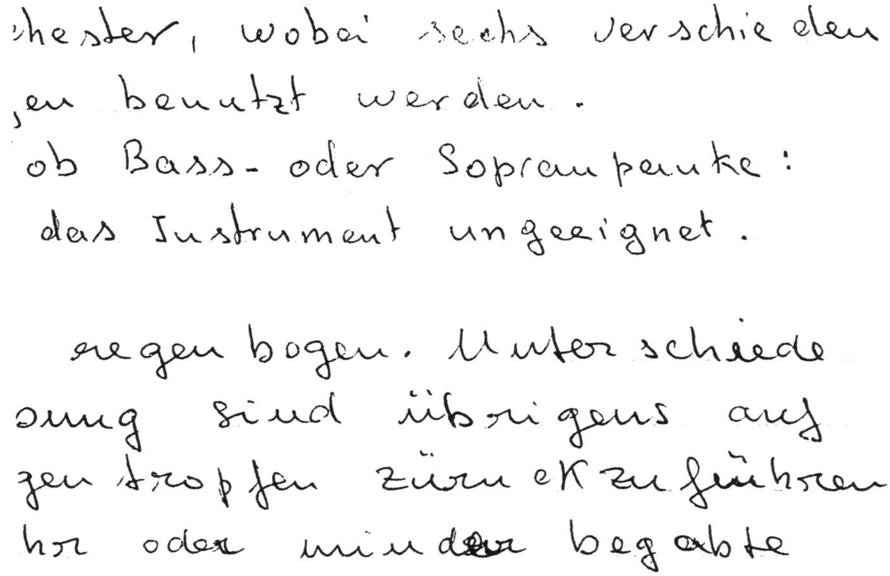

> *hester, wobei sechs verschieden-*
> *en benutzt werden.*
> *ob Bass- oder Sopranpauke:*
> *das Instrument ungeeignet.*
>
> *regenbogen. Unterschiede*
> *-ung sind übrigens auf*
> *zen tropfen zurück zu führen*
> *hr oder minder begabte*

Abb. 6: *Nico* (oben) und *Pedro* (unten), eineiige Zwillinge, Anfang 40, beide Rechtshänder. Sie stammen aus einer kinderreichen Familie. Ihre Eltern sind aus Italien eingewandert.

Ein weiteres Beispiel, bei dem die Nähe und die Gemeinsamkeit unter den Zwillingen sogar noch stärker zu sein scheinen, sehen wir bei *Nico* und *Pedro* (Abb. 6). Sie sind eineiige Zwillinge, Anfang 40, beide Rechtshänder. Sie stammen aus einer kinderreichen Familie. Ihre Eltern waren aus Italien eingewandert. Die Zwillingsbrüder haben stets die gleichen Schulen besucht, eine Lehre als Decolleteur absolviert und arbeiten heute in der gleichen Firma, im gleichen Saal, an benachbarten Arbeitsplätzen. Sie haben zwei aus Italien stammende Schwestern (nicht Zwillingsschwestern) geheiratet und eine Doppelhochzeit gefeiert. Im ersten Jahr nach der Heirat teilten beide Ehepaare die gleiche Wohnung. Heute wohnen sie mit ihren Kindern in benachbarten Häuserblocks. Beide Familien sind nach wie vor möglichst oft zusammen und ziehen wenn immer möglich gemeinsam in die Ferien. Trotz dieser Nähe unterscheiden sich die Brüder in ihrer Wesensart:

Nico beschreibt die *Unterschiede* zwischen sich und seinem Bruder: "Als Kinder waren wir uns noch viel ähnlicher, im Erwachsenenalter traten die Unterschiede stärker hervor. *Pedro* ist der stillere, er hat aber einen härteren Kopf, er ist der sturere, wenn er einen Entscheid getroffen hat. Ich kann gut mit Leuten reden, *Pedro* ist eher schüchtern. Er überläßt die Initiative mir und sagt bald einmal: ‚Mach mir das rasch!' Wenn ein Fest stattfindet, kann auch er fröhlich sein. Er ist ein ganz lieber Kerl, aber in den Details etwas stur. Die Schularbeiten fielen mir leichter. Es gibt aber zwei Dinge, da war *Pedro* schneller und besser: Autofahren hat er zwei Jahre vor mir gelernt, weil er sich dazu einmal entschieden und es dann durchgezogen hat. Und heute ist er im Karate (waffenlose Selbstverteidigung) besser als ich. Ich habe nämlich Rückenprobleme und muß mich sportlich zurückhalten. Ich bin ihm gegenüber nicht eifersüchtig."

Die Handschriften von Nico und Pedro: *Nico* äußert im Gespräch den Eindruck, er schreibe ganz anders als *Pedro*. Der Graphologe ist da jedoch anderer Ansicht: Bewegungs-, Form- und Raumbild sind in beiden Schriften recht ähnlich. Schriftlage, Größe, Weite, Völle, Verbundenheitsgrad, Wortabstände gleichen sich stark. Doch es gibt auch Unterschiede. *Nico*s Schrift ist ruhiger, ausgewogener, der Schreibdruck gleichmäßiger, die Abstände zwischen den Wörtern und zwischen den Buchstaben innerhalb eines Wortes sind etwas kleiner und regelmäßiger. *Pedro*s Schrift wirkt ruppiger und unruhiger, zeigt mehr Schwankungen und ist an mehreren Stellen verbessert worden. Der Druck ist etwas stärker, die Druckübergänge sind abrupter.

Aus den vorliegenden Schriftausschnitten zu schließen, wer von beiden der kontaktfreudigere ist, fällt auch einem geübten Graphologen nicht leicht. Es ist jedoch leicht nachzuvollziehen, daß *Pedro* sich etwas unbeschwerter, harmonischer und selbstverständlicher vorwärtsbewegt und *Nico* sich eher verschließen, etwas eckiger oder wie oben gesagt wurde ‚sturer' und ‚härter' sein kann, wenn er sich zu etwas entschieden hat oder wenn er von außen gestört wird.

Nachdem wir uns eingehender mit drei eineiigen (erbgleichen) Zwillingspaaren beschäftigt haben, wenden wir uns nun einem *zweieiigen* Zwillingspaar zu: Hannes und *Arthur* (Abb. 7), zwischen 40 und 50. *Hannes* arbeitet als Berater in eigener Praxis, *Arthur* ist Redaktor in einer Regionalzeitung.

Arthur hat die Fähigkeit, mit einem leicht ironischen Unterton die Dinge pointiert darzustellen, so daß sich in seiner Schilderung gewisse Bilder wohl noch stärker voneinander unterscheiden als in der gelebten Wirklichkeit. Hier seine Sicht über ihr gemeinsames Zwillingsschicksal: "Als Kinder wurden wir stets als Zwillinge behandelt und saßen neun Jahre auf der gleichen Schulbank. Nach der Pubertät haben wir uns auseinandergelebt und jeder hat sein Leben geführt. Wir hatten lange Zeit kaum mehr Gemeinsamkeiten, später sind wir uns wieder näher gekommen. Mein Bruder war der wachere und stärkere, der mehr Platz für sich beanspruchte. Er ist eine Führernatur, die es versteht, etwas mit anderen Leuten zu machen, andere für sich einzusetzen und wirken zu lassen. Bei den Pfadfindern war *Hannes* der Gruppenführer, ich sein Stellvertreter: Ich selber bin kein Führertyp. Ich bin der kreative, der die Ideen geliefert hat; mein Bruder hat diese dann umgesetzt. Ich habe nicht so viel Durchsetzungsvermögen, bin eher kooperativ. Mein Bruder kann seine Interessen besser durchsetzen; er kann sogar recht egozentrisch sein. Ich bin kritischer, auch selbstkritischer eingestellt, habe nicht ein so robustes Selbstvertrauen wie *Hannes*. Es gibt Leute, die mir sagen: Mach Dich doch nicht schlechter, als Du bist! Ich gehe Konflikten wenn möglich aus dem Weg, mein Bruder ist in dieser Hinsicht ‚rücksichtsloser'.

Um ein Beispiel zu nennen: Ich bin meistens pünktlich wie eine Uhr, *Hannes* dagegen hat mich und viele andere bei Abmachungen lange Zeit warten lassen. Bei wichtigen Sachen bin ich ein Perfektionist: Ich will es allen und mir selber recht machen. Mein Bruder kann da legerer sein. Ich bin der sparsamere, häuslichere; *Hannes* kann das Geld mit vollen Händen ausgeben. Mein Bruder ist technisch begabt und interessiert, kann gut mit Apparaten umgehen und ist überhaupt eine Spielernatur. Ich selber bin kein Spieler, technisch völlig unbegabt und benutze immer noch meine alte Schreibmaschine. Doch sprachlich und künstlerisch bin ich der etwas begabtere. Mit Zahlen konnte ich seit jeher nichts anfangen, während mein Bruder in dieser Hinsicht keine Schwierigkeiten kennt. Eigentlich habe ich das Zwillings-Dasein nicht als einen Vorteil erlebt, ja es hat mich früh schon genervt, als Zwilling behandelt zu werden, während *Hannes* ein begeisterter Zwilling ist."

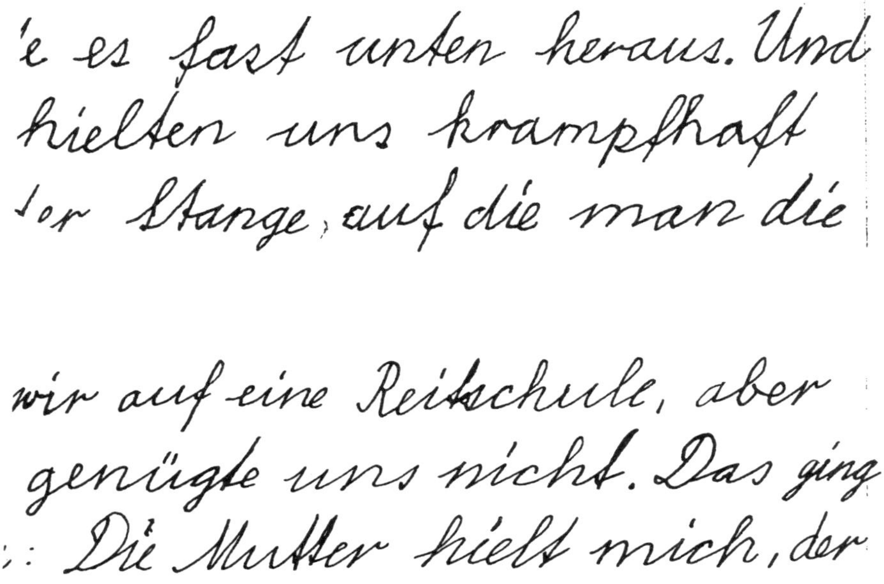

'e es fast unten heraus. Und hielten uns krampfhaft ior Stange, auf die man die

wir auf eine Reitschule, aber genügte uns nicht. Das ging :: Die Mutter hielt mich, der

Abb. 7: *Hannes* (oben) und *Arthur* (unten), zweieiige Zwillinge, im Alter von 9 1/2 Jahren.

Gemeinsamkeiten, wie sie von außen, etwa von dem großen Freundes- und Bekanntenkreis wahrgenommen und erlebt werden: Beide sind umgängliche, kontaktfreudige Menschen, offen und für andere faßbar und spürbar, mit einer stark betonten Gefühlskomponente, mit Sinn für Humor. In ihrer Nähe kann man oft lachen und sich wohl fühlen. Beide investieren viel Zeit in ihren Beruf, sind jederzeit vielbeschäftigt. Beide sind auf ihre Art Originale mit kleinen sympathischen Schrullen, zugleich aber auch realisationsfreudige Praktiker mit einem ausgeprägten Wirklichkeitssinn. Beide sind stark im sprachlichen Ausdruck. Beide sind leidenschaftliche Sammler, und zwar auf mehreren, zum Teil recht ausgefallenen Gebieten.

Die Handschriften der Zwillinge: Die Abb. 7 zeigt oben die Schrift von *Hannes*, unten diejenige von *Arthur* im Alter von 9 1/2 Jahren. Es sind Ausschnitte aus einem Aufsatzheft. Die Schriften sehen sich sehr ähnlich. Erst ein genauer Vergleich fördert kleine Unterschiede zu Tage. *Hannes*' Schrift ist etwas expansiver, forscher und schwankt stärker im Neigungswinkel des Mittelbandes, etwa im ‚n' von ‚uns' in der 2.

Zeile oder im ‚h' von ‚krampfhaft', während sich *Arthur* genauer an die in der Schule vorgeschriebene Rechtsschräglage hält. *Hannes*' Anfangs- und Endzüge sind in der Regel etwas länger, und zwei dieser Endzüge, die beiden Endbuchstaben ‚n' von ‚unten' und ‚man' wirken durch den vorausgehenden eckigen Winkel gerade, "richtungweisend und entschieden". *Arthurs* Schrift ist ein wenig sorgfältiger, vielleicht auch um eine Spur runder, feiner und weicher in ihrem Bewegungsablauf.

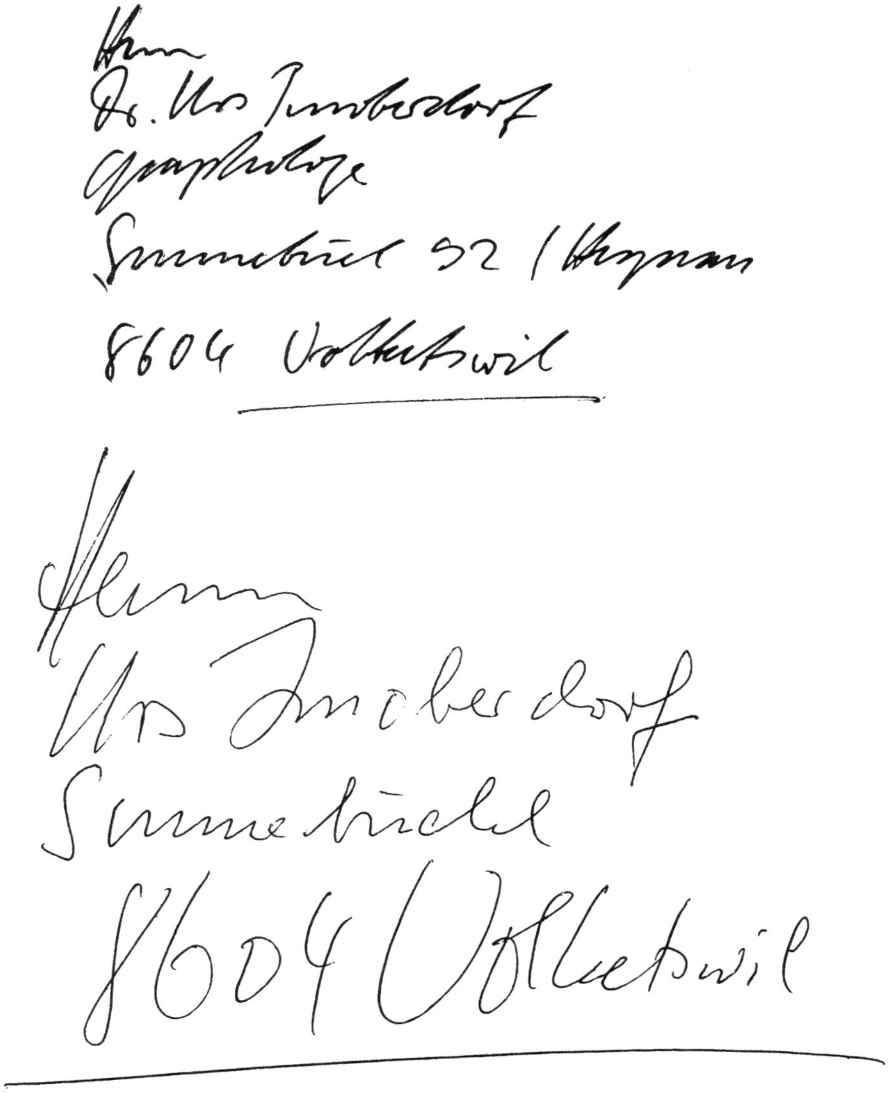

Abb. 8: *Hannes* (oben) und *Arthur* (unten), zweieiige Zwillinge, im Alter zwischen 40 und 50. *Hannes* arbeitet als Berater in eigener Praxis, *Arthur* ist Redaktor bei einer Regionalzeitung.

Als charakteristische Vergleichsschriften der erwachsenen Brüder im Alter zwischen 40 und 50 Jahren stehen uns in Abb. 8 zwei Anschriften zur Verfügung, oben die von *Hannes*, unten die von *Arthur* geschriebene Adresse. Beiden gemeinsam ist die lockere, freie, zügige, expansive und wenig versteifte Schreibbewegung; die Leichtigkeit, Eile und Flüssigkeit im Schreibablauf sind auffallend. Verblüffend ist die Ähnlichkeit in der Gestaltung der Zahlen. Überraschenderweise ist nun *Arthur*s Schrift die größere von beiden geworden, die mehr Raum zu beanspruchen scheint. Wenn man jedoch die Strichführung vergleicht, so fällt der zarte Druck in *Arthur*s Schrift auf. Die Schreibbewegungen sind zwar raumfüllend und ausgreifend, aber gleichsam suchend und tastend, fein vibrierend und manchmal sogar leicht zittrig, etwa im zweiten ‚o' der zweiten Zeile oder im ‚w' der untersten Zeile. *Hannes'* Schrift dagegen wirkt gestraffter, gezielter, direkter und linearer. Sie ist ohne Schnörkel, Schlaufen und Umwege und stärker verbunden, indem er etwa im Wort ‚Graphologe' zehn Buchstaben ohne abzusetzen aneinanderbindet. *Hannes* schreibt mit stärkerem Druck. Aufschlußreich ist der Vergleich des Buchstaben ‚f', der nur einmal vorkommt in der Anschrift. Bei *Hannes* ist er knapp und kurz gesetzt, ohne Schleife in der Oberzone, mit einem rasant und spitz auslaufenden Rechtszug als Abschluß; bei *Arthur* bekommt das ‚f' zwei Schleifen und einen etwas längeren, jedoch langsameren, am Ende leicht nach unten gebogenen Schlußzug. *Hannes'* Schrift ist gewandter; am deutlichsten kommt dies in der Buchstabenkombination ‚Dr' der zweiten Zeile zum Ausdruck, die sehr gekonnt wirkt. *Arthur*s Schrift zeigt weniger Schliff, wirkt dennoch ungewöhnlich, hochsensibel, offen, transparent, ansprechend, aber auch verletzbar und irritierbar. Und an dieser Stelle werden wir wieder an die Charakterisierung erinnert, die *Arthur* über die beiden Brüder gegeben hat: *Hannes*, der straff-zügige, zielstrebige und selbstsichere ‚Manager' und *Arthur*, der sensible und kreative ‚Künstler', der sich von vielem ansprechen läßt, der manches gestalten kann, dem aber weniger Selbstbehauptungs- und Durchsetzungsmechanismen zur Verfügung stehen.

Folgende Schlüsse lassen sich aus dem Beispiel von *Hannes* und *Arthur* ziehen:
11. Die Ähnlichkeit von Zwillingsschriften scheint in der Regel größer zu sein, je jünger diese sind und je einheitlicher und schulförmiger diese schreiben. Es braucht ein gewisses Alter, damit man in der eigenen Handschrift seinen eigenen Schreibstil entwickeln, gleichsam das eigene Profil finden und sich dadurch stärker von andern unterscheiden kann.
12. Zwillinge können ihr *Schicksal unterschiedlich* erleben. *Hannes* ist ein begeisterter Zwilling, *Arthur* sieht im Zwilling-Sein keinen Vorteil. Wir vermuten, daß eine unterschiedliche oder eher negative Sicht des Zwilling-Seins bei zweieiigen Zwillingen häufiger anzutreffen ist als bei eineiigen.
13. Am deutlichsten kommt in diesem Beispiel, in der Person von *Hannes*, die *Rolle des Führenden*, des dominanten Partners zum Vorschein; *Arthur* gestaltet für sich die Rolle des *Kreativen*, der die Ideen liefert. Daß ein Zwilling während langer Zeitperioden die Rolle des Führenden übernimmt, scheint recht häufig zu sein.

Was kann die Graphologie zum besseren Verständnis der Zwillinge beitragen? Auch dazu lassen sich thesenartig einige Schlüsse ziehen.

14. Nicht alles läßt sich aus graphologischer Sicht erkennen und direkt nachvollziehen. So wäre es, um beim letzten Beispiel zu bleiben, graphologisch kaum möglich gewesen zu erkennen, daß *Arthur* von beiden Brüdern der sparsamere, der technisch weniger begabte oder daß *Hannes* der spielfreudigere und der weniger pünktliche ist.
15. Recht deutlich lassen sich aber andere Aussagen graphologisch belegen: etwa die Feinfühligkeit von *Susanne*, die Willens- und Leistungsbetonung von *Sonja*, die Arbeitsteilung von *Daniel* und *Reto*; *Daniel*, der Analytiker und Entwerfer, *Reto*, der gefühlsbetonte, ausgleichende Kontaktmann; die Macherqualitäten von *Hannes*, die Gestaltungsfreude von *Arthur*. Hier *deutet die Handschrift bildhaft* die Aussagen der Zwillinge und kann diese von einer anderen Seite beleuchten, differenzieren oder relativieren.
16. Umgekehrt kann das Verständnis der einzelnen Zwillinge und ihrer gegenseitigen Beziehung, das durch eine sorgfältige Befragung, eventuell vertieft durch psychodiagnostische Fragebögen und weitere Testergebnisse erreicht wird, viel zu einem *besseren Erfassen der Handschrift* beitragen, ja zu einer idealen Gelegenheit werden, das graphologische Sehen zu üben und zu vertiefen.

Arthur, *Hannes* ca. dreijährig

An dieser Stelle wollen wir uns mit der Frage beschäftigen, warum genetisch identische Zwillinge so unterschiedlich schreiben können. Damit ist auch die Frage verbunden: Wie ähnlich, bzw. unähnlich sind sich eigentlich Zwillinge in ihren seelischen Eigenschaften?

Einige bisherige Antworten und Forschungsergebnisse

R. T. Osborne hat Dutzende von Zwillingsuntersuchungen miteinander verglichen und die mittleren Korrelationen (Zusammenhänge) errechnet, die hinsichtlich mehrerer Eigenschaften zwischen ein- und zweieiigen Zwillingen bestehen. Die Tabelle 2 gibt einen Einblick in die erzielten Werte und zeigt, daß zwischen den Zwillingen deutlich positive Korrelationen bestehen, die höchsten in bezug auf die *Intelligenz*, relativ deutliche aber auch hinsichtlich *Interessen*, und *Persönlichkeitsmerkmale*. Bei den *intellektuellen Fähigkeiten* (Abilities) hat er 11 weitere Teilgebiete in seine Untersuchung einbezogen wie sprachliches Verständnis, Gedächtnis, logisches Verständnis, räumliches Vorstellungsvermögen u.a. Die Korrelationen schwanken bei eineiigen Zwillingen zwischen 0.52 und 0.85, bei zweieiigen Zwillingen zwischen 0.36 und 0.64. Unter den *Interessen* führt er Teilbereiche wie praktisches, wissenschaftliches, soziales oder künstlerisches Interesse auf. Unter Persönlichkeitsaspekten sind Einstellungen aufgeführt wie Extraversion – Introversion, Dominanz, Männlichkeit – Weiblichkeit und Beweglichkeit.

Die Korrelationen zwischen eineiigen Zwillingen – dies ist das entscheidende Ergebnis – sind auf sämtlichen Gebieten (Intelligenz, Interessen, Persönlichkeitsaspekte) höher als die Korrelationen zwischen zweieiigen Zwillingen.

Eigenschaften	Anzahl Untersuchungen	Mittlere Intraklassenkorrelationen	
		eineiige Zwillinge	zweieiige Zwillinge
Allgemeine Intelligenz	30	0.82	0.59
Interessen	116	0.48	0.30
Persönlichkeitsmerkmale	106	0.48	0.29

Tabelle 2: Mittlere Intraklassenkorrelationen von Zwillingsstudien über verschiedene Eigenschaften, nach *R. T Osborne*, S. 16. Eine Korrelation von 1.0 würde eine vollständige Übereinstimmung bedeuten, eine Korrelation von 0.0, daß kein Zusammenhang zwischen zwei Werten besteht.

Daß sich ein- und zweieiige Zwillinge in ihren psychischen Eigenschaften ähnlich sind, entspricht zwar allgemeinen Erwartungen. Wie ist nun aber diese Ähnlichkeit zu erklären? Ist sie vererbt oder umweltbedingt? Ist sie genetisch zu erklären oder dadurch, daß die Zwillinge in der gleichen Umwelt aufgewachsen, durch ihre Eltern, Schule und Beruf auf eine ähnliche Art beeinflußt und geprägt worden sind?

Um den Einfluß von *Erbe* und *Umwelt* auf die Intelligenz herauszufinden, sind Studien an getrennt aufgewachsenen eineiigen Zwillingen besonders interessant und aufschlußreich. *Amelang und Bartussek* zeigen am Beispiel von drei dieser Untersuchungen *(Newman u.a., Shields und Juel-Nielsen)*, die in USA, Großbritannien und Dänemark durchgeführt wurden, daß die mittlere Intraklassenkorrelation – die Übereinstimmung des Intelligenzquotienten zwischen den Zwillingen – 0.74 beträgt, also als sehr hoch angesehen werden muß. Dies würde also bedeuten, daß die Intelligenz (IQ) zu einem hohen Maß – etwa zu 70% – vererbt wäre. Allerdings sind diese Ergebnisse nicht unbestritten, da die getrennt aufgewachsenen eineiigen Zwillinge häufig in Familien aufwuchsen, die mit einem Elternteil verwandt waren. Nichtverwandte Familien waren zudem häufig Freunde der Mutter. *Amelang und Bartussek* geben einen kritischen Kommentar zu diesen Zwillingsstudien: "So sehr der Vergleich separierter Zwillinge auf den ersten Blick als via regia imponiert, steht und fällt der Wert der Methode doch damit, daß es gelingt, zusätzlich die jeweiligen Umwelten zu erfassen und wenigstens für Untergruppen zu randomisieren ... und zumindest ein Teil der hohen Übereinstimmungen zwischen den getrennten Paarlingen geht wohl auch auf korrelierende Umwelten zurück. Insofern sind die Koeffizienten allenfalls als grobe Anhaltspunkte für eine oberste Grenze der Erblichkeit zu werten." (S.437f)

Interessant und unerwartet sind die Ergebnisse für eine Reihe von *Persönlichkeitsmerkmalen* von getrennt und gemeinsam aufgewachsenen eineiigen Zwillingen, "ist doch die Ähnlichkeit der gemeinsam aufgewachsenen Paarlinge über alle Untersuchungen hinweg *geringer* als die der getrennt aufgewachsenen" (*Amelang und Bartussek*, S. 439). Untersuchte Persönlichkeitsmerkmale waren u.a. Neurotizismus (psychisch und körperlich), Extraversion und Geselligkeit. Obwohl auch diese Ergebnisse aus den oben angeführten Gründen mit Vorsicht aufzunehmen und zu interpretieren sind, scheinen sie die These v. Brackens (1939) zu bestätigen, "wonach es bei gemeinsam aufgewachsenen Zwillingen zu einer Rollendifferenzierung beispielsweise in dem Sinne kommt, daß ein ‚führender Zwilling' eine dominante Position bei der Vertretung des Paares nach außen einnimmt, regelmäßig rechts vom anderen Partner sitzt usw. Im Falle einer Trennung entfällt diese durch Aufgabenteilung und Konkurrenz bedingte Differenzierung, was die höhere Ähnlichkeit erklären könnte" (nach *Amelang,* S. 439).

Wenn von der ‚Umwelt der Zwillinge' gesprochen wird, so sind damit in der Regel die familiären, schulischen, gesellschaftlichen und kulturellen Umstände gemeint, die einen prägenden Einfluß auf die Entwicklung der Zwillinge ausüben. Selten ist man sich dabei aber so richtig bewußt, daß die Zwillinge ja nicht nur als eine (innere) Einheit einer (äußeren) Umwelt gegenüberstehen, sondern daß jeder einzelne dem anderen gegenüber einen Teil, ja, wenn sie zusammen aufwachsen, vielleicht den wichtigsten Teil dieser Umwelt darstellt, mit der man sich vergleicht, von der man sich auch abheben, differenzieren und profilieren will, wie wir dies sehr schön an unserem Beispiel von *Reto* und *Daniel* gesehen haben. Es braucht also ein dialektisches Verständnis von Umwelt, das die betreffenden Personen und Rollenträger immer auch miteinbezieht und mitreflektiert. Denn die Umwelt ist keine feste Größe, sondern die ‚gleiche' Umwelt wird von verschiedenen Individuen, die darin leben, unterschiedlich erlebt und ‚gedeutet', und wenn sich jemand verändert, so ändert sich auch seine Sicht auf die Umwelt und diese ändert sich bis zu einem gewissen Grad mit ihm. Die Umwelt ist mit anderen Worten für Zwillinge nicht die gleiche wie für Einzelpersonen, und die Zwillinge sind sich selber gegenüber – in der Regel während einer langen Entwicklungsphase – ein ganz maßgebender Teil dieser Umwelt. Deshalb ist es auch verständlich, daß sich eineiige Zwillinge – trotz großer Ähnlichkeit in vielen Bereichen – in manchen Eigenschaften und Einstellungen, auch in ihrer Handschrift, recht unähnlich sein können. Die Frage, inwieweit Erbfaktoren oder Umwelteinflüsse diese Unterschiede hervorbringen, kann weder einfach noch abschließend beantwortet werden. Notwendig scheint vielmehr eine differenzierte Betrachtung dessen, was als Umwelt bezeichnet wird.

Zusammenfassung

Zwillinge sind sich hinsichtlich Intelligenz, Interessen und verschiedener Persönlichkeitseigenschaften recht ähnlich, eineiige im Durchschnitt deutlich mehr als zweieiige. Diese größere Ähnlichkeit spiegelt sich auch in den Handschriften der Zwillinge; eineiige Zwillinge haben im Durchschnitt ‚ähnliche', zweieiige ‚unähnliche' Handschriften. Die psychische Ähnlichkeit zwischen Zwillingen, auch zwischen eineiigen, ist aber nicht so groß, wie dies vom äußeren Erscheinungsbild her erwartet werden könnte. Es können sich zwischen Zwillingen gewisse Rollenmuster etablieren, etwa in bezug auf die ‚Dominanz' oder die ‚Außenvertretung', die wiederum die Einstellungen und Persönlichkeitseigenschaften beeinflussen. Am Beispiel von vier Zwillingsschicksalen wird aufgezeigt, wie die Handschriftdeutung das aus dem Interview gewonnene Bild vertiefen und zu einem besseren Verständnis der Zwillinge beitragen kann; umgekehrt bietet der Vergleich von Zwillingsschriften eine ideale Möglichkeit, graphologische Konzepte und Schlußfolgerungen zu überprüfen und das graphologische Sehen zu üben und zu verbessern.

LITERATUR

Amelang, M., Bartussek, D.: Differentielle Psychologie und Persönlichkeitsforschung. 2. Aufl., W. Kohlhammer, Stuttgart 1985.

von Bracken, H.: Das Schreibtempo von Zwillingen und die sozialpsychologischen Fehlerquellen in der Zwillingsforschung. Zeitschrift für menschliche Vererbungs- und Konstitutionslehre 193 9, 23, 278-298.

Galton, F.: Hereditary Genius, Appleton, New York 1870.

Heiss, R.: Die Deutung der Handschrift. 3. Aufl. Hamburg 1966.

Juel-Nielsen, N.: Individual and environment: A psychiatric-psychological investigation of monocygous twins reared apart. Acta Psychiatrica Scandinavia Supplement 1965, No. 183.

Karcher, H. L.: Wie ein Ei dem andern. Alles über Zwillinge. Piper, München 1975.

Klages, L.: Handschrift und Charakter. Gemeinverständlicher Abriß der graphologischen Technik. 28. Aufl. Bonn 1982.

Müller, W. H., Enskat, A.: Graphologische Diagnostik. lhre Grundlagen, Möglichkeiten und Grenzen. 4. Aufl. Bern 1993.

Newman, H. H., Freeman, F. N., Holzinger, K J: Twins: A study of heredity and environment, Chicago 1937.

Osborne, R. T: Black and White. Athens, Georgia 1980.

Pulver, M.: Symbolik der Handschrift. Zürich 1984.

Román-Goldzieher, K.: Untersuchung der Schrift und des Schreibens von 283 Zwillingspaaren. Graphologia 1, Huber, Bern 1945, 29 – 55.

Shields, J: Monozygotic twins brought up apart and brought up together, London 1962.

Zwei romantische Komponisten – Biographien und Handschriften

Robert Bollschweiler

Niccolò Paganini (1782-1840)

Nicolò Paganini 1782-1840

Antonio Paganini, Niccolòs Vater, arbeitete als Packer im Hafen von Genua. Um seine Einkünfte aufzubessern, hatte er sich auch dem Handel mit Musikinstrumenten und dem Glücksspiel zugewandt. Mit seiner Frau Teresa, einer begabten Sängerin, ging er abends oft in die Schenken, liess sein Violinspiel erklingen und begleitete Teresas Volkslieder auf der Gitarre.

Am 27. Oktober wurde dem Paar ein Sohn geboren, der den Namen Niccolò erhielt. Als Vierjähriger erkrankte der Kleine derart heftig an Röteln, dass er einen Tag lang in einen erstarrten Zustand verfiel. Man wähnte ihn bereits tot, hüllte ihn in eine weisse Stola und war daran, ihn auf eine Bahre zu legen, als eine leichte Bewegung den Anwesenden verriet, dass er noch am Leben war.

Niccolò war als kleiner Junge wild und stürmisch, aber die Mutter bemerkte, dass er oft reglos verharrte, wenn das Glockengeläute von der nahen Kathedrale anhob und den weiten Hof erfüllte. Dann verschwand er und blieb stundenlang unsichtbar. Einmal ging ihm die Mutter nach und sah, dass er sich in die Kathedrale schlich. Dort fand sie ihn in einer Kirchenbank hingekauert und mit tränennassen Wangen dem Orgelspiel lauschend. Sie wartete, bis er aus der Kirche kam, nahm ihn dann bei der Hand und sagte: „Niccolò, höre was ich Dir anvertraue! Vor einigen Wochen hatte ich einen seltsamen Traum. Der Heiland erschien mir und sagte, ich möchte mir eine Gnade ausbitten. Da dachte ich an dich; ich nahm mir ein Herz und flehte, mein Sohn möchte dereinst der grösste Geigenspieler werden."

Paganini, der diese Begebenheit später in seinen Memoiren erwähnte, fügte noch den Nachsatz bei: „.... was erhört wurde."

Auf Vaters Geige begann er seine ersten Versuche. Bald war er soweit, dass er die Lieder seiner Mutter nachspielen konnte. Als der Vater das hörte, begann er, sein Söhnchen im Mandolinen- und Violinspiel zu unterweisen. Niccolò erinnert sich an diese Zeit: „Dem Vater habe ich die Anfangsgründe in der Kunst zu danken. Seine Hauptleidenschaft liess ihn sich viel zu Hause beschäftigen, um durch gewisse Berechnungen und Kombinationen Lotterienummern aufzufinden, von denen er sich bedeutenden Gewinn versprach. Deshalb grübelte er sehr viel nach und zwang mich, nicht von seiner Seite zu weichen, so dass ich vom Morgen bis zum Abend die Violine in der Hand behalten musste."

Servetto, ein Geiger des Theaters, brachte ihm schliesslich die Notenschrift bei. Bald spielte Niccolò alle Übungen vom Blatt; oft erschienen sie ihm zu einfach und er ersann sich allerlei Schwierigkeiten, so dass Servetto aus dem Staunen nicht herauskam. Bald konnte er dem Kleinen nichts Neues mehr beibringen.

Der nächste Lehrer war Costa. Er war Mitglied einer Domkapelle und spielte ausserdem sehr oft ein Violinensolo beim Offertorium in einer der grossen Kirchen Genuas. Costa lieh dem Jungen eine gute Geige, damit er an seinem Spiel noch grössere Freude hätte. Es dauerte nicht lange, so übertraf Niccolò seinen Lehrer. Er wusste seinen Ton täuschend nachzuahmen und oft kam es vor, dass Frau Costa ins Zimmer kam und fassungslos stehen blieb, wenn sie ihren Mann untätig im Lehnstuhl sitzen sah, während Niccolò ihm vorspielte. Sie pflegte dann auszurufen: „Gib acht, Giacomo, dass dir dieser Teufelsbraten nicht dereinst dein Brot wegnimmt, wenn er noch schöner geigt als du!"

Costa unterrichtete ihn auch in Harmonie und brachte ihm die Grundelemente von Generalbass und Kontrapunkt bei. Niccolò begriff so rasch, dass er nach einem halben Jahr schon zu komponieren anfing. Er schrieb als Achtjähriger bereits eine Sonate, die aber so schwierig war, dass er sie selber nur unvollkommen spielen konnte. Er beherrschte schon die meisten Kompositionen von Corelli und Tartini, und es heisst, dass er besonders die langsamen Sätze ihrer Sonaten unübertrefflich schön vortrug. Costa war darüber so begeistert, dass er seinen Schüler eines Sonntags in die Kirche mitnahm, damit der Junge ein Konzert von Pleyel spiele. Dadurch wurde der

Kleine in Genua zu einer Berühmtheit.

In Genua lebte zu jener Zeit ein Opernkomponist namens Francesco Gnecco. Er war auch ein guter Kenner der italienischen Musiktradition. Paganini lernte in dieser Hinsicht sehr viel von ihm. Gnecco begleitete ihn zu den Sonaten von Vivaldi, Nardini und Veracini und erklärte ihm deren strenge Schönheit. Überdies ermöglichte er es ihm, im Orchester des städtischen Theaters am letzten Pult der Geiger mitzuspielen, zum Ergötzen der anderen Musiker, die sich den kaum neunjährigen Jungen als Kollegen lachend gefallen liessen, zumal er seine Sache sehr gut machte.

Um Niccolò den letzten Schliff geben zu lassen, brachte ihn der Vater nach Parma. Als sie dort den berühmten Alessandro Rolla aufsuchen wollten, war dieser gerade bettlägerig. Seine Frau führte sie in ein Nebenzimmer, wo zufällig eine Violine und das neueste Konzert des Meisters auf dem Tisch lagen. Auf einen Wink seines Vaters ergriff Niccolò das Instrument und spielte das Konzert tadellos vom Blatt. Plötzlich öffnete sich die Tür des Zimmers und Rolla, der nicht hatte glauben wollen, dass ein Knabe solches vollbringen könne, steckte den Kopf herein. „Sapristi", entfuhr es ihm, als er den kleinen Kerl sein neuestes Werk mit solcher Meisterschaft herunterspielen sah. Niccolò wurde sein Schüler.

Nach seiner Lehrzeit bei Rolla kehrte Paganini nach Genua zurück, übte zehn bis zwölf Stunden täglich und komponierte schwierig zu spielende Violinmusik. Als 15jähriger ging er mit seinem Vater bereits auf Tournee und gab in verschiedenen italienischen Städten Konzerte. Auch die folgenden Jahre waren mit Konzerttätigkeit ausgefüllt, abgesehen von einer kurzen Anstellung als Geiger beim Theater von Lucca.

Um der Kontrolle des tyrannischen Vaters zu entgehen, der in Niccolò eine patente Geldquelle sah und ihm keine persönlichen Freiheiten gewährte, griff der Junge zu einer List. Alljährlich fand am Martinstag in Lucca ein grosses Musikfest statt, zu dem von weit her eine Menge Volkes zusammenströmte. Diese Gelegenheit hatte sich Niccolò zu seinem Befreiungsplan ausersehen. Er bestürmte den Vater, ihn in Lucca auftreten zu lassen, und nach langem Weigern willigte dieser endlich ein, dass er allein dorthin reise, da er selber in Genua zurückgehalten war. In Lucca feierte Niccolò bei seinem Auftritt einen grossen Triumph. Doch statt nach Hause zurückzukehren, zog er in die Welt hinaus. Die Gefangenschaft war zu Ende!

Nun konnte jener hektische Lebensstil beginnen, dem er sich in den nächsten Jahren verschrieb. Neben der Musik galt seine Leidenschaft dem Glücksspiel und den Frauen.

An manchen Abenden verlor er im Spiel den Ertrag mehrerer Konzerte, und sein Leichtsinn brachte ihn in Verlegenheiten, aus denen ihn nur seine Kunst oder ein glücklicher Zufall retten konnte. So war er eines Tages, als er in Livorno konzertieren sollte, genötigt, die Hilfe des reichen Musikfreundes Livron in Anspruch zu nehmen, da er seine Geige am Hasardtisch verspielt hatte. Livron lieh ihm für den Abend eine wundervolle Guarneri-Geige. Als Paganini sie nach dem Konzert dankerfüllt ihrem Besitzer zurückgeben wollte, sagte Livron zu ihm: „Die Guarneri gehört Ihnen, aber

Sie müssen mir versprechen, dass sie von keinem anderen gespielt wird." Paganini war so bewegt, dass er dem Alten die Hand küsste: „Ich verspreche es Ihnen. Nach meinem Tod soll sie in einem Museum für immer verstummen." Diesen Schwur hat er gehalten.

Bereits in jungen Jahren hatte Paganini einen Grad an Virtuosität erreicht, der das Publikum in höchstes Staunen versetzte. Er verblüffte die Zuhörer mit allerlei Überraschungen, indem er sich bei Konzerten damit vergnügte, auf der Violine Tierstimmen oder Geräusche nachzuahmen – zur Erheiterung der einen, zum Unwillen des ernsthaften Publikums!

In Lucca, der Hauptstadt der Fürstentums Piombino, unterzeichnete er einen Dreijahresvertrag mit der Fürstin Elsa, einer Schwester Napoleons. Er gab ihr Violinstunden und wurde bald ihr Geliebter. Seine Wirkung auf die Fürstin als Mensch und als Musiker muss aussergewöhnlich gewesen sein: sie soll bei seinen Auftritten derart oft in Ohnmacht gefallen sein, dass ihr die Ärzte schliesslich besorgt empfahlen, sich von Paganini zu trennen, wolle sie nicht eines Tages im Irrenhaus aufwachen ...

In den Jahren 1810-1812 finden wir Paganini auf einer Tournee durch die Romagna. 1813 hatte er seinen ersten Auftritt im berühmten Teatro della Scala in Mailand. Der Kommentator beschreibt diesen Abend mit folgenden Worten: „Am 19. Oktober gab Signor Paganini aus Genua, der als der beste Violinist unserer Zeit gilt, an unserem Teatro della Scala eine Darbietung, bei der er ein Violinkonzert von Kreutzer und sodann Variationen auf der G-Saite spielte. Der Zulauf des Publikums war übermässig; alle wollten dieses Wunder hören und waren davon begeistert. Signor Paganini ist der erste und grösste Violinist der Welt. Er bedient sich gewisser Passagen, Sprünge, des Spiels auf zwei, drei und vier Saiten, die noch kein Violinist je gespielt hat. Er spielt in den schwierigsten Positionen zwei-, drei- und vierstimmig; er ahmt viele Blasinstrumente nach, er führt in den höchsten Registern die chromatische Tonleiter in die Nähe des Steges aus, eine Sache, die unmöglich scheint."

Aus allen diesen Berichten sieht man, dass Paganini auf seinem Instrument Ausserordentliches zu leisten vermochte und dass sowohl sein Spiel wie auch seine Erscheinung auf die Zuhörer eine seltsame Faszination ausübten.

In Genua verliebte sich Paganini in die junge Angelina Cavanna. Die beiden beschlossen, nach Pavia zu fahren und dort zusammenzuleben. Auf der Reise wurde Angelina schwanger. Schliesslich kehrten sie wieder nach Genua zurück, wo Angelina ein totes Mädchen zur Welt brachte. Ihr Vater zeigte Paganini wegen Entführung und Verführung einer Minderjährigen an, worauf Paganini verhaftet und ins Gefängnis gesteckt wurde. Man einigte sich dann aber auf eine finanzielle Entschädigung, die er zu zahlen hatte und die ihm die Entlassung aus dem Gefängnis brachte. Die Beziehung zwischen Niccolò und Angelina war diesen Belastungen nicht gewachsen und fand ein Ende. Stendhal hat später, in seiner Rossini-Biographie, eine Lüge in Umlauf gesetzt, die Paganini hartnäckig durch ganz Europa auf dem Fuss folgte: er hätte das Violinspiel nicht am Konservatorium, sondern in langen Gefängnisjahren erlernt!

1816 führte ihn eine lange Konzertreise nach Venetien. In Triest war der Eindruck, den Paganini bei seinem Konzert hervorrief, unbeschreiblich. Die völlig neuartige violinistische Akrobatik und die machtvolle Herrlichkeit des Ausdrucks entfachten bei der Zuhörerschaft grosse Begeisterung. „Eine Dame schrieb am Tage nach dem Konzert an eine Freundin: Signor Paganini wühlte uns mit seiner magischen Kunst auf; er ist ein Mensch, der Zeichen des Genius an sich hat. Ich kann Dir nicht sagen, wie sehr er mir gefallen hat!"

Das kurze Zitat aus diesem Briefe zeigt, wie gross die Macht Paganinis über die Herzen des anderen Geschlechts war. Er galt als eine Art höheres Wesen, das auf die Erde gekommen war, um seine Wunder vorzuführen. Möglich ist auch, dass seine Flageoletts, die er auf der Violine hervorbrachte, die Eigenschaft besassen, über das Gehör zum Gehirn vorzudringen, dort die Empfindungen zu verwirren und so einen „pathologischen" Zustand hervorzurufen, der bestimmte Hemmschwellen herabsetzten oder auch ausschalten konnte. Oft stimmte er seine Violine um einen halben Ton höher und erreichte damit besondere Klangwirkungen, die fast als magisch erlebt wurden, aber auch Ohnmachten auslösten, vergleichbar jenen mörderischen Tönen, die die Glasharmonika hervorbringt.

Ernsthafte Konkurrenz brauchte Paganini nicht zu fürchten. Von den drei grossen Violinisten der damaligen Zeit, Spohr, Lafont und Lipinski, schätzte er besonders Lipinski. Auf die Frage, wen er für den grössten Geiger seiner Zeit halte, pflegte Paganini zu antworten: „Über den ersten will ich mich nicht äussern, der zweite kann nur Lipinski sein."

Der berühmteste Franzose, Lafont, forderte Paganini einmal zu einem Wettkampf auf. Das Urteil der Preisrichter lautete dahin, dass hinsichtlich Vortrag, Schmelz und Schönheit der Kantilene kein Unterschied bestehe, dass aber Paganini durch das Feuer, die Schwierigkeiten und die technische Vollkommenheit des Spiels Lafont bei weitem übertreffe.

In Bologna lernte Paganini seinen Landsmann Rossini kennen. Sie trafen sich später wieder in Rom und organisierten, zusammen mit einem Freunde, eine Maskerade. Zu den Worten „Siamo ciechi, siamo nati per campar di cortesia, in giornata d'allegria non sie nega carità" (wir sind blind, wir sind geboren, um von Almosen zu leben, an einem Tag der Freude verweigert man kein Almosen) komponierte Rossini die Musik und leitete die Proben mit seinen Freunden. Der Dritte im Bunde, Massimo d'Azeglio, schreibt darüber: „Rossini und Paganini sollten das Orchester darstellen, indem sie auf zwei Gitarren herumklimperten. Sie gingen daran, sich als Frauen zu verkleiden. Rossini vergrösserte mit sehr viel Geschmack seine bereits ausladenden Formen mit mehreren Lagen Stoff, und er sah unmenschlich aus! Paganini erst, dürr wie ein Stecken und mit diesem Gesicht, das wie der Hals einer Geige aussieht, wirkte als Frau doppelt so dürr und kreuzlahm. Ich sage es nicht nur so, wir machten wirklich Furore: zuerst in zwei oder drei Häusern, in denen wir sangen, dann auf dem Corso und später nachts auf dem Fest."

Wieder schlug ein Versuch fehl, sich zu verheiraten. Eine in Neapel eingegangene

Verlobung mit Caroline Banchieri löste Paganini nach nur vier Tagen panikartig wieder auf. Ungefähr zu jener Zeit muss er sich mit Syphilis angesteckt haben. Die Ärzte verboten ihm den Wein, verordneten Eselsmilch und behandelten ihn, was damals üblich war, mit Quecksilber. Durch diese Behandlung fielen ihm einige Zähne aus. Matteo de Ghetaldi beschrieb ihn zur damaligen Zeit mit folgenden Worten: „Paganini sieht nicht gut aus. Er ist von mittlerer Grösse und hält sich aufrecht. Er ist mager, blass und düster. Wenn er lacht, bemerkt man, dass ihm einige Zähne fehlen. Der Kopf ist für seinen Körper zu gross, und seine Nase hat die Form eines Schnabels; seine Haare sind schwarz und lang und immer ungekämmt. Die linke Schulter ist höher als die rechte, wahrscheinlich kommt das davon, dass er zuviel spielt."

1824 lernte er Antonia Bianchi kennen. Dieser Verbindung entstammt Paganinis einziger Nachkomme: Achille, mit dem ihn zeitlebens ein liebevolles, herzliches Verhältnis verbunden hat. Die Beziehung zu Antonia hingegen verschlechterte sich bald und ging vier Jahre später in Wien zu Ende. Antonia wird als eifersüchtige und hysterische Frau beschrieben, die Paganini immer mehr zur Last wurde. Bei der Trennung erhielt der Vater das Sorgerecht für Achille. Antonia gab sich mit der Abfindungssumme von 2000 Talern zufrieden und verliess Vater und Sohn.

Paganini war nun fast dauernd auf anstrengenden Konzertreisen, begleitet von seinem Söhnchen. 1827 war er in Rom, ein Jahr später in Wien, wo er enthusiastisch gefeiert wurde. Der Biograph Julius Kapp schreibt: „In jedem Schaufenster prangte sein Bild, jeder Gebrauchsgegenstand ward mit seinem Porträt geziert. Da gab es Paganinis aus Zuckerguss, in den Restaurants wiesen die Speisekarten nur noch Gerichte „à la Paganini" auf, die Brötchen präsentierten sich als „Paganini-Semmel" in Geigengestalt, und was der Torheiten mehr waren. Die Mode natürlich stand ganz im Zeichen dieses neuen Gottes. Dass die Damen Locken und halboffene Zöpfe nach seinem Vorbild trugen, gehörte jetzt zum guten Ton, auch die Hüte waren alle zugestutzt à la Paganini, ja selbst die in Wien so beliebten Giraffenhandschuhe wurde treulos beiseite getan. Als Paganini eines Tages selbst in einem Handschuhladen ein ihm vorgelegtes Paar à la Giraffe zurückwies: „No, no Signora, d'una altera bestia!" (nein, Signora, lieber von einem andern Tier), brachte man ihm Handschuhe à la Paganini, auf deren einem seine Geige, auf dem anderen der Bogen zu sehen war."

Ursprünglich hatte Paganini in Wien nur einige wenige Konzerte geben wollen, aber es wurden schliesslich zwanzig, derart gross war die Begeisterung. Auch die kaiserliche Familie und die Mitglieder des Hofes waren häufig gesehene Gäste seiner Konzerte. Der Kaiser ernannte ihn zum Kammervirtuosen.

Ergötzlich ist eine Anekdote, die Paganini seinem ersten Biographen Schottky erzählte: „Als ich in Wien ankam, herrschte ein trostloses Regenwetter. Trotzdem war ich beständig auf den Beinen wegen der Vorbereitung meiner Konzerte; doch die meisten Kutscher weigerten sich, mich zu fahren, weil sie nicht nass werden wollten. Endlich kam einer daher, der italienisch sprach. Ich fragte ihn, was er dafür verlange, mich zu meinem Hotel zu bringen. Die Antwort war: „Fünf Gulden – ebensoviel wie für ein Entree ins Konzert Paganini!" – „Spitzbube", wütete ich, „so viel Geld für einen so kurzen Weg! Paganini spielt auf einer Saite – kannst du vielleicht mit einem Rad fahren?" Der Kutscher war um eine Antwort nicht verlegen: „Allerdings, aber nur auf einer Saite zu spielen, ist nicht schwer, denn ich bin selbst Geiger und muss es wissen! Deshalb will ich ja Paganini hören, wie er sich dabei anstellt. Das ist der Grund, warum ich heute meinen Fahrpreis verdoppelt habe!"

Ich gab das Feilschen auf, und der Kutscher brachte mich schnell und wohlbehalten in mein Hotel, wo ich ihm fünf Gulden und ausserdem eine Eintrittskarte für das Konzert im Redoutensaal gab. Es war ein grosser Andrang. Ich war kaum angekommen, als mir der Polizeibeamte sagte: „Draussen ist ein Mann, sehr ordinär gekleidet, aber er will doch herein." Ich sah nach und fand meinen Kutscher, der triumphierend seine Eintrittskarte schwenkte. Was konnte ich machen? Hoffentlich verschwindet er in der Menge! Doch als ich auf dem Podium stand, sah ich den Kerl in der ersten Reihe, inmitten der feinen Damen und Herren. Er machte Skandal, und alles lachte über ihn, weil er sich schon während des ersten Stückes vor Entzücken wie ein Verrrückter benahm.

Am nächsten Morgen drang er in mein Hotelzimmer ein. Ich wollte ihn an die Luft setzen lassen; aber diesmal war er demütig: „Eccellenza", flehte er, „ich bin arm, habe vier Kinder und bin ausserdem Ihr Landsmann – Sie sind berühmt und reich. Sie können mein Glück machen!" – „Wie denn?" fragte ich. – „Indem Sie erlauben, dass ich auf meiner Kutsche ein Schild anbringe, das mich als Ihren Leibkutscher bezeichnet." – „Geh zum Teufel und bringe an, was du willst!" Aber der Kutscher war weder verrückt noch ein Dummkopf. Schon nach einer Woche war er in Wien bekannter als ich selbst. Er hatte seinen Wagen stets mit Blumen geschmückt, und auf einem grossen Schild konnte man lesen: Cabriolet de Paganini. Dadurch hatte er stets einen grossen Andrang von Fahrgästen und wurde so reich, dass er das Hotel erwarb, in dem ich abgestiegen war."

Dass die Person Paganinis immer wieder von wilden Gerüchten umrankt war, hat den Künstler zeitweise belustigt, zeitweise aber auch geärgert. In Wien notierte er: „Ich hatte dort meine Variationen „Le Streghe" (die Hexen) mit grossem Effekt gespielt. Ein Herr mit blassem Teint, melancholischem, seltsamem Wesen versicherte, an meinem Spiel durchaus nichts Erstaunliches gefunden zu haben: denn er habe deutlich während der Hexenvariationen den Teufel neben mir stehen und mir die Hand und den Bogen führen sehen. Seine verblüffende Ähnlichkeit mit meinen eigenen Gesichtszügen verrate deutlich meine Herkunft; er war rot gekleidet, hatte Hörner auf der Stirn und einen Schwanz zwischen den Beinen. Es ist klar, dass nach einer so genauen Beschreibung die Wahrheit des Gehörten ausser Zweifel stand, und dass nunmehr viele Leute überzeugt waren, hinter das Geheimnis meiner „Bravourleistungen" gekommen zu sein. Lange Zeit beunruhigten mich derartige Gerüchte, und ich bemühte mich, sie als Unsinn zu entlarven."

Paganinis Aussehen ist oft beschrieben worden. Eine der glaubwürdigsten Schilderungen stammt von Dr. Bennatti, einem Pariser Physiologen, der Paganini über einen Zeitraum von mehr als zehn Jahren regelmässig traf: „Paganini ist blass, schlank und von mittlerer Grösse. Er zählt erst 47 Jahre, aber seine Magerkeit und das Fehlen der Zähne, das seinen Mund einfallen und sein Kinn schärfer hervortreten lasst, verleiht ihm ein weit älteres Aussehen. Sein übermässig grosser Kopf, der auf einem langen, dünnen Hals sitzt, steht auf den ersten Blick in argem Missverhältnis zu seinen dürren Gliedern. Eine hohe, breite, eckige Stirn, eine sehr charakteristische Adlernase, vollendet geschwungene Augenbrauen, ein geistvoller, boshaft zuckender Mund, der an den Voltaires ein wenig gemahnt, grosse, stark abstehende Ohren, lange, schwarze Haare, die unordentlich auf die Schultern herabhängen, und zu der blassen Gesichtsfarbe in scharfem Kontrast sehen, verleihen Paganini ein ungewöhnliches Aussehen, das in gewissem Grade bereits die Originalität eines Genies widerspiegelt."

Auch in Berlin, seiner nächsten Station, erweckte Paganini Staunen und höchste Bewunderung. In Weimar traf er Goethe, und in Leipzig lernte er Clara Wieck, die spätere Gattin Robert Schumanns, kennen. Er lobte ihr Klavierspiel und zeigte viel Sympathie für das begabte Kind.

Paganini durchstreifte nun zwei Jahre lang kreuz und quer das deutsche Land. Bei diesen Fahrten, die stets im Reisewagen zurückgelegt werden mussten, litt der an das wärmere Klima Italiens gewohnte kränkliche Mann unsagbar unter Kälte. Die Kutsche musste daher stets dicht verschlossen sein, er selbst lehnte in einer Ecke, auch im heissesten Hochsommer in dichte Pelze gehüllt, schlief oder unterhielt sich angeregt mit dem ihn meist begleitenden Impresario. Für die Naturschönheiten der Umgebung hatte er, ähnlich wie Liszt, keinen Sinn und würdigte die herrlichsten Gegenden auf der Durchfahrt kaum eines Blickes. Sein ganzes Reisegepäck bestand aus einem grossen, abgenutzten Geigenkasten, der gleichzeitig als Geldbüchse und zur Aufbewahrung der Leibwäsche diente, einer Handtasche und einer Hutschachtel. In einem Kalenderbuch pflegte er unter dem betreffenden Datum den Namen der Stadt einzutragen, in der er zu spielen beabsichtigte und später den Ertrag des Konzertabends in preussischen Talern beizufügen.

War Paganini an seinem Bestimmungsort angelangt, so stieg er in irgendeinem nicht zu teuren Gasthof ab. Komfort verlangte er nicht, und es war ihm gleichgültig, ob er eine einfache Dachkammer oder ein Prunkgemach bezog. Nur möglichst ruhig gelegen sollte das Zimmer sein, am liebsten nach einem stillen Hof hinaus. Ähnlich anspruchslos war er beim Essen. „Wenig essen und trinken hat noch niemand geschadet", war hierbei sein Leitspruch. Vormittags blieb er meistens nüchtern oder trank höchstens, wenn er den Tag über reisen musste, eine Tasse Schokolade. Auch die Abendmahlzeit bestand regelmässig aus wenigen leichten Speisen. An Konzerttagen befand er sich häufig in seltsamer Erregung. Er schlief tief in den Tag hinein, bis er sich zur Probe begeben musste.

Achille begleitete ihn auf all diesen Reisen. Paganini schrieb an Donizetti: „Mein lieber Achille ist meine grösste Freude. Er entwickelt sich prächtig an Schönheit und Talent; er spricht schon tadellos deutsch und dient mir als Übersetzer. Er liebt mich zärtlich und ich, ich vergöttere ihn."

Konzert reihte sich an Konzert. Paganini war unermüdlich. Er dachte daran, auch Russland zu besuchen und schrieb seinem Anwalt Luigi Germi: „Paris, London und Russland werden meine Million vervollständigen." Durch seine vielen Konzertaufführungen und die dabei verdoppelten Eintrittspreise war er sehr reich geworden. Es mutet fast unglaublich an, wie oft Paganini auftrat und wie er die damaligen Reisestrapazen durchstand. Es wird berichtet, dass er einmal in einem einzigen Jahr 151 Auftritte in verschiedenen Städten Europas hatte!

1831 besuchte er Paris. Am 8. März kündigte der „Courrier des Théâtres" an: „Morgen wird sich der berühmte Paganini in unserem Nationaltheater der Musik hören lassen. Es wird eine Galavorstellung geben, um dieses Ereignis gebührend zu feiern." Es wurde in der Tat ein unvergessliches Ereignis. Das Haus war ausverkauft, die Hofloge und die Diplomatenloge voll besetzt. Was Paris an Berühmtheiten aufwies, war vertreten: der Jockeyclub, die Finanzwelt, die Mitglieder der Regierung und die Vertreter von Musik (Rossini, Cherubini, Auber, Meyerbeer), Literatur und bildender Kunst. Diese glänzende Versammlung geriet so in Begeisterung, wie es Paganini nicht einmal im überschwenglichen Neapel erlebt hatte. Die Gesamteinnahmen der elf Pariser Konzerte beliefen sich auf 165'741 Francs.

Von Paris aus reiste Paganini nach England. Auch dort traf er auf grosse Begeisterung. In einem Brief an einen Freund in Genua beklagte er sich über das beständige, ihm peinliche Aufsehen, das er in der Londoner Öffentlichkeit errege, so dass es ihm beinahe unmöglich sei, sich dort im Freien zu zeigen. Er schreibt: „Die Neugier, mich zu sehen, könnte schon längst abgeflaut sein, denn ich habe bis heute mehr als fünfzigmal öffentlich gespielt, und die Blätter bringen mein Porträt in allen Formen und in allen Stilarten. Trotzdem kann ich mein Hotel nicht verlassen, ohne sofort ein Rudel Neugieriger um mich zu sehen, die mich umdrängen, mir folgen, mich in englischer Sprache anreden, von der ich kein Wort verstehe, mich sogar betasten, um sich zu überzeugen, dass ich wirklich ein Wesen aus Fleisch und Blut bin. Es ist nicht nur der Pöbel, der mich in dieser Art belästigt, sondern vorzugsweise Leute der gebildeten Stände, die mich wie eine Schaubudennummer begaffen."

Zurück in Paris hörte er Berlioz' *Symphonie fantastique* und war tief beeindruckt. Nach der Aufführung trafen sich die beiden Musiker. Berlioz schreibt über diese Begegnung: „Mich erwartete, als das Publikum aufgebrochen war, ein Mann allein im Saal, ein Mann mit langen Haaren, durchdringendem Blick und seltsamen, verstörten Zügen, ein vom Genius Besessener, ein Koloss unter Riesen, desgleichen ich nie gesehen und dessen erster Anblick mich bis ins Innerste verwirrte. Er hielt mich im Vorbeigehen an, mir die Hand zu drücken, und überhäufte mich mit glühenden Lobesreden, die mir Herz und Hirn entflammten: Es war Paganini!!"

Nach erneut gescheiterten Heiratsplänen reiste Paganini 1834 in seine Heimatstadt Genua und besichtigte dann seine Villa, die er in der Nähe von Parma bauen liess. In jener Zeit komponierte er, wahrscheinlich im Auftrag von Germi, 60 Variationen zu einem genuesischen Volkslied. Sie gehören zu seinen schönsten Kompositionen.

Sein Plan, eine Methode des Violinspielens zu schreiben, wurde leider nie realisiert. Man hätte damit vertieften Einblick in seine aussergewöhnliche Technik gewonnen. Es ist auch möglich, dass er seine Methoden gar nie preisgeben wollte, denn er wich jedem Versuch, ihn darüber auszufragen, mit der stereotypen Antwort aus: „Ognun'a i suoi segreti!" – Jeder hat seine Geheimnisse!

1837 treffen wir Paganini in Marseille. Er ist ernstlich krank und berichtet Germi über Nervenfieber und eine Blasenentzündung. Die Behandlung der Ärzte bringt wenig Linderung. Die Diagnose von Dr. Guillaume spricht von einer Infektion des lumbalen Rückenmarkes, einer nervösen Überreizung und einer Infektion des Gaumens. Am meisten leidet Paganini unter einer Kehlkopferkrankung, die ihm die Stimme raubt. Sein Leben neigt sich dem Ende zu. In Nizza wird er am 27. Mai 1840 von seinem Leiden erlöst. Ursache war ein plötzlicher und heftiger Hustenanfall, der eine unstillbare Blutung zur Folge hatte.

Paganini fand erst nach langer Irrfahrt in Parma seine letzte Ruhestätte. Angeblich war er unbussfertig gestorben, und der Bischof von Nizza hatte daraufhin die kirchliche Beerdigung verweigert. Attila Paganini, ein Enkel des Verstorbenen, konnte aber 20 Jahre später vom Papst die Aufhebung des bischöflichen Verdikts erwirken. Paganinis Testament, datiert vom 27. April 1837, wurde am 1. Juni 1840 geöffnet. Es ergab sich, dass er ein Vermögen von 1'700'000 Francs hinterlassen hatte. Universalerbe war sein Sohn Achille.

Seine berühmte Guarneri-Violine vermachte er seiner Heimatstadt Genua, „ ... wo sie auf alle Zeiten verwahrt werden soll." Diese Violine wurde zu Lebzeiten des Meisters verschiedentlich restauriert und umgebaut und soll sich auch heute noch in leidlich gutem Zustand befinden. Seit 1954 wird in Genua alljährlich ein „Concorso Internazionale di Violino N. Paganini" durchgeführt und der Sieger oder die Siegerin erhält die Erlaubnis, kurz auf dem berühmten Instrument zu spielen.

Paganini ist fast ausschliesslich als Virtuose berühmt geworden. Dass er auch viel komponierte, ist weniger bekannt. Er schrieb 8 Konzerte für Violine und Orchester (zwei davon sind leider verschollen), Kammermusik für Streicher, Vokalmusik, Kompositionen für Violine und Gitarre, Violine und Klavier und für Gitarre, Mandoline und Violine solo.

Die Zeit überdauert haben vor allem die 24 Capricci, die Liszt, Chopin, Schumann und Brahms zu Transkriptionen oder Variationen angeregt haben, die Hexenvariationen, die sechs Violinkonzerte und das Übungsstück „Moto perpetuo", das 3040 Sechzehntel enthält, die prestissimo und staccato zu spielen sind. Die technischen Schwierigkeiten von Paganinis Kompositionen waren teilweise so gross, dass viele der damaligen Violinisten hoffnungslos überfordert waren. Einzelne Werke konnte eben nur der Zaubergeiger selbst spielen.

Leider nahmen sich auch später, nachdem das technische Können der Solisten stetig angewachsen war, nur wenige die Mühe, Paganinis schwierige Stücke einzuüben. Eine Ausnahme ist allerdings zu erwähnen: Willy Burmester aus Hamburg (1869-1933). Er entdeckte Paganinis Werk, zog sich zurück und verbrachte ein volles Jahr in ländlicher Einsamkeit und übte, mit den notwendigen Ruhepausen, von sechs Uhr früh bis elf Uhr abends – er übte nichts anderes als Paganini. Dann gab er in Berlin einen Paganini-Abend mit dem D-Dur-Konzert und fünf der schwersten Capricci. Eines davon, die Nr. 11, hatte er nach seinen Aufzeichnungen 4276mal geübt! Es war ein ungewöhnliches Programm. Der Saal war trotz der hohen Preise ausverkauft, der Erfolg durchschlagend. Burmester wurde über Nacht berühmt. Aber sein Beispiel wurde nicht nachgeahmt. Für viele ist Paganinis Musik veraltet, ohne grossen künstlerischen Wert.

Niccolò Paganini war eine der merkwürdigsten Musikergestalten seiner Zeit. Als Virtuose hat er das europäische Konzertleben des 19. Jahrhunderts ebenso stark geprägt und dominiert wie sein Antipode am Klavier, Franz Liszt, und wie dieser hat er das Publikum fast überall zu Begeisterungsstürmen hingerissen.

Liszts souveräne, starke und ausgewogene Persönlichkeit war dieser unsteten Virtuosenexistenz und diesem Begeisterungsrummel besser gewachsen als Paganini, dessen innere Unruhe, Unausgeglichenheit und Habsucht ihn quer durch Europa trieben. Rastlos reiste er von Stadt zu Stadt, von Konzertsaal zu Konzertsaal, bis ihn Erschöpfung und körperliche Leiden zum Aufhören zwangen.

Er litt auch darunter, dass es ihm nicht gelang, langwährende und erfüllende Beziehungen zu anderen Menschen zu pflegen. Er hatte, darin Beethoven ähnlich, viele Sekretäre und Diener, die er immer wieder entliess. Auch eine tragende, dauerhafte Liebe zu einer Frau war ihm nicht vergönnt. Einzig Achille, der seinem Vater in seinen letzten schweren Lebensjahren hilfreich zur Seite stand, war ihm jederzeit herzlich zugetan und damit der Sonnenschein seines Lebens.

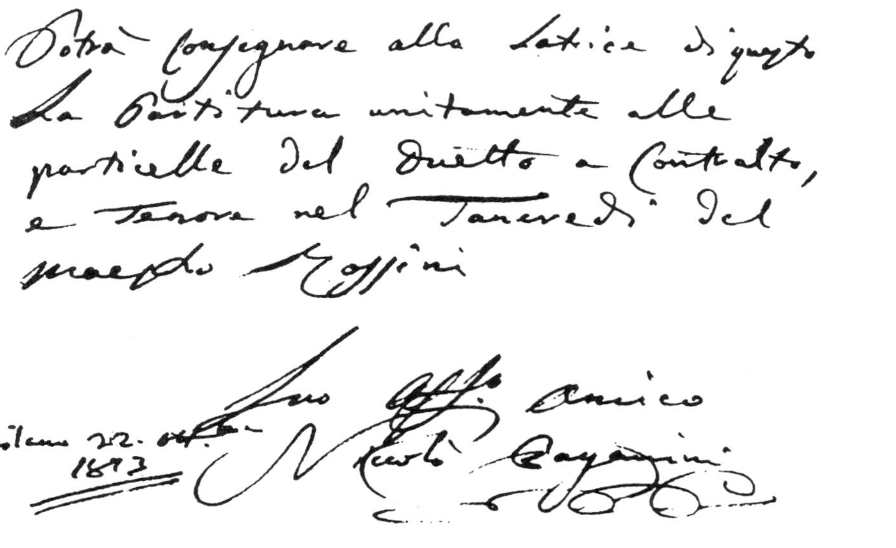
Potrà consegnare alla latrice di questo la Partitura unitamente alle particelle del Duetto a Contralto, e Tenore nel Tancredi del maestro Rossini

Suo Aff.mo amico
Milano 22. ott.e 1813
Niccolò Paganini

Abb. 1: 31jährig

Die Schrift wird durch ein kräftiges Antriebsgeschehen beherrscht. Die formenden Kräfte haben Mühe, dieser Dynamik einigermassen Herr zu werden. Kräftige, langgezogene Querstriche treiben die Schrift vorwärts. Nirgends sind Haltepunkte, alles fliesst unruhig und rasch vorwärts. Bei genauem Hinsehen sind aber doch einige stabilisierende Merkmale auszumachen: geordnete Raumverteilung, regelmässige Wortabstände, ausreichende Sorgfalt und exakt gesetzte Oberzeichen. Auch die Zeilenführung, soweit man dies aus dem kleinen Text sehen kann, ist recht straff.

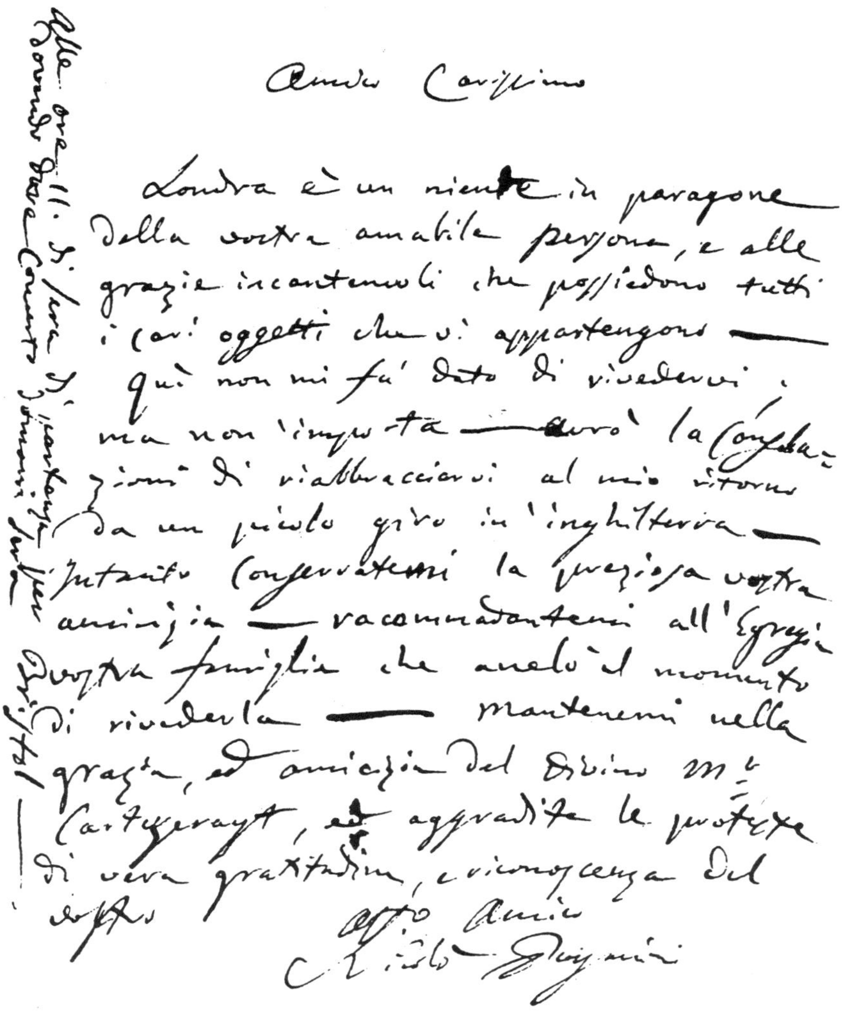
Amico Carissimo

Londra è un niente in paragone della vostra amabile persona, e alle grazie incantevoli che possiedono tutti i cari oggetti che vi appartengono — qui non mi fu dato di rivedervi, ma non importa — avrò la consolazione di riabbracciarvi al mio ritorno da un piccolo giro in l'inghilterra — Intanto conservatemi la preziosa vostra amicizia — raccomandatemi all'Egregia vostra famiglia che anelo il momento di rivederla — mantenermi nella grazia, ed amicizia del Divino Mr Cartwright, ed aggradite le proteste di vera gratitudine, e riconoscenza del vostro

affmo Amico

Nicolò Paganini

Abb. 2: undatiert

In dieser Schrift tritt Paganinis unruhige und erregbare Seite am deutlichsten in Erscheinung. Die Schrift wirkt gehetzt, derb, getrieben, Druckstellen und Querstriche beherrschen in ihrer massiven Wucht das Schriftbild. Sie dominieren die Szene wie schreiende Schauspieler auf der Bühne. In dieser Schrift manifestiert sich eine grosse Leidenschaftlichkeit, Lebenskraft und Lebensverbundenheit.

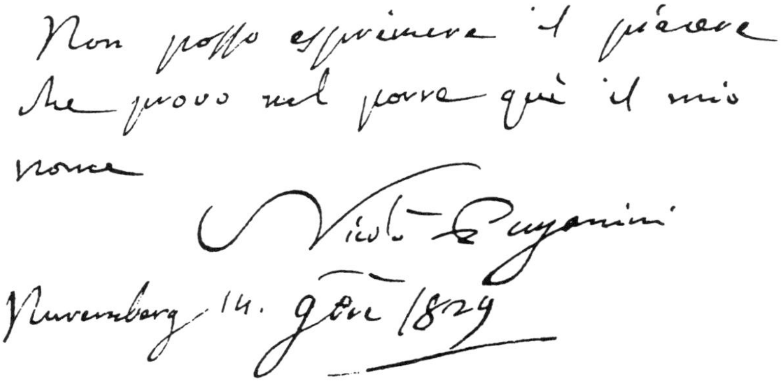

Non posso esprimere il piacere che provo nel porre qui il mio nome
Nicolò Paganini
Nuremberg, 14. 9bre 1829

Abb. 3: 47jährig

Die Schrift des 47jährigen imponiert durch ihre Gelöstheit und ihren Schwung. Sie steht in einem guten Gleichgewicht. Die Strichspannung ist gut, teilweise aber auch versteift. Druckbetonte Stellen geben der Schrift Profil und Lebendigkeit.

Die Unterschrift fällt durch die betonten, ausgedehnten Majuskeln auf. Paganinis Markenzeichen ist das N von Niccolò: wundervoll in seiner schwungvollen Harmonie und der sicheren Strichführung!

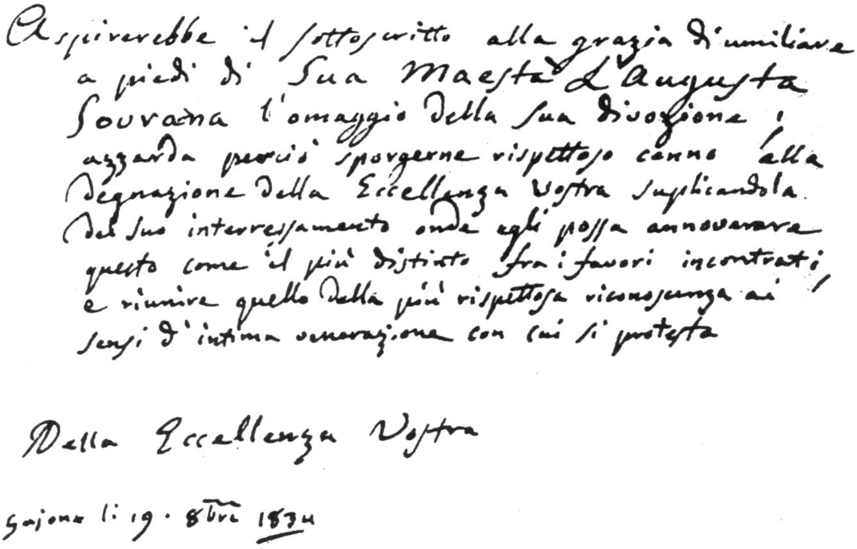

Aspirerebbe il sottoscritto alla grazia d'umiliare a piedi di Sua Maestà l'Augusta Sovrana l'omaggio della sua divozione; azzarda perciò sporgerne rispettoso cenno alla degnazione della Eccellenza Vostra suplicandola del suo interessamento onde egli possa annoverare questo come il più distinto fra i favori incontrati; e riunire quello della più rispettosa riconoscenza ai sensi d'intima venerazione con cui si protesta

Della Eccellenza Vostra
Gajona li 19. 8bre 1834

Abb. 4: 52jährig

91

Die plastische, reliefartige Schrift wirkt konzentrierter und zusammengeraffter als jene des 47jährigen (Abb. 3). Dominant bleibt das Runde, Breitstrichige, Bewegliche und Saftige. Als Bremse wirken die Unverbundenheit und die sorgfältige Gestaltung des Mittelbandes.

Die Altersschrift (Abb. 5), eineinhalb Jahre vor seinem Tod, hat etwas von der früheren Flexibilität und federnden Kraft eingebüsst, die Rundformen gelingen nicht mehr so gut und die Zeilenenden neigen sich ermüdet nach unten.

Die Unterschrift ist wieder zur Frühform von 1813 zurückgekehrt: ein Wildwuchs von übertriebenen Schleifen umrankt das Wort „Paganini".

Interessant ist der Blick auf die übertrieben grossen und schwer wirkenden Unterlängen, die wie gefüllte Geldsäcke herunterhängen. Wir stellen mit Schmunzeln fest, dass es gerade dieser Brief an Berlioz war, bei welchem diese Unterlängen so auffällig sind. Wenige Tage später liess er dem darbenden Berlioz 20'000 Francs überbringen ... Über diese plötzliche Grosszügigkeit rätselt man heute noch.

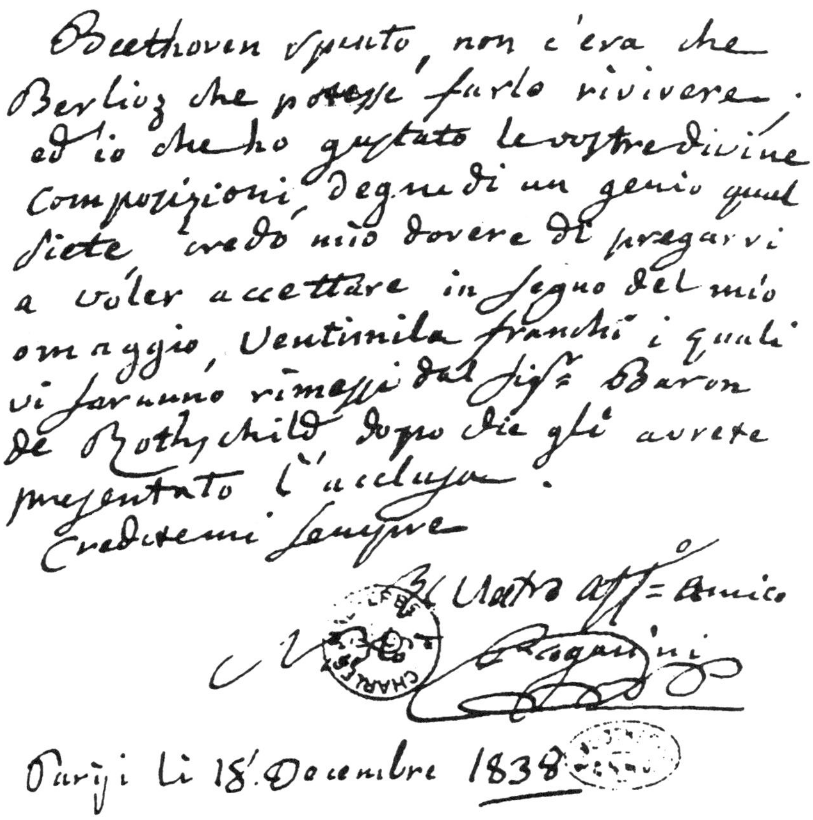
Beethoven spento, non c'era che
Berlioz che potesse farlo rivivere.
ed io che ho gustato le vostre divine
composizioni, degne di un genio qual
siete, credo mio dovere di pregarvi
a voler accettare in segno del mio
omaggio, ventimila franchi i quali
vi saranno rimessi dal Sig.r Baron
de Rothschild dopo che gli avrete
presentato l'acclusa.
Credetemi sempre
Il vostro aff.mo amico
Nicolò Paganini
Parigi li 18. Decembre 1838

Abb. 5: 56jährig

Abb. 6: Notenschrift Paganinis

Seine Notenschrift ist beeindruckend: voller Schwung, Dynamik und Lebendigkeit. Die Striche sind von unterschiedlicher Breite und geben dem ganzen Notenbild Relief und Saftigkeit. Der Raum wird grosszügig konsumiert, die Linienführung zeigt wundervolle Rundformen.

Die verschiedenen Schriftproben, die wir gesehen haben, spiegeln Paganinis Ruhelosigkeit, seinen Aktivitätsdrang, seine urwüchsige Kraft, seine inneren Spannungen wieder. Ob die vollen und ausgiebigen Unterlängen etwas mit seiner Habsucht zu tun haben, bleibe dahingestellt, möglich ist es jedenfalls.

Die gewandten, abkürzenden Buchstabenverbindungen deuten darauf hin, dass er ein intelligenter Mensch und beweglicher Denker war. Er scheint auch viel Gespür und Anpassungsfähigkeit gehabt zu haben (sich verjüngende Endungen, Tendenz zu starkem Faden).

Die pastöse, eilige und vorwärtsdrängende Schrift ist ein Zeichen dafür, dass Paganini ein lebhafter, spontaner und sinnenhaft ansprechbarer Mensch war.
In der ambivalenten, spannungsgeladenen Schrift erkennen wir seine Ruhelosigkeit und Impulsivität.

Schade, dass in der Schrift das Geniale nicht zum Ausdruck kommen kann. Was für ein Prachtsgebilde hätte das ergeben!

Es gibt nur noch *einen* Musiker der damaligen Zeit, der das Publikum in ähnlicher Weise zu faszinieren und die Konzertsäle zu füllen vermochte. Er besuchte einst ein Konzert von Paganini und war vom virtuosen Können des Geigers derart hingerissen, dass er beim Hinausgehen den festen Vorsatz fasste, auf seinem eigenen Instrument, dem Klavier, ein zweiter Paganini zu werden. Und er wurde es auch. Von ihm, Franz Liszt, soll im folgenden Kapitel die Rede sein.

Franz Liszt (1811-1886)

Franz Liszt. Photographie, München 1867

Franz Liszt wurde am 22. Oktober 1811 in Raiding, einem kleinen Ort südlich von Eisenstadt, geboren. Schon früh bemerkte sein Vater, der selber auch Musiker war, Franzens musikalische Begabung, und er unterrichtete ihn schon früh im Klavierspiel. Als der Kleine einmal gefragt wurde, was er werden wolle, soll er auf Beethovens Porträt an der Wand gezeigt und gesagt haben: „Ein solcher!"

Vaters Bemühungen, für seinen Sohn ein Stipendium zu erwirken, hatten schliesslich Erfolg. Der berühmte Carl Czerny wurde sein Lehrer, und Salieri unterwies ihn in Kompositionslehre, Generalbass, Partiturlesen und Gesang.

Als 12jähriger spielte er bereits Konzerte in Wien, Budapest, München und Stuttgart. Der Vater quittierte nun seinen Dienst beim Fürsten Esterhazy, um sich ganz der Karriere seines hochbegabten Sohnes zu widmen. Ziel war Paris, neben Wien das wichtigsten Musik- und Kulturzentrum Europas. Kaum 15jährig, war Liszt bereits zu einem phänomenalen Pianisten herangereift und unternahm ausgedehnte Konzertreisen in Frankreich und England. Erste Kompositionen, die gute Aufnahme fanden, stammen aus dieser Zeit.

Eine unglückliche Liebe veranlasste Liszt, der zeitlebens eine tiefe Beziehung zum Religiösen hatte, sich von der Welt zurückzuziehen und in der Literatur und der Mystik Trost zu suchen. Er erwog, Priester zu werden, wandte sich aber schliesslich doch wieder der Musik und dem gesellschaftlichen Leben zu. Er lernte Chopin und Berlioz kennen. Vor allem mit Chopin verband ihn eine lebenslange Freundschaft. In Paris galt Thalberg als der beste Pianist, doch Liszt machte ihm bald den Rang streitig. Die Frage, wer besser sei, Thalberg oder Liszt, beschäftigte Paris so stark, dass in den Salons der Prinzessin Belgiojoso am 31. März 1837 jener legendäre Zweikampf stattfand, der das salomonische Urteil „Thalberg ist der erste, Liszt der einzige Pianist der Welt" zur Folge hatte. Und von Rossini sind die Worte überliefert: „Thalberg hat drei Viertel Gefühl und einen Viertel Geschicklichkeit, Liszt jedoch drei Viertel Geschicklichkeit und einen Viertel Gefühl."

1833 lernte Liszt im Salon der Gräfin Le Vayer die 23jährige Marie d'Agoult kennen. Diese verliess schliesslich ihren Mann, den General Charles d'Agoult, um Liszt in die Schweiz zu folgen. Später kehrten beide nach Paris zurück und nahmen regen Anteil am gesellschaftlichen und künstlerischen Leben der Stadt. Ihrer Beziehung entstammen drei Kinder. Tochter Blandine heiratete den späteren französischen Ministerpräsidenten Ollivier. Sie starb, erst 27jährig, zwei Monate nach der Geburt eines Sohnes. Daniel, der in Wien ein Rechtsstudium begonnen hatte, starb mit zwanzig in den Armen seines Vaters. Den Verlust seines einzigen Sohnes bezeichnete Liszt als den grössten Schmerz seines Lebens. Tochter Cosima vermählte sich 1857 mit dem Pianisten und Dirigenten Hans von Bülow, wurde 12 Jahre später von ihm geschieden und heiratete 1870 Richard Wagner. Sie starb im hohen Alter von 93 Jahren in Bayreuth.

Liszts Berühmtheit muss ausserordentlich gross gewesen sein. Er ist sicherlich die am häufigsten porträtierte Person des 19. Jahrhunderts. Goethe hätte vermutlich inkognito durch Europa reisen können, Liszt gewiss nicht. Zu einer Zeit, als es noch keine Passfotos gab und eine genaue Personenbeschreibung üblich war, enthielt Liszts Reisepass anstelle jeglicher Angaben nur den Satz: „Celebritate sua sat notus" (durch seine Berühmtheit hinreichend bekannt).

1839 trennte sich Liszt von der Gräfin d'Agoult und ging nach Wien, von wo ihn seine ruhelose Pianistenkarriere acht Jahre lang durch ganz Europa führte. Er feierte überall triumphale Erfolge. Auf seinen Programmen standen hauptsächlich Werke von Beethoven (besonders gerne spielte er das Es-Dur-Klavierkonzert), Schubert, Mendelssohn, Chopin, Weber und natürlich eigene Kompositionen und Transkriptionen.

Während dieser hektischen Reisezeit kam er fast nie zum Üben. Er besass zwar ein stummes Klavier für Fingerübungen auf Reisen, soll es aber nicht häufig benutzt haben. Er war ein phänomenaler Blattspieler, der anspruchsvollste Kompositionen sofort beherrschte. Es wird erzählt, er habe das a-Moll-Klavierkonzert, das ihm Grieg zeigte, zu dessen grösster Verblüffung fehlerfrei vom Blatt gespielt.

Graf Apponyi berichtet folgendes: „Liszt sollte das Es-Dur-Konzert von Beethoven spielen. Als ich ihn in den Morgenstunden in seiner Wohnung aufsuchte, fand ich ihn zu meiner Bestürzung mit einem Verband am dritten Finger der rechten Hand. „Ja", sagte er mir lächelnd, „Sie sehen, ich habe mich da etwas geschnitten". Ich dachte, es sei nun mit dem Konzerte aus und fragte den Meister, wie er darüber denke. „Wieso?", antwortete er, „ich werde natürlich heute Abend spielen." „Aber der wunde Finger?" „Nun, den werde ich ausschalten müssen", war die Antwort. Und so spielte er denn wirklich an jenem Abend das Es-Dur-Konzert mit einem ausgeschalteten dritten Finger, ohne dass irgend jemand etwas gemerkt hätte: das war Liszt, der Klavierspieler!"

Er war der erste Pianist, der allein ein ganzes Konzert bestritt. Er war auch der erste, der seine Programme ganz oder teilweise auswendig spielte und in grossen Sälen (beispielsweise der Mailänder Scala) auftrat.

Im April 1842 gab Liszt im Adelssaal zu St. Petersburg vor 3000 Zuhörern ein Konzert. Wladimir Stassow, der bekannte russische Musikkritiker, berichtet darüber: „Er zog seine weissen Glacéhandschuhe aus und warf sie achtlos unter das Klavier. Dann, nachdem er sich tief in alle Richtungen für einen donnernden Applaus bedankt hatte, setzte er sich ans Klavier. Augenblicklich wurde es totenstill im Saal. Ohne irgendwelche Vorbereitungen begann er mit der Eröffnungs-Cellophrase zur Wilhelm Tell-Ouvertüre. Als er geendet hatte und während der Saal noch bebte vor Beifall, ging er schnell zum zweiten Klavier. Während des Konzerts benutzte er für jedes Stück die Klaviere abwechselnd ... (Anm. d. Verf.: um 1840 besassen die Instrumente bei weitem noch nicht die uns heute geläufige Qualität, oft zerrissen Saiten, deshalb bediente sich Franz Liszt manchmal zweier Klaviere). Niemals im Leben hatten wir Ähnliches gehört, niemals ein solch brillantes, leidenschaftliches und dämonisches Temperament, einmal peitschend wie ein Wirbelwind, dann wieder Kaskaden von Schönheit und Grazie verströmen. Liszt Spiel war absolut überwältigend ..."

Anlässlich seiner Konzertreise nach Berlin anno 1842 erreichte die Bewunderung und Verehrung von Liszt ein derartiges Ausmass, dass in der europäischen Presse das Wort „Lisztomanie" die Runde machte. Die Berliner Konzerte stellten den äusseren Höhepunkt von Liszts Pianistenkarriere dar. Er hatte alles an sich, um das zu sein, was man heute einen „Star" nennen würde: geniales Können, blendendes Aussehen, selbstsicheres Auftreten und eine vitale Konstitution. Dass er in jener Epoche seines Lebens, die er später selbst als „Saus und Braus" bezeichnete, verständlicherweise auch gewisse Starallüren an den Tag legte, kann man ihm wohl nachsehen. Ein Lisztbild aber, das ihn nur als exzentrischen Virtuosen sieht, wäre sehr einseitig und würde ihm in keiner Weise gerecht. Die späteren Weimarer Jahre zeugen davon.

Zurück zu Berlin. Varnhagen von Ense hält in seinem Tagebuch fest: „Liszt macht fortwährend das Entzücken der Stadt, er verherrlicht diesen Winter hier und ist dessen schönster Glanz. Seine Uneigennützigkeit, seine heitere Bildung, sein wohlwollendes, anmutiges Wesen erwerben ihm den Beifall in nicht geringerem Masse als eine alles besiegende Meisterschaft ..."

Am 3. März 1842 verliess Liszt Berlin. Die Menge trug ihn zu einer mit sechs Schimmeln bespannten Kutsche. Dreissig vierspännige Wagen begleiteten ihn aus der Stadt.

Den nicht unmittelbar Beteiligten schien all dies Aufsehen unfassbar. Aber selbst seine Gegner unterlagen der Faszination, sobald sie ihr ausgesetzt waren. Heinrich Heine, der über dieses deutsch-sentimentale Berliner Publikum gespottet hatte, schrieb etwas später: „Ich habe mich geirrt, und das merkte ich vorige Woche im Italienischen Opernhaus, wo Liszt sein erstes Konzert gab. Wie gewaltig, wie erschütternd wirkte schon seine blosse Erscheinung."

Über Liszts Aufenthalt in Belgien können wir in den Memoiren des Lütticher Bankiers Charles Dubois folgendes nachlesen: „Von Paris reiste Liszt nach London, und von dort kam er nach Belgien. Der grosse Künstler wohnte in Brüssel im Hôtel de Flandre, nahe dem Park. Er gab uns dort nach einem seiner Konzerte ein glänzendes Souper. Wir waren ungefähr 30 bis 40 Gäste: fast die ganze Presse, die vornehme Gesellschaft, die Musik- und Literaturgrössen. Jedermann hat sich die Erinnerung an die Musikfeste, die er in unserer Stadt gab, bewahrt.

Im Hôtel de l'Europe, wo er in Lüttich residierte, gab er Diners und Soupers und verbrauchte fabelhaft viel Geld. Er hatte auch, das war eine seiner Verrücktheiten, einen grossen Teufelskerl, einzig um ihn zu rasieren und ihm die Krawatten zu binden, die er ebenso wie die Nadeln täglich änderte."

Der Dichter Théophile Gautier schreibt über Liszt (in „La presse", am 22. April 1844): „Man hat viel über seine langen Haare gespottet, über seine an die Gestalten E.T.A. Hoffmanns erinnernde Figur, über seine verzückten Blicke, seine krampfhaften Gebärden, seine dämonischen Bewegungen; sein enger, nach brandenburgischer Art geschnittener schwarzer Rock und sein ungarischer Ehrensäbel sind der Gegenstand mehr oder minder geschmackloser Spässe gewesen. Meine Ansicht ist, dass ein Künstler nicht wie ein Kerzenfabrikant aussehen muss und aussehen kann; sein Geschmack, seine Lebensweise, seine Gedanken geben seinem Äusseren notwendigerweise ein besonderes Gepräge.

An Franz Liszt lieben wir, dass er immer der gleiche Künstler geblieben ist, feurig, wild, mit fliegenden Haaren, derselbe musikalische Mazeppa, den ein zügelloses Klavier durch die Steppen der Zweiunddreissigstelnoten schleift; fällt er, so ist es nur, um als König wieder aufzustehen! Mit einem Wort: er ist ein Romantiker heute wie ehemals."

Eine Klavierschülerin von Liszt, Amy Fay, schrieb über ihren Meister: „Liszt ist der denkbar interessanteste Mann und macht sofort den bedeutendsten Eindruck auf jeden, der ihn sieht. Gross und schlank, mit tief liegenden Augen, buschigen Augenbrauen und langem grauen Haare. Sein Mund geht an den Winkeln etwas in die Höhe, was ihn, sobald er lacht, einen feinen mephistophelischen Ausdruck gibt; seine ganze Art und Erscheinung hat etwas von jesuitischer Leichtigkeit und Eleganz. – Seine Hände sind schmal, mit langen, schlanken Fingern, die aussehen, als hätte er doppelt so viel Gelenke wie andere Leute. Sie sind so beweglich und biegsam, dass es einen fast nervös macht, sie anzusehen.

Aber das Merkwürdigste an Liszt ist der wunderbare Wechsel seines ausdrucksvollen Mienenspiels. Einen Moment sieht er dichtend, träumerisch, tragisch aus, den nächsten einschmeichelnd, liebenswürdig, ironisch, sarkastisch; immer aber dieselbe fesselnde Grazie seiner Manieren."

Stellvertretend für die vielen Kommentare, die von Musikern über Liszt abgegeben worden sind, lassen wir Rachmaninow, Tausig, Brahms, Mendelssohn, Rosenthal und Saint-Saëns zu Worte kommen.

Rachmaninow: „Neben Liszt, der perfektesten romantischen Figur, die man sich vorstellen kann, verblasst jeder Musiker an Mangel der Persönlichkeit. Zweifellos war Liszt der bedeutendste ausübende Künstler seines Jahrhunderts, der „virtuoso assoluto", wie es ihn vorher oder nachher kaum noch einmal gab. Das war seine eine Seite. Andererseits war er ein genialischer Tonschöpfer, der oft genug sein Licht unter den Scheffel stellte."

Carl Tausig (Liszts bester Schüler, im frühen Alter von 30 Jahren vom Typhus hingerafft): „Kein Sterblicher kann sich mit Liszt messen. Er wohnt auf einsamer Höhe."

Brahms: „Liszts Klavierspiel ist etwas Einziges, Unvergleichliches und Unnachahmliches."

Mendelssohn (in einem Brief an Moscheles): „Liszt ist seit sechs Tagen hier und hat mir durch sein wirklich meisterhaftes Spiel und durch das innerliche musikalische Wesen, das ihm bis in die Fingerspitzen läuft, eine grosse Freude gemacht. Seine Schnelligkeit und Gelenkigkeit, vor allem aber sein Vom-Blatt-Spielen, sein Gedächtnis und die gänzliche Durchdringung von Musik, sind ganz einzig in ihrer Art, und ich habe sie niemals übertroffen gesehen."

Moritz von Rosenthal, ein Schüler von Liszt, schrieb: „Wie er spielte? Wie keiner vor ihm und wie vermutlich keiner nach ihm. Als ich, noch ein Knabe, zum ersten Mal zu ihm nach Rom kam, pflegte er mir des Abends stundenlang vorzuspielen – Nocturnes von Chopin, eigene Etüden - alles, was er spielte, hatte sanften träumerischen Charakter, und ich staunte über die fabelhafte Zartheit und Vollendung seines Anschlags. Die Verzierungen waren so fein wie Spinnenweben.

Ich war zehn Jahre bei ihm, und bilde mir ein, ihn wirklich gekannt zu haben. Ich darf behaupten, dass ich niemals einem so edlen und guten Menschen begegnet bin. Von seiner Hilfsbereitschaft für strebende und ringende Künstler, seiner Neigung, der Wohltätigkeit zu dienen, weiss die Welt. Und wann hat es je einen Freund gegeben wie ihn? ... Für Liszt den Komponisten, ist meine Liebe ebenso gross. Selbst in seinen weniger bedeutenden Werken ist das Gepräge seines Genius zu merken ...

Die schönsten Worte hat wohl Saint-Saëns gefunden: „Die Erinnerung daran, dass man ihn noch gehört hat, tröstet darüber, dass man nicht mehr jung ist."

Wir lassen hier auch noch jenen Zuhörer zu Worte kommen, der Liszt in Konstantinopel hörte und äusserte, es seien schon viele Virtuosen im Serail gehört worden, aber keiner habe seine Finger so schnell bewegen können wie Franz Liszt ...

Die vielen, die Liszt persönlich gekannt und über ihn geschrieben haben, weisen immer wieder auf die gleichen Eigenschaften hin: höflich, verbindlich, sehr hilfsbereit und grosszügig, edel, geistreich, gütig und begeisterungsfähig.

In seinem Leben gab es drei Frauen. Zunächst war da seine Jugendliebe Caroline de Saint Cricq, Tochter eines französischen Handelsministers. Sie war seine Klavierschülerin. Ihr Vater war aus Standesgründen gegen die geplante Heirat und verbot weitere Begegnungen. Beide litten sehr unter diese Trennung. Dann kam Marie d'Agoult. Zehn Jahre dauerte diese aufsehenerregende Verbindung, die in den Pariser Salons viel zu reden gab. Und schliesslich Caroline Fürstin von Sayn-Wittgenstein, die zwölf Jahre mit Liszt in Weimar lebte.

1847 beendete Liszt seine Virtuosenkarriere. Jahrelang stand er unter dem Zwang, Geld für sich, seine Mutter sowie für die Erziehung und den Unterhalt seiner Kinder zu verdienen. Jetzt war er froh, die Rolle des „Possenreissers, der die Menschen in den Salons zu unterhalten habe", wie er sich einmal geäussert hat, aufgeben zu können, um sich richtiger Mannesarbeit zu widmen. Mannesarbeit: das war für ihn Komponieren, Schreiben und Dirigieren. Während der folgenden zwölf Jahre bekleidete Liszt in Weimar das Amt eines Hofkapellmeisters. In dieser Zeit entstanden seine grossen Kompositionen, die Rhapsodien, Etüden, Nocturnes, die beiden Klavierkonzerte, Mazeppa, Tasso, Les Préludes, der Totentanz und die h-Moll-Sonate. Er erstellte auch viele Klavierpartituren von Orchesterwerken, u.a. von sämtlichen Beethoven-Sinfonien, schrieb unzählige Aufsätze für Musik-Zeitschriften und eine Biographie über den früh verstorbenen Freund Chopin.

Seine Residenz in Weimar, ein herrschaftliches Wohnhaus, wurde Treffpunkt von Musikern, Malern, Bildhauern, Dichtern und Bühnenkünstlern: Wagner, Berlioz, Brahms, Rubinstein, Clara Schumann, Alexander v. Humboldt, Bettina von Arnim, Geibel, Schwind, Menzel und Hans von Bülow genossen die grosszügige Gastfreundschaft von Liszt und der Fürstin von Sayn.

Seine Kompositionen fanden im allgemeinen gute Aufnahme. Es gab aber Ausnahmen. Die h-Moll-Sonate fand damals weder beim Publikum noch bei seinen Musikerkollegen – Wagner ausgenommen – Beachtung und Verständnis. Clara Schumann gab ein vernichtendes Urteil ab: „Liszt sandte heute eine an Robert dezidierte Sonate und einige andere Sachen mit einem freundlichen Schreiben an mich. Die Sachen sind aber schaurig! Brahms spielte sie mir, ich wurde aber ganz elend ... Das ist nur blinder Lärm – kein gesunder Gedanke mehr, alles verwirrt, eine klare Harmoniefolge ist da nicht mehr herauszufinden."

Und Eduard Hanslick, der gefürchtete Kritikerpapst der damaligen Zeit, verstieg sich zu folgendem Urteil: „Die h-Moll-Sonate ist eine Genialitätsdampfmühle, die fast immer leer geht. Nie habe ich ein raffinierteres, frecheres Aneinanderfügen der disparatesten Elemente erlebt – ein so wüstes Toben, einen so blutigen Kampf gegen alles, was musikalisch ist."

Wie anders tönte es doch in späterer Zeit: „Als Pianist ist es mir eine Ehrenpflicht, dankbar meine Verehrung zu bezeugen zum Andenken des herrlichen Meisters, welcher uns eine h-Moll-Sonate geschenkt hat. Bis heute ist sie die grossartigste Klaviersonate der nachbeethovenschen Zeit geblieben. Mit diesem einzigen Werk schon wäre er unsterblich." (Wilhelm Backhaus in „Musik und Musiker, 31.7.1936).

Von 1861 an hielt sich Franz Liszt abwechselnd in Rom, Budapest und Weimar auf.

Zwei Jahre lang lebte er zurückgezogen und in äusserster Einfachheit im Kloster Madonna del Rosario bei Rom. Sein Schüler Stradal besuchte ihn dort und schrieb: „Vom Kloster hat man eine herrliche Aussicht. Tief unten liegt die Ewige Stadt, hinter dieser die Campagna romana und noch weiter steigen die Sabiner und Albaner Berge empor ... Ich besichtige das Zimmer: ein steinerner Fussboden, ohne Teppich, ein Bett, ein Kruzifix, ein Betstuhl, ein einfacher Tisch! Eine tiefe Traurigkeit kam über mich. Nach einem Leben, erfüllt von allergrössten Erfolgen, die je ein Virtuose hatte, - die Armut, Entbehrung und Versinken in weltenferne Einsamkeit! Ich sah zwei Welten: Liszt, der mit Ehren und Auszeichnungen von den höchsten Potentaten überschüttet ganz Europa durchzog, und dann – Santa Maria del Rosario!"

1865 empfing Liszt in Rom vier niedere Weihen, die ihn zum täglichen Hören der Messe und Tragen des Priestergewandes verpflichteten. Die ganze Welt rätselte oder spöttelte über diesen Schritt. Liszt schrieb dazu: „In der Überzeugung, dass diese Tat mich auf dem guten Weg bekräftigen wird, habe ich ohne Zwang, in reiner Einfachheit gehandelt. Dies entspricht auch den Wünschen meiner Jugend. Ich habe den geistlichen Stand keineswegs aus Weltverachtung und noch weniger aus Überdruss an der Kunst angenommen. Mein Hang zum Katholizismus rührt von meiner Kindheit her und ist bleibendes und mich beherrschendes Gefühl geworden."

Um den alternden Meister scharten sich viele Pianisten, um sich bei ihm den letzten Schliff zu holen. Liszt erteilte seinen Unterricht unentgeltlich. In seiner Gutmütigkeit liess er es zu, dass auch Minderbegabte ihn aufsuchten und mit ihrem Vorspiel belästigten, um sich fortan „Liszt-Schüler" zu nennen. Er hörte sie kaum an, liess sie aber gewöhnlich ruhig zu Ende spielen oder quittierte ihr Spiel mit einem Scherzwort, das dennoch als Urteil vernichtend war.

Als eine Schülerin sehr schlecht Liszts „Les jeux d'eaux à la Villa d'Este" spielte, sagte ihr der Meister: „Meine Gnädige, das sind nicht die Wasserspiele im Park der Villa d'Este gewesen, das war die Wasserspülung im kleinsten Ort der Villa d'Este." Und einer Schülerin, die sich nach mangelhaftem Vortrag einer Bach-Fuge damit entschuldigte, soviel herumgereist zu sein, antwortete Liszt: „Nun, dann müssen Sie etliche Noten bei Ihrer Reise irgendwo zurückgelassen haben – ich habe sie nämlich gar nicht gehört. Man muss sie sogleich hertelegraphieren!"

August Stradal berichtet: „Ich machte an Liszts Seite einen Spaziergang. Aus einem Haus tönt uns plötzlich Liszts 2. Ballade entgegen. Der Meister horcht und erklärt, es sei entsetzlich, wie diese gespielt werde, begibt sich mit mir in das Haus und klopft an der Tür an. Ein sehr schönes Mädchen, die Missetäterin, öffnet und fällt beim Anblick des Meisters fast in Ohnmacht. Liszt ist sehr liebenswürdig und zeigt der jungen Dame einzelne Stellen. Nach acht Tagen kommt Gille zum Meister nach Weimar und berichtet, dass das Fräulein sich ein Schild am Haus anmachen liess, auf welchem zu lesen sei: H.J., Schülerin von Franz Liszt. – Diese Sache machte dem Meister viel Spass."

Zu den wirklich bedeutenden Liszt-Schülern zählten Hans von Bülow, Eugen d'Albert, Sophie Menter, Emil von Sauer, Alexander Siloti, Alfred Reisenhauer, August Stradal und Carl Tausig.

Die Titel und Ehrungen, die Liszt im Laufe seines Lebens verliehen wurden, sind kaum aufzuzählen: Ehrendoktor, Ritter, Hofrat, Kammerherr, Ehrenkanonikus, Grossoffizier sowie diverse Orden und Ehrenbürgerschaften.

Liszt verfügte auch im Alter über eine enorme Schaffenskraft. Dank seiner robusten Gesundheit, seiner Nervenkraft und inneren Ruhe konnte er bis ins hohe Alter ein riesiges Arbeitspensum erledigen. Kellermann, ein Schüler, vermittelt folgendes Bild der Lebens- und Arbeitsgewohnheiten des Meisters: „Liszt stand jeden Morgen um 4 Uhr auf, auch wenn er bei Einladungen viel Wein getrunken und sich erst sehr spät niedergelegt hatte. Bald nach dem Aufstehen ging er, ohne zu frühstücken, in die Kirche. Um 5 Uhr trank er mit mir Kaffee, wozu er ein paar trockene Brötchen verzehrte. Dann fing das Arbeiten an. Briefe wurden geschrieben oder durchgesehen. Noten geprüft und anderes mehr. Um 8 Uhr kam die Post, die immer eine Unmenge Sachen brachte. Nun wurde der Schriftwechsel durchgesehen, Privatbriefe von ihm gelesen und beantwortet oder Musikalien geprüft. Ich war der Einzige, der ihm um diese Zeit auch vorspielen durfte. Um 9 Uhr ging ich gewöhnlich wieder in meine Wohnung hinüber. Der Meister wollte dann ungestört arbeiten. Er nahm vormittags selten Besuche an

Liszt arbeitete ungemein leicht und schnell. Partituren schrieb er fliessend rasch von unten nach oben, ebenso schnell, wie ein anderer einen Brief schriebt. Nur so ist es zu begreifen, dass dieser gesellschaftlich immer so ungeheuer in Anspruch genommene Mann eine derartige Menge von Kompositionen zu schaffen vermochte, zu deren blosser Abschrift ein gewöhnlicher Notenschreiber ein ganzes Leben brauchen würde!"

In seinen letzten Lebensjahren war Liszt des öftern in Bayreuth anzutreffen, wo er sich Wagners Opern anhörte. Er hat Wagner gefördert, wie er nur konnte und seine Werke überall aufgeführt.

1886 trat Liszt zu seiner letzten grossen Reise an. Sie führte ihn nach Wien, Paris, London, Antwerpen, Brüssel, Weimar und Luxemburg. Am 21. Juli kam er stark erkältet in Bayreuth an und besuchte an den folgenden Tagen todmüde Aufführungen von „Parsifal" und „Tristan". Zehn Tage später verlöschte sein Künstlerleben. Sein Grab liegt in Bayreuth.

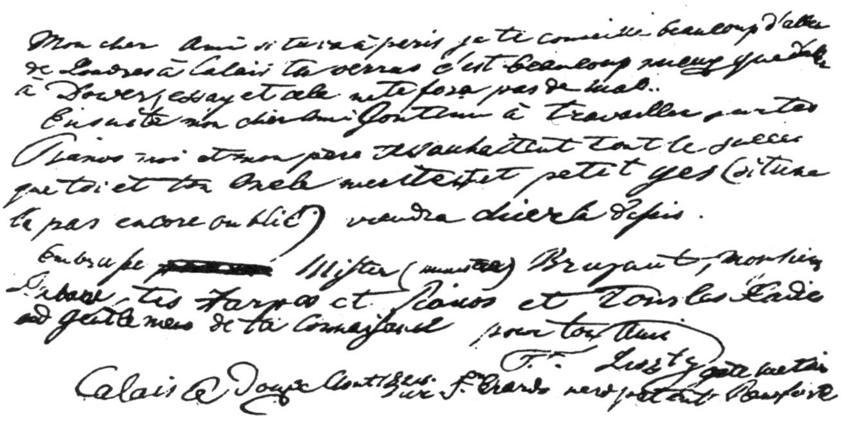

Abb. 1: 13jährig

Schon die Schrift des 13jährigen besticht durch ihren flüssigen Ablauf, den ungestümen und doch beherrschten Vorwärtsdrang, die Geschliffenheit, Beweglichkeit und federnde Spannung. Markant sind auch die hochgesetzten, kräftigen t-Querstriche. Die Reife der Schrift ist dem Alter schon weit vorausgeeilt.

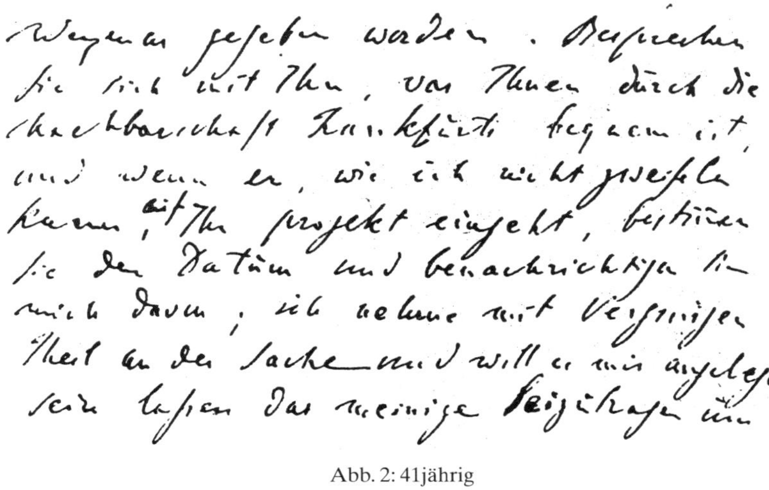

Abb. 2: 41jährig

Im Mannesalter wird die Schrift subtiler, vergeistigter, flüssiger und gewandter. Sie lässt eine gebändigte Dynamik spüren. Die Buchstabengestaltung ist aufs Wesentliche reduziert. Die Schrift wirkt konzentriert, aktiv, bestimmt und sicher.

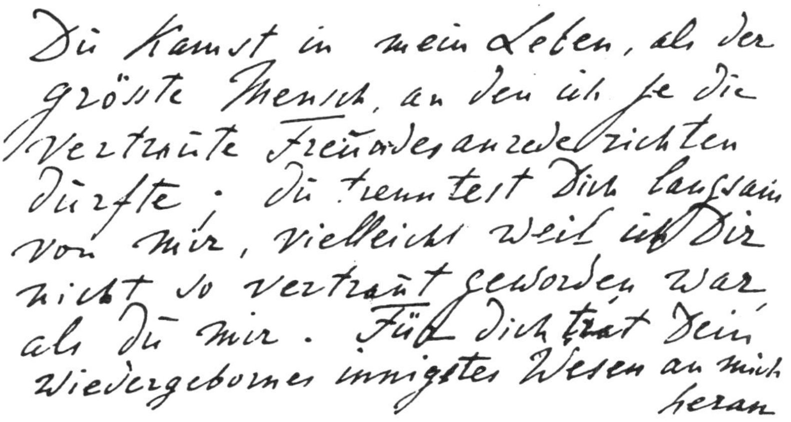

> Du kamst in mein Leben, als der grösste Mensch, an den ich je die vertraute Freundes anzurichten durfte; Du trenntest Dich langsam von mir, vielleicht weil ich Dir nicht so vertraut geworden war als Du mir. Für dich trat Dein wiedergeborenes innigstes Wesen an mich heran

Abb. 3: 61jährig

Zwanzig Jahre später hat die Schrift noch nichts von ihrer Dynamik eingebüsst, wirkt frisch, zügig, bestimmt und straff. Im Vergleich zur Schrift von Abb. 2 erscheint sie noch prägnanter, aber auch eckiger und härter. Die weichen Zwischentöne lösen sich auf.

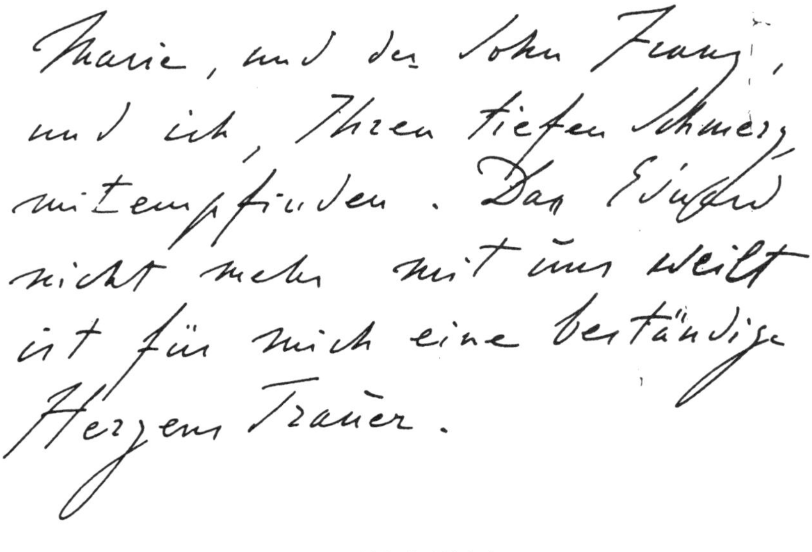

> Marie, und der Sohn Franz, und ich, Ihren tiefen Schmerz mitempfinden. Das Eugen nicht mehr mit uns weilt ist für mich eine beständige Herzens Trauer.

Abb. 4: 68jährig

Die Schrift ist hell und dünnstrichig, souverän in ihrer ungestörten und sicheren Gestaltung. Das Schriftbild hat an Dichte eingebüsst, zeigt eine verfeinerte, fast blutleere Schärfe.

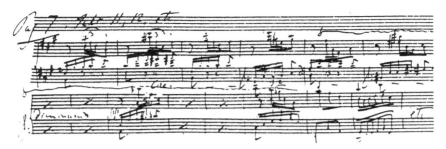

Abb. 5: Liszts Notenschrift

Die Notenschrift ist von vibrierender Lebendigkeit, Leichtigkeit und Helle. Sie wirkt vergeistigt, übersichtlich, klar, exakt, scharfstrichig und gewandt.

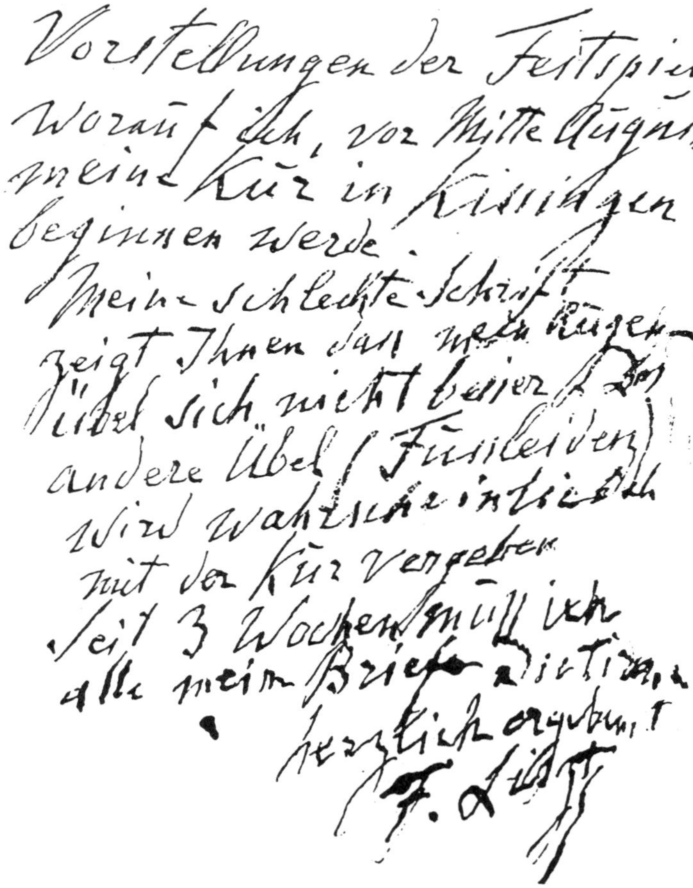

Vorstellungen der Festspiele,
worauf ich, vor Mitte August,
meine Kur in Kissingen
beginnen werde.
Meine schlechte Schrift
zeigt Ihnen dass mein Augen-
übel sich nicht bessert. Das
andere Übel (Fussleiden)
wird wahrscheinlich
mit der Kur vergehen.
Seit 3 Wochen muss ich
alle meine Briefe dictiren.
herzlich ergebenst
F. Liszt

Abb. 6: 74jährig

Fast erblindet musste Liszt in den letzten Wochen seines Lebens seine umfangreiche Korrespondenz diktieren bzw. sich vorlesen lassen. Der hier gezeigte Brief ist eine seiner letzten eigenhändigen Mitteilungen. Die Schrift verfällt nicht ins Kraftlos-Depressive oder Labile, sondern hält sich als sprödes, brüchig-werdendes Gerüst aufrecht. Die Tendenz nach rechts oben bleibt, man spürt die Bemühtheit um die gute, leserliche Form. Die nur noch mühsam erreichte Bewältigung des Raums und die Unsicherheit der Feder spiegeln die Tragik der Gebrechlichkeit dieses einst so faszinierenden, glutvollen Lebens.

Anmerkungen:

Die zwei Kapitel über Paganini und Liszt sind dem Buch "Musik und Graphologie" von Robert Bollschweiler (1994) entnommen. (Abdruck mit freundlicher Genehmigung des herausgebenden Verlages "Grundlagen und Praxis GmbH & Co." in Leer/Deutschland).

Verwendete Literatur:

Burger E. – Franz Liszt. München 1986.
Farga F. – Paganini. Rüschlikon-Zürich 1950.
Kapp J. – Niccolò Paganini. Tutzing 1969.
Neill E. – Niccolò Paganini. München 1990.

Musiker-Handschriften

Ruth Uhlmann-Gasser

Vor kurzem hatte ich die Gelegenheit, das Manuskript eines 1961 entstandenen Referates zu lesen. Die darin gemachten Aussagen über Musikerschriften fand ich, auch aus heutiger Sicht, so aktuell und treffend, daß ich die Autorin bat, die Arbeit publizieren zu dürfen. Um Lebendigkeit und Frische des Vortrages zu erhalten, wurden nur geringfügige Kürzungen und Veränderungen vorgenommen.

Frau Ruth Uhlmann-Gasser war während vielen Jahren beratende Psychologin und Graphologin, unterrichtete von 1967–7976 als Graphologiedozentin am "Seminar für Angewandte Psychologie" in Zürich und betreute während dieser Zeit eine große Zahl von graphologischen Studien- und Diplomarbeiten.

Urs Imoberdorf, Schriftleiter ZfM

Das Thema dieses kleinen Referates heißt "Musikerhandschriften" und nicht etwa "Musikalität in der Handschrift". Seit Klages wissen wir ja, daß spezielle Begabungen und erst recht das Genie in der Handschrift grundsätzlich nicht mit Sicherheit erkennbar sind. Daß sie sich in der Praxis manchmal trotzdem vermuten lassen, weiß wohl jeder Graphologe, der Gelegenheit hat, auf einem bestimmten Gebiet spezielle Erfahrungen zu sammeln. So ist mir, da mir durch den Beruf meines Mannes seit langem ungezählte Handschriften von Musikern vor Augen kamen, sehr früh schon, noch bevor ich von Graphologie etwas verstand, aufgefallen, daß zwischen diesen an sich oft recht unterschiedlichen Schriften irgendwie doch eine wenn auch schwer zu definierende innere Verwandtschaft besteht. Gemeinsam scheint fast allen eine besondere Lebendigkeit, Zwanglosigkeit und Natürlichkeit, die sie von Schriften "gewöhnlicher Sterblicher" unterscheidet. Dann wieder bemerkte ich, daß diese Lebhaftigkeit und Ursprünglichkeit nicht bei allen Musikerschriften gleich stark im Vordergrund steht, daß besonders die in der Öffentlichkeit stehenden Großen, Berühmten häufig geordneter, gepflegter und gezügelter schreiben, das Innere gleichsam hinter einer Fassade verbergend.

Das Material, das ich mit der Zeit zu sammeln begann, bestand zuerst aus Schriften von guten bis überdurchschnittlich begabten Berufsmusikern aller Gruppen, von Komponisten, Instrumentalisten, Sängern usw. Nach und nach kamen Reproduktionen, aber auch Originalschriften von Berühmten dazu, sodaß ich heute an die 250 Musikerschriften besitze, wovon ca. 100 von Komponisten und 150 von Interpreten stammen.

Während meines späteren Graphologie-Studiums versuchte ich dann der Frage, ob es so etwas wie eine Musikerpersönlichkeit oder eine eigentliche "musikalische Veranlagung" gäbe, näher auf den Grund zu kommen. Denn wenn Musiker schon ähnlich schreiben, müssen sie auch eine irgendwie ähnliche Anlage oder Struktur aufweisen, so nahm ich wenigstens an.

Aber bevor ich mich dem Graphologischen zuwende, muß wohl zunächst der Begriff der Musikalität näher definiert werden: Wir alle wissen ja, was gemeint ist, wenn man von einem Menschen sagt, er sei musikalisch, und doch sind sich – wenn man sich näher mit der Frage befaßt – nicht einmal die Musiker ganz einig, was unter diesem Begriff zu verstehen sei. Vor allem wandten sich diejenigen, die ich danach befragte, mit Entschiedenheit gegen eine Verwechslung von echter Musikalität mit bloßem gutem Gehör. Schon viel eher lassen sie ein ausgeprägtes Gefühl für Rhythmus als Kennzeichen der musikalischen Veranlagung gelten; auch sind sie gerne bereit, anzuerkennen, daß ein feines Tonunterscheidungsvermögen für jeden, der Berufsmusiker werden will, eine wesentliche, ja unabdingbare Voraussetzung darstellt. Als weitere Teilkomponenten werden das Gedächtnis für Töne, das musikalische Gefühl, die musikalische Einbildungskraft und nicht zuletzt das Bedürfnis nach Musik oder musikalischem Ausdruck erwähnt. So wichtig diese einzelnen Komponenten aber auch sind, für den musikalischen Menschen verschmelzen sie zu einer Einheit. Er erlebt Musik ganzheitlich und nicht mit den Sinnen, dem Gefühl, dem Verstand usw., obwohl einmal diese, einmal jene Funktion mehr in den Vordergrund treten mag. Für die Theorie aber sind solche Differenzierungen nicht ganz unnütz. Gerade bei der Betrachtung der Musikerschriften hat man nämlich den Eindruck, daß beim einzelnen Musiker diese Funktionen nicht immer in schön ausgewogenem Verhältnis vorhanden sind, daß dennoch aber etwas Gemeinsames, Übergeordnetes, wenn auch schwer zu Erfassendes da ist.

Zusammenfassend läßt sich der Begriff vielleicht so definieren: Musikalität ist die Fähigkeit, Musik innerlich zu erleben, ihren Ausdruck zu verstehen oder gegebenenfalls seelisches Erleben mit Hilfe der Musik auszudrücken.

Und nun zur Frage, ob und wie sich diese Fähigkeit auch in der Handschrift ausdrückt. Zunächst habe ich einen guten Teil der graphologischen Literatur durchsucht, aber das Ergebnis war mehr als dürftig. Bei Klages fand ich folgende knappe Bemerkung: Es kann "hinwieder für musikalische Neigungen sprechen, wenn sich Einzelformen finden, die an G-Schlüssel, Notenköpfe und Notenbalken erinnern ..." (2, 141). In der Unterschrift der Sängerin Maria Stader (Abb. 3) finden Sie eine solche, übrigens eher selten zu findende Form in schöner Ausprägung.

In seiner Arbeit über "Die charakterologische Bedeutung der Schriftfärbung" spricht *Johannes Pulver* einige Male von der Musikalität eines Schreibers und fügt dann nur in Klammern bei: "leichter, heller und oft gleitender Strich" (8, 23). Tatsächlich findet sich – wie wir später sehen werden – dieser gleitende Strich, zumeist in Verbindung mit fadenartigen Einschlägen, sehr häufig in Musikerschriften.

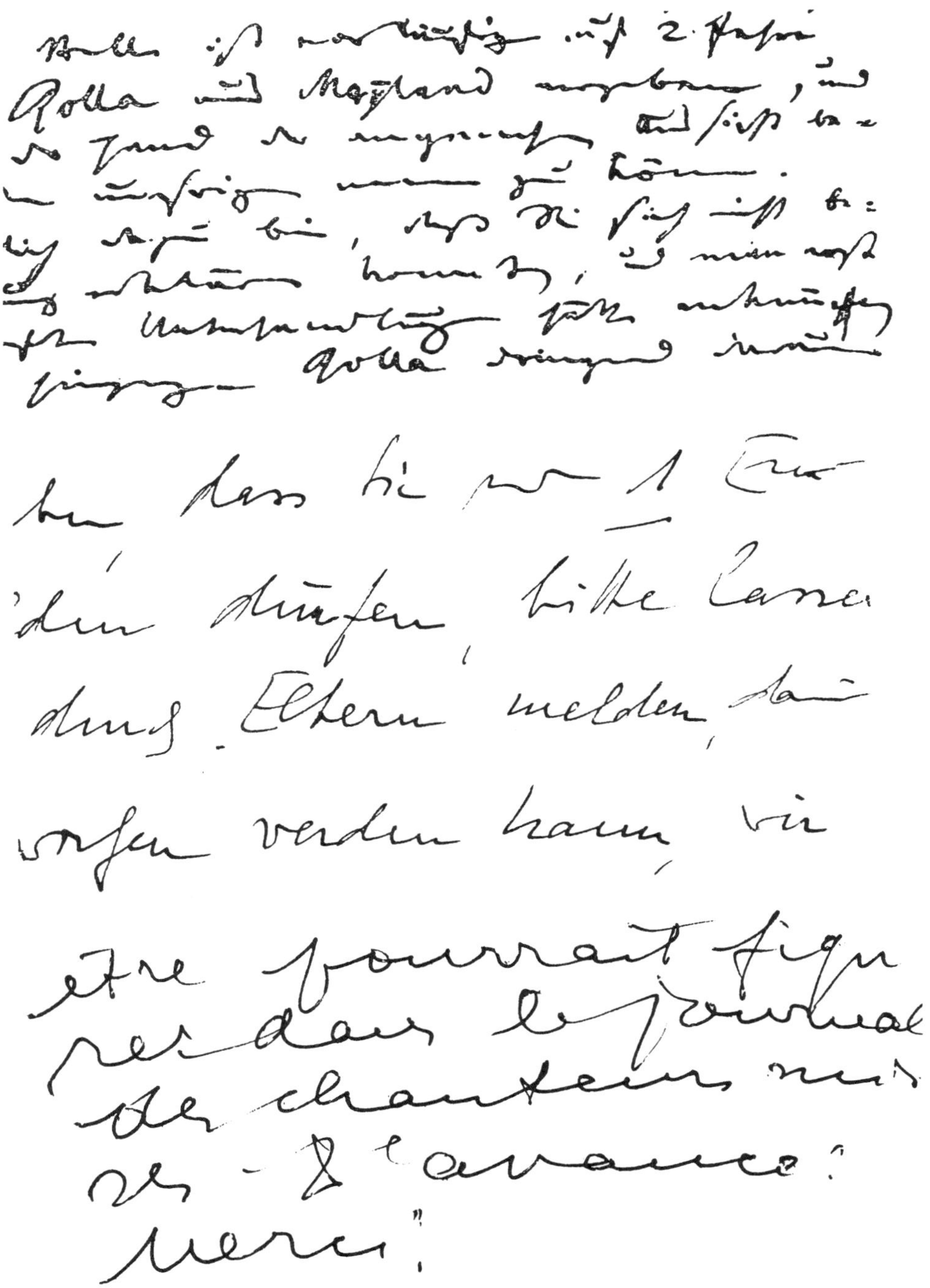

Abb. 1: Typische Musikerschriften

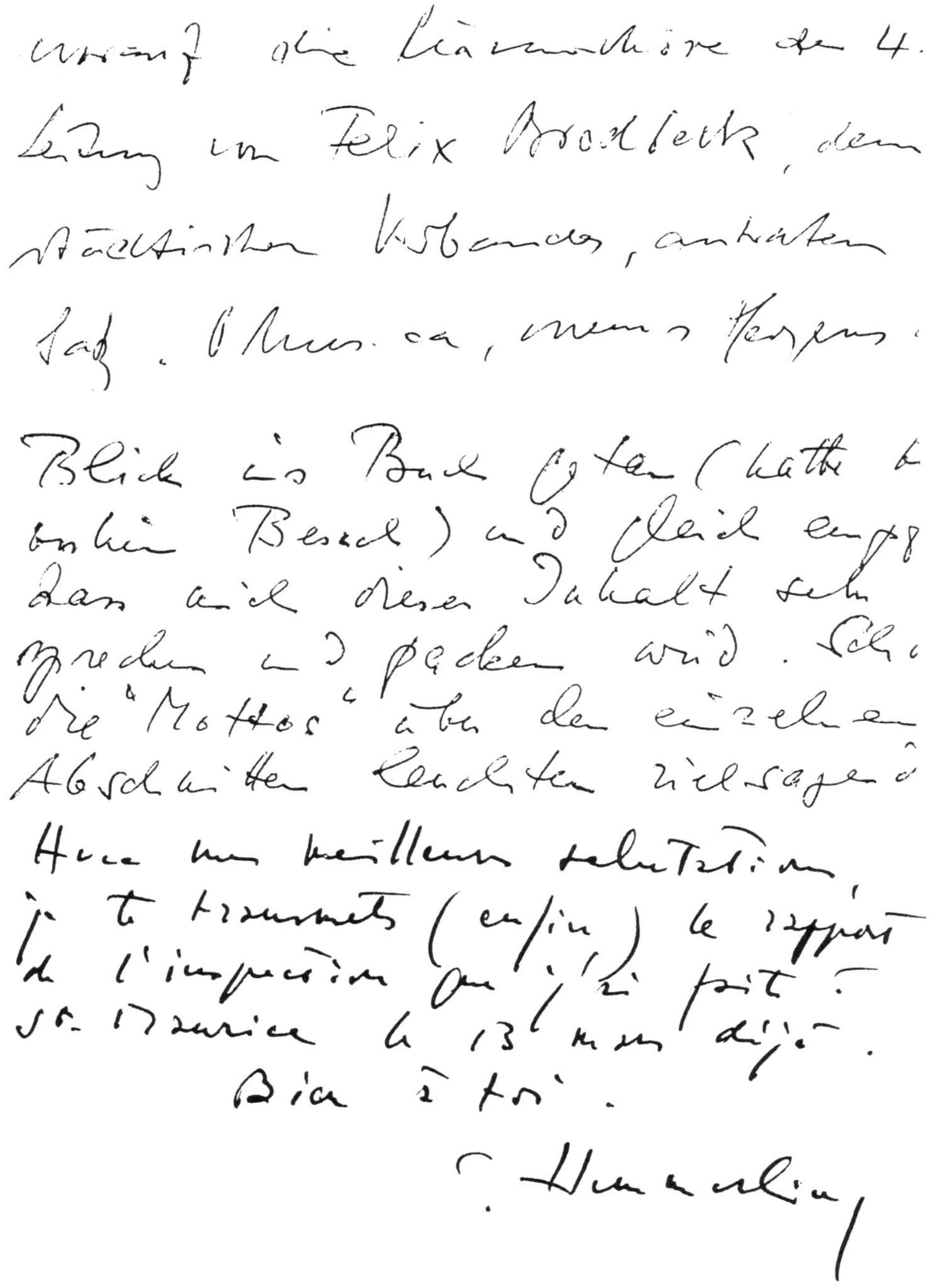

[Handwritten letter, largely illegible. Tentative reading:]

...unsrem die Uraufführung der 4. Sinfonie von Felix Woyrsch, dem Altonaer Kapellmeister, anhören darf. O Musica, meines Herzens...

Blick ins Buch getan (hatte ich vorhin Besuch) und gleich empfunden, dass mich dieser Inhalt sehr ansprechen und packen wird. Schon die "Mottos" über den einzelnen Abschnitten leuchten vielsagend...

Avec mes meilleures salutations, je te transmets (enfin) le rapport de l'inspection que j'ai fait à St-Maurice le 13 mai dernier.
Bien à toi.
E. Humerlin (?)

Abb. 2: Typische Musikerschriften

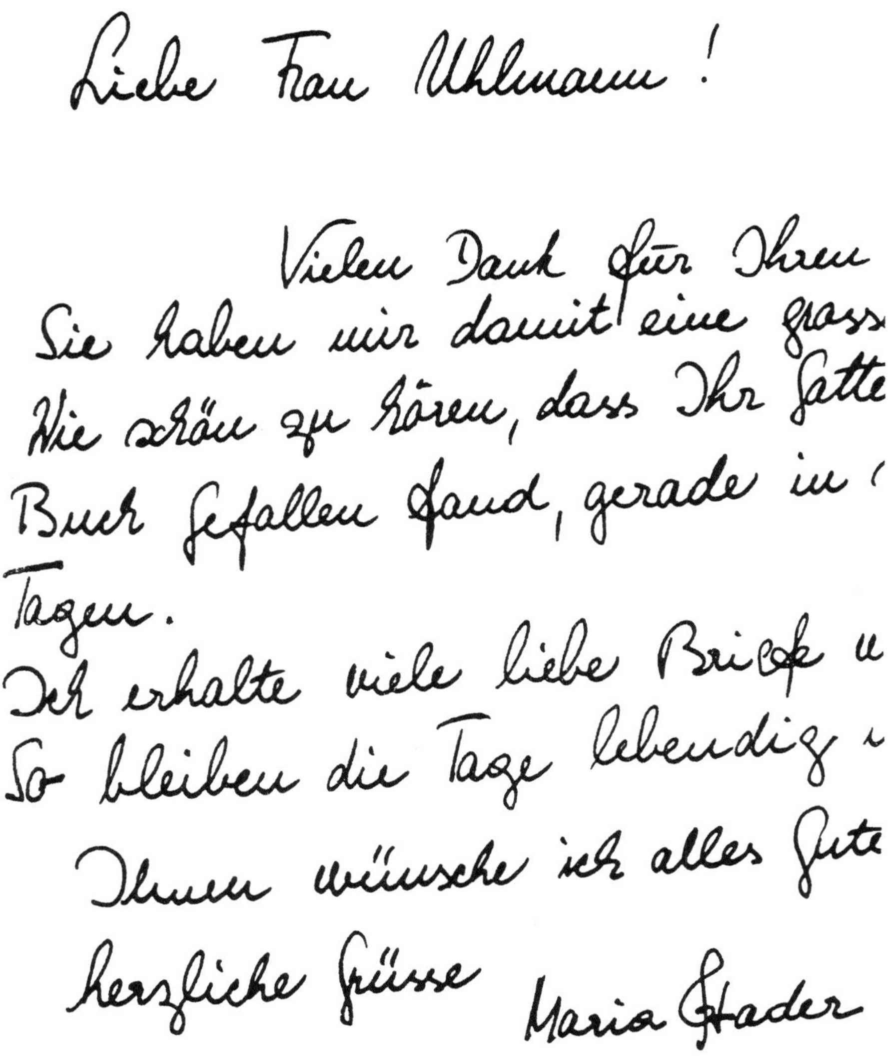

Liebe Frau Uhlmann!

*Vielen Dank für Ihren
Sie haben mir damit eine grosse
Wie schön zu hören, dass Ihr Gatte
Buch Gefallen fand, gerade in
Tagen.
Ich erhalte viele liebe Briefe u
So bleiben die Tage lebendig u
Ihnen wünsche ich alles Gute
herzliche Grüsse   Maria Stader*

Abb. 3: Maria Stader, Sängerin, geb. 1911

Wohl am umfassendsten und differenziertesten hat sich der *Klages*-Schüler und Kunstsammler *Robert Ammann* mit der Frage der Musikerhandschrift auseinandergesetzt. In 30jähriger Sammlertätigkeit hat er Schriften von Musikern, bildenden Künstlern und Dichtern zusammengetragen und dabei offenbar ein sehr feines Sensorium für die Unterschiede zwischen den einzelnen Kunstgattungen entwickelt. Das Ergebnis seiner Untersuchung von hundert Komponistenschriften, das er in seinem Werk "Die Handschrift der Künstler" niedergelegt hat, ist bemerkenswert: Er fand eine so große Übereinstimmung in wichtigen Schriftmerkmalen (zwischen 85% und 96%), daß er sie mit Recht als mehr als zufällig bezeichnet und zur Überzeugung kommt, daß die Großzahl dieser Schriften etwas Gemeinsames aufweise. Als Kennzeichen der Tondichterschrift betrachtet er: "die drucklose, scharfe Dünnstrichigkeit, die Fadenbindung, die starke Verbundenheit und die großen Längenunterschiede sowie die Unregelmäßigkeit" (1, 51).

Diese Beschreibung stützt sich allerdings auf die Untersuchung von Schriften des ausgehenden 18. und des 19. Jahrhunderts, was teilweise erklären mag, weshalb meine eigenen Beobachtungen und Erfahrungen nicht in allen Punkten mit den seinen übereinstimmen.

In dem mir zur Verfügung stehenden, fast ausschließlich aus unserem Jahrhundert stammenden Schriftmaterial finden sich die von Ammann hervorgehobenen Merkmale fast alle in mehr oder weniger abgeschwächtem Maße vor, scheinen mir aber trotzdem charakteristisch und aufschlußreich für die musikalische Veranlagung. Sehen wir sie in einer Schrift alle vereint, können wir fast mit Sicherheit auf eine zumindest latent vorhandene Neigung zur Musik schließen, im umgekehrten Falle aber – wo sie fehlen – würde ich nicht wagen, diese gänzlich in Abrede zu stellen. Die einzelnen Befunde möchte ich nun kurz kommentieren und einige Überlegungen daran knüpfen:

Die **Drucklosigkeit**. Sie wissen, was Druck bedeutet: Kraft, Vitalität, Libido usw. "Er ist Sinnbild für schöpferische Kraft überhaupt" (*Pulver* 5, 235), Äußerung von Lebenskraft, die sich im Kampf mit Widerständen stetig erproben will. Druck ist ein "männliches" Zeichen, wenn man so sagen darf. Demgegenüber bedeutet Drucklosigkeit geistige und seelische Beweglichkeit, Beeinflußbarkeit, Beeindruckbarkeit. Der drucklos Schreibende ist zartfühlend, sensibel, sensitiv, mehr Geist als Stoff. Das alles paßt gut zum Musiker, der ja nicht wie der Maler oder der Bildhauer mit der Materie umgehen muß. Musik hat etwas Immaterielles, Flüchtiges, nur im Augenblick Erlebbares, sie hinterläßt auch keine sichtbaren Spuren wie die bildende Kunst. Aber wie steht es nun mit dem Druck als Sinnbild des Schöpferischen? Ich glaube kaum, daß man deswegen den drucklos schreibenden Komponisten die Schöpferkraft absprechen dürfte. Diese drückt sich ja auch in anderer Weise aus, in der Eigenart der Gestaltung, in der lebendigen Bewegtheit des Schriftbildes und vor allem in dem bei den meisten Musikern höchst ausgeprägten Rhythmus.

In den Schriften der Interpreten habe ich sehr häufig Druck gefunden neben größter Zartheit des Strichs. Man kann das verschieden deuten: Vielleicht beruht die stärkere Druckgebung darauf, daß der Interpret mehr als der Komponist in der Außenwelt lebt, wo er sich mit Widerständen aller Art abgeben muß. Auch scheint es selbstverständlich, daß der Umgang mit dem Instrument, die manuelle Geschicklichkeit, die wohl jeder ausübende Musiker mehr oder weniger entwickelt hat, und natürlich auch der Willenseinsatz, den das viele Üben verlangt, sich in stärkerer Druckgebung äußern muß. Übrigens habe ich auch unter meinen Komponistenschriften gar nicht so selten solche mit Druck gefunden, allerdings häufig mit teilweise verlagertem

Druck als Ausdruck unterdrückter Empfindsamkeit und souverän beherrschter innerer Spannungen.

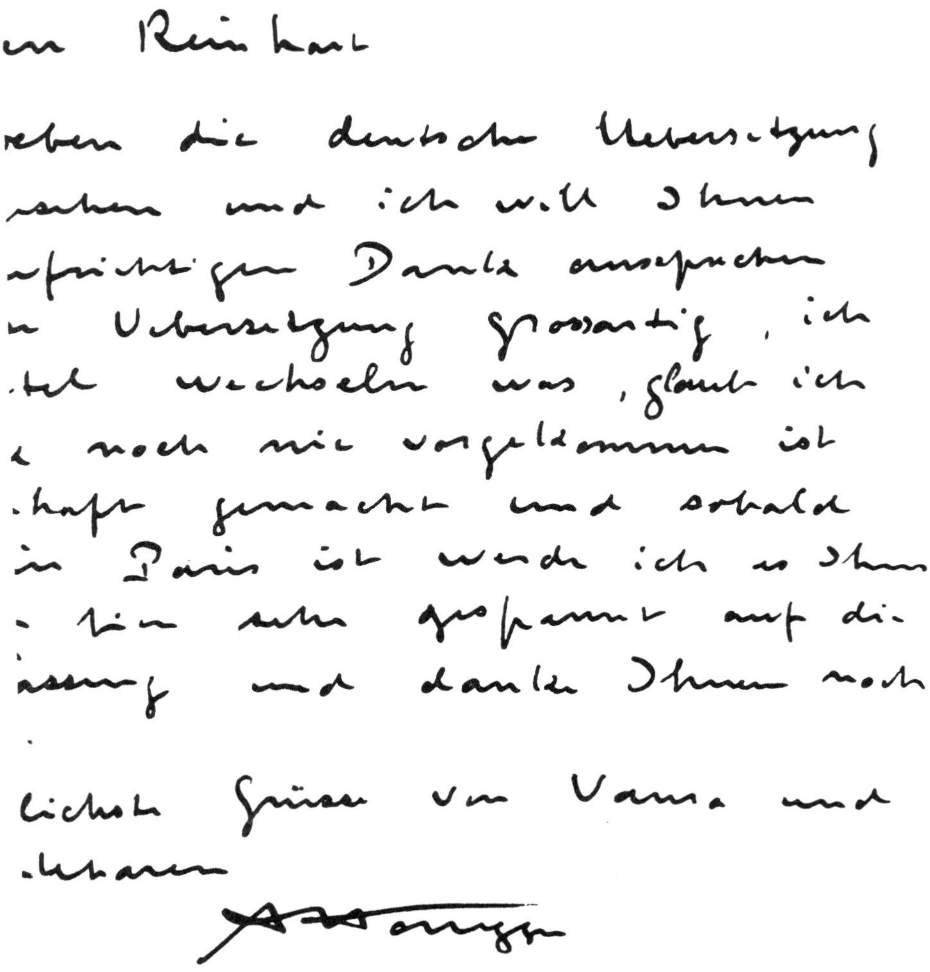
an Reinhart
eben die deutsche Uebersetzung
sahen und ich will Ihnen
aufrichtigen Dank aussprechen
Uebersetzung grossartig, ich
wechseln was, glaube ich
noch nie vorgekommen ist
gemacht und sobald
in Paris ist werde ich Ihnen
bin sehr gespannt auf die
und danke Ihnen noch
lichsten Grüsse von Vama und
A Honegger

Abb. 4: Arthur Honegger, 1892-1955

Als Beispiele unter vielen andern mögen die Schriften von Arthur Honegger (Abb. 4)* und Igor Strawinsky (Abb. 6) dienen.

Solche und ähnliche Beobachtungen haben mich denn auch bald veranlaßt, nicht mehr scharf zu unterscheiden zwischen Komponisten- und Interpretenschriften, zwischen produktiven und reproduktiven Musikern. Ich glaubte zuerst, es gäbe hier vielleicht prinzipielle Unterschiede, aber ich habe diesen Gedanken aufgegeben, nachdem ich gesehen hatte, daß unzählige Schriften von ausübenden Musikern genau den

Merkmalen entsprechen, die Ammann bei den Komponisten fand, und daß Abweichungen davon sowohl bei der einen wie bei der anderen Gruppe gleichermaßen vorkommen, Abweichungen, die wohl viel mehr von Charakter- als von Begabungsunterschieden herrühren. Ich glaube, daß wir – um die Sache nicht allzusehr zu komplizieren – die musikalische Veranlagung der beiden Musikergruppen als grundsätzlich gleich annehmen müssen. Darauf weist ja auch die Tatsache hin, daß die allermeisten Komponisten – wie beispielsweise Othmar Schoeck (Abb. 5)** – auch gute, zum Teil sogar hervorragende lnterpreten sind. Umgekehrt ist natürlich nicht jeder ausübende Musiker auch ein Tonschöpfer. Was diesen letzteren dazu befähigt, eigene Werke neu zu schaffen, das ist wohl ein Geheimnis, das sich, wie die Frage der genialen Begabung überhaupt, letztlich nicht ergründen läßt.

In den Schriften jedenfalls läßt sich kein deutlicher Unterschied sehen. Oder empfinden Sie etwa – vom rein subjektiven Gesamteindruck her – die drei von starkem Rhythmus geprägten, vor musikalischem Temperament sprühenden Schriften des Dirigenten Hermann Scherchen (Abb. 7), des Musikkritikers Fritz Gysi (Abb. 8) oder des Heiligen Franz Borgia (Abb. 9) nicht auch als absolut schöpferisch? Alle drei waren Nicht-Komponisten, sind jedenfalls nicht durch ihre Werke berühmt geworden. Borgia war überhaupt nicht Musiker, sondern "bloß" Musikliebhaber, seine Schrift jedoch, in ihrem schönen Wechsel von Zartheit und Wucht, könnte ohne weiteres einem großen Komponisten gehören.

Und nun zur Frage der **Dünnstrichigkeit** bzw. **Schärfe**, die auch in meinem Material deutlich überwiegt, wenn auch nicht in so hohem Prozentsatz wie in der Ammann'schen Untersuchung. Sie kennen die mannigfache Bedeutung der Schärfe wie Abstraktionsvermögen, Denkschärfe, aber auch Kälte, Mangel an Genußfreude usw. Hier interessiert uns nur ihre allgemeine Bedeutung als Schärfe des Unterscheidungsvermögens, als sensible Verfeinerung. Der scharfe Strich oder sagen wir, da er ja meist ohne Druck ist, vielleicht besser der sensible Strich – weist auf Feinheit der Sinne hin, auf Feinspürigkeit für subtile Nuancen oder Zwischentöne im Unterschied zum farbig-teigigen Strich, der mehr die Empfänglichkeit für die Fülle des Sinnlich-Wahrnehmbaren, für die malerische Breite der Erscheinungen anzeigt. Teigig Schreibende sind Augenmenschen, vor allem wenn sich noch runde Formgebung dazugesellt. Das abstrakte und spirituelle Moment scheint an der teigigen Schrift weitgehend in den Hintergrund zu treten.

Teigigkeit oder Pastosität findet sich denn auch oft bei bildenden Künstlern, besonders bei farbenfreudigen Malern. Unter den Musikerschriften habe ich nur selten eine rein pastöse Schrift gefunden, bei der Auf- und Abstriche gleich breit sind, wie mit dem Pinsel gezogen. Hingegen sieht man ziemlich oft eine leichte Teigigkeit,

---

* Die hier reproduzierten Schriften von Honegger, Scherchen, Schoeck, Schönberg, Strauss, Strawinsky wurden der Autorin 1961 vom Winterthurer Dichter Hans Reinhart für ihre Arbeit im Original leihweise zur Verfügung gestellt. Sie sind später, ab 1979, in Peter Sulzers dreibändigem Werk "Zehn Komponisten um Werner Reinhart" – Briefwechsel, erschienen (Neujahrsblatt der Stadtbibliothek Winterthur, 1979 – 1983).
** Vgl. auch Othmar Schoeck, Zeitschrift für Menschenkunde 4/1986, S. 414 f.

einen "samtigen Druck" *(A. Teillard)*, besonders bei Streichern und bei Sängern, ab und zu auch bei Pianisten. Man kann das vielleicht so deuten: Beim Sänger liegt ja die Beziehung zum Organisch-Körperlichen, zum Stimmorgan, besonders nahe, beim Streicher deutet schon das Wort "Streichen" auf das Moment der Berührung, indirekt also auf den Tastsinn hin. Auch der Ton der Streichinstrumente scheint irgendwie wärmer und sinnlicher als etwa der Ton des Klaviers.

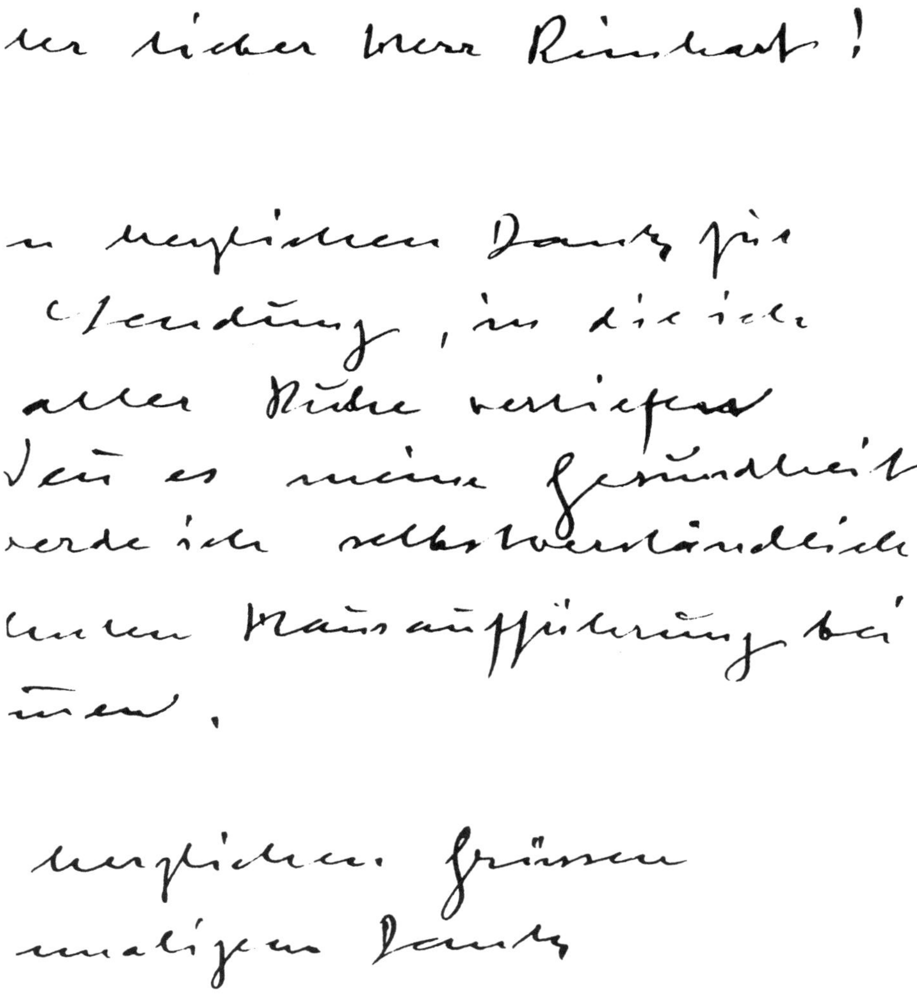

Abb. 5: Othmar Schoeck, 1886-1957

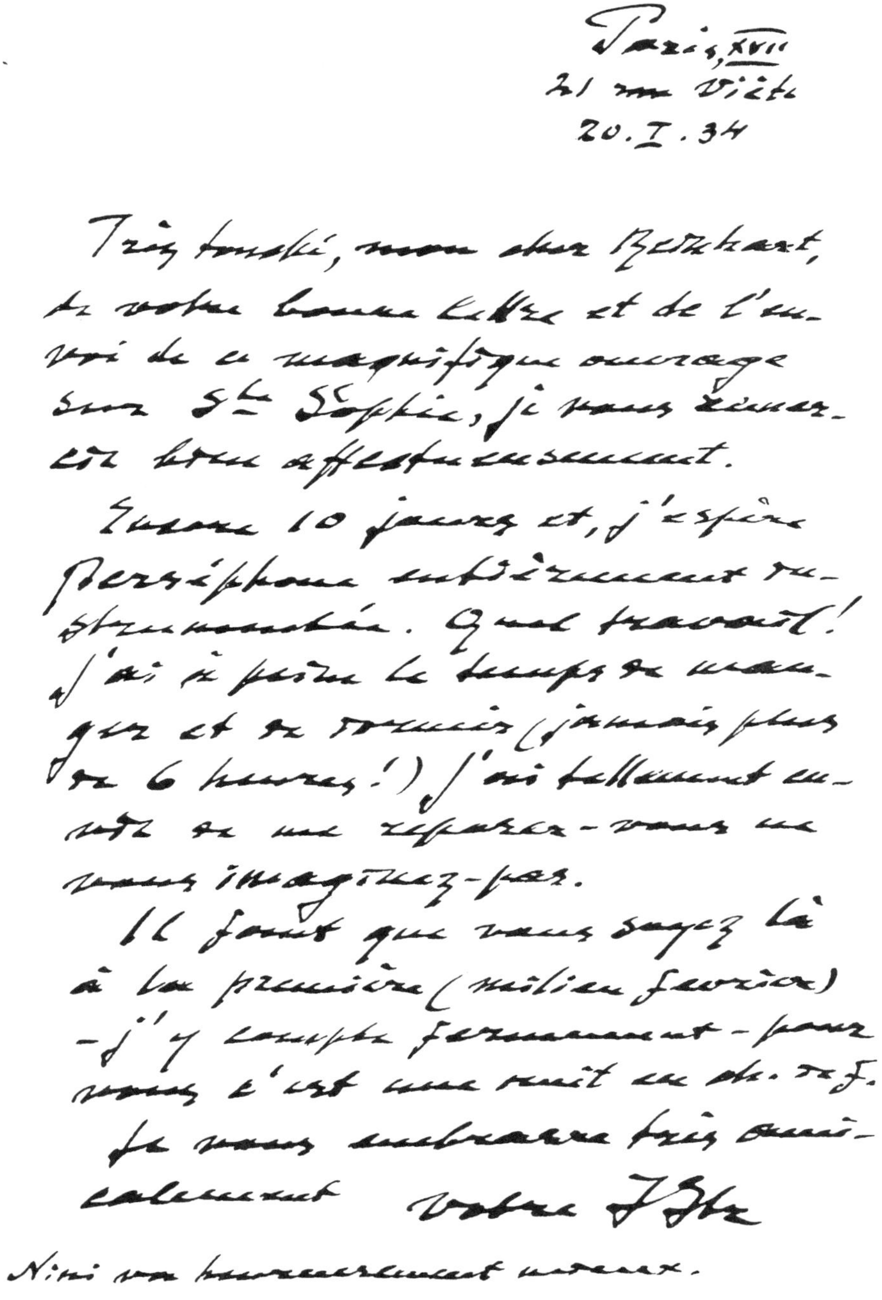

Paris, XVII
21 rue Viète
20.I.34

Très touché, mon cher Burkhart, de votre bonne lettre et de l'envoi de ce magnifique ouvrage sur Ste Sophie, je vous remercie bien affectueusement.

Encore 10 jours et, j'espère Perséphone entièrement reconstruite. Quel travail! J'ai à peine le temps de manger et de dormir (jamais plus de 6 heures!) J'ai tellement manqué de me reposer – vous ne vous imaginez pas.

Il faut que vous soyez là à la première (milieu février) – j'y compte fermement – pour vous c'est une nuit de ch. de f.

Je vous embrasse très amicalement votre I Str

Nini un hurlement aussi.

Abb. 6: Igor Strawinsky, 1882-1971

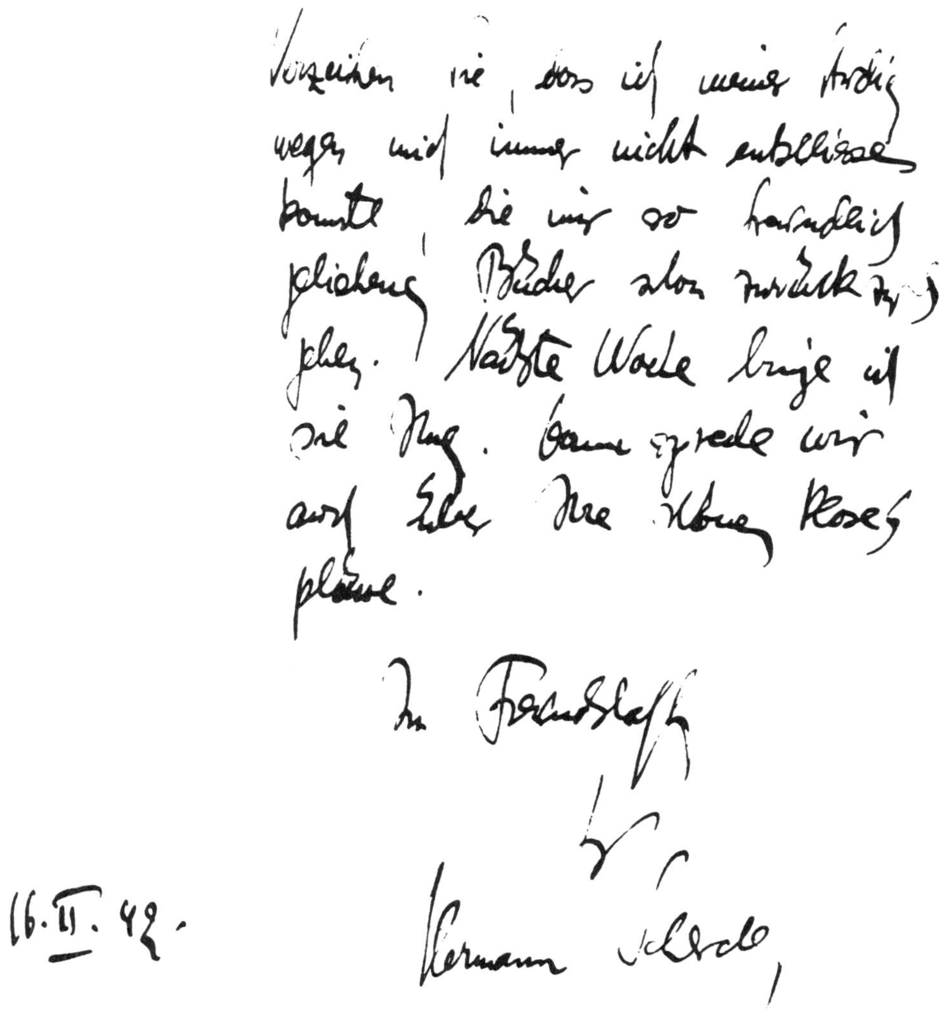

Verzeihen Sie, dass ich meiner Arbeit wegen mich immer nicht entschliessen konnte, die mir so freundlich geliehenen Bücher schon zurück zu geben. Nächste Woche bringe ich sie Ihnen. Dann sprechen wir auch über Ihre schönen Rosenpläne.

In Freundschaft

Ihr

16. II. 42. Hermann Scherchen

Abb. 7: Hermann Scherchen, Dirigent, 1891-1966

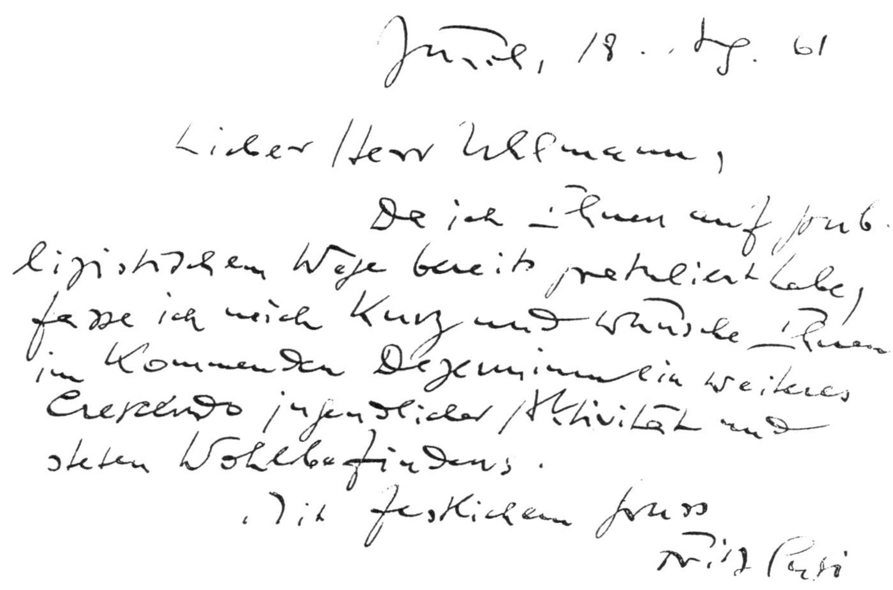

Zürich, 18. Aug. 61

Lieber Herr Uhlmann,

Da ich Ihnen auf publizistischem Wege bereits gratuliert habe, fasse ich mich kurz und wünsche Ihnen im kommenden Dezennium ein weiteres Crescendo jugendlicher Aktivität und steten Wohlbefindens.

Mit herzlichem Gruss

Fritz Gysi

Abb. 8: Fritz Gysi, Musikwissenschafter, Musikkritiker, 1888-1967

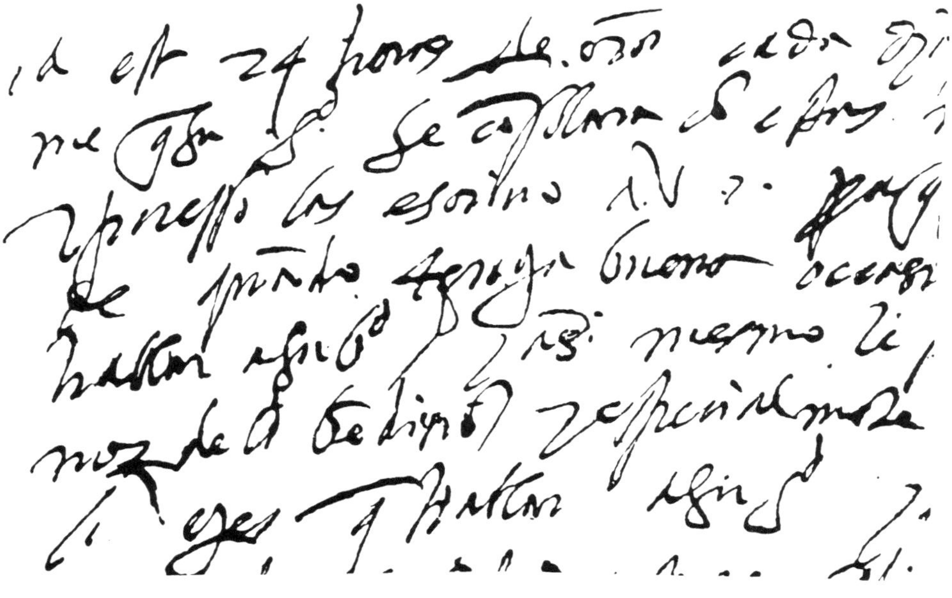

Abb. 9: Franz Borgia, 1510-1572
(aus: "Die Heilige und ihre Handschrift" von Girolamo Moretti, deutsche Ausgabe 1960 bei Kerle Verlag, Heidelberg)

Wenn ich eine Musikerschrift sehe, in der Pastosität vorwiegt, vermute ich ganz allgemein, daß auch im musikalischen Erleben dieses Künstlers das Warm-Empfindungsmäßige vorherrscht (Empfindung im Sinne von *C. G. Jung*), die Freude am Wohlklang, am Schwelgen in den Tönen, der Sinn für das Klangliche, und daß die rein geistige Seite der Musik etwas zurücktritt. Dies ist nur eine Hypothese, die ich allerdings immer wieder bestätigt fand, die ich Ihnen aber keineswegs als feste Behauptung vorlegen möchte.

Sehr oft sieht man in Musikerschriften eine ganz eigenartige Mischung von größter Zartheit und Feinheit des Strichs und leichter Pastosität bis hin zu eigentlichen Verklecksungen. Zum Teil handelt es sich dabei um Schwankungen des Druckes oder der Farbe, um eigentliche Voll-Blaßfärbung also oder um beides. Man kann das fast nicht schildern, man sollte das an der Originalschrift sehen, denn in der Reproduktion wird es fast immer zu undeutlich. Als Beispiele mögen die Schriften eines Organisten (Abb. 10) und eines Geigenvirtuosen (Abb. 11) eine Ahnung von dieser oft sehr reizvollen Hell-Dunkel-Färbung vermitteln.

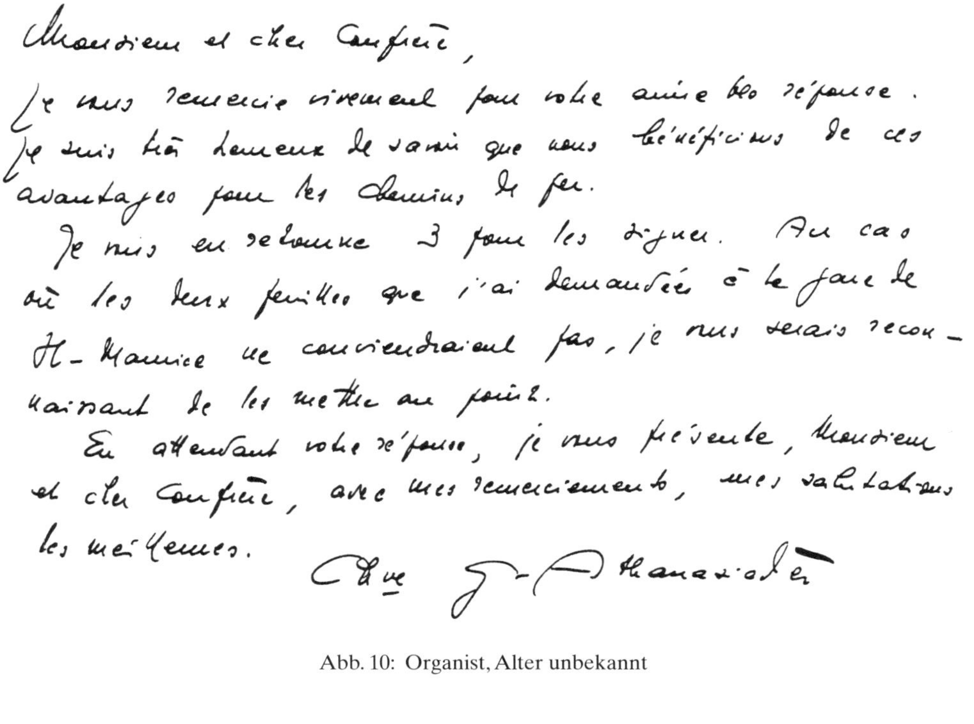
Monsieur et cher Confrère,
Je vous remercie vivement pour votre aimable réponse.
Je suis très heureux de savoir que vous bénéficiez de ces avantages pour les chemins de fer.
Je vous en retourne 3 pour les signer. Au cas où les deux feuilles que j'ai demandées à la gare de St-Maurice ne conviendraient pas, je vous serais reconnaissant de les mettre au point.
En attendant votre réponse, je vous présente, Monsieur et cher Confrère, avec mes remerciements, mes salutations les meilleures.
Chne G. Athanasiadès

Abb. 10: Organist, Alter unbekannt

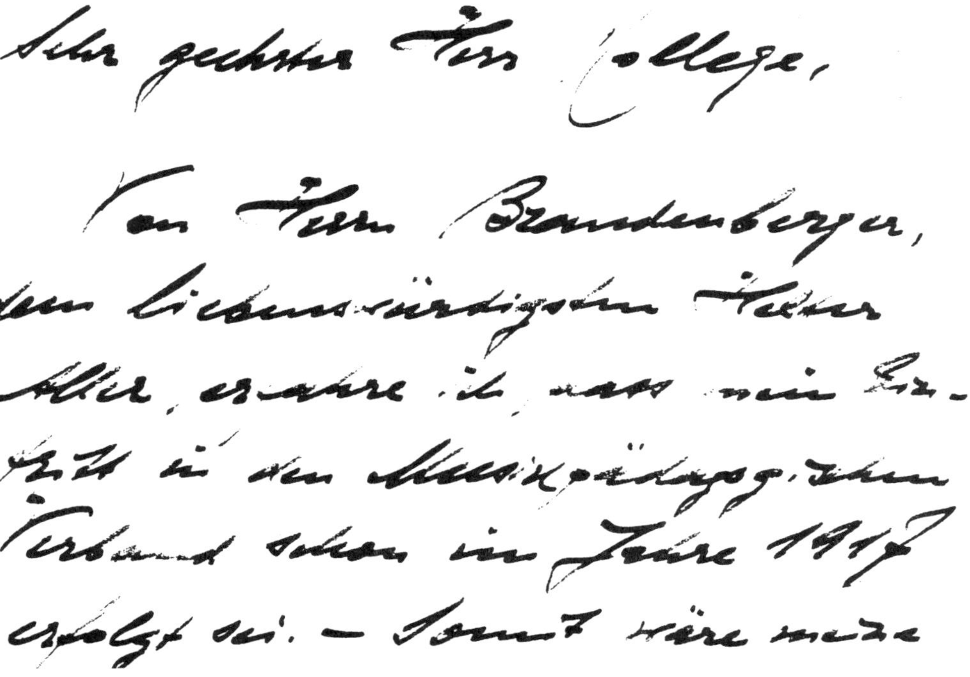
Sehr geehrter Herr Kollege,

Von Herrn Brandenberger,
dem liebenswürdigsten Helfer
aller, erfahre ich, dass mein Ein-
tritt in den Musikpädagogischen
Verband schon im Jahre 1917
erfolgt sei. – Somit wäre mein

Abb. 11: Violinvirtuose, 1887-1964

Der Kürze halber nenne ich dieses Phänomen meist Voll-Blaßfärbung. Diese zeigt abwechselnd rezeptives und produktives Verhalten an. Überwiegt die Voll-Färbung mit ihrem vermehrten Tintenzufluß, so weist dies in schöpferische Richtung, oft auch nur – bei Mangel an echtem Druck – auf ein auf Effekt bedachtes, saftiges Renommieren, in dem aber zumeist etwas ausgesprochen Suggestives liegt. Vorherrschende Blaßfärbung hingegen charakterisiert mehr den aufnehmend Sensiblen, weist mit ihrem Intensitätsverlust oft auf Erschöpfungszustände und Anwandlungen von Entmutigung (*Johannes Pulver* 8,36ff.). Wechseln Voll- und Blaßfärbung, so hat der Schreiber in jedem Fall eine Seite erhöhter Empfindsamkeit, in der auch das nervöse Untergrundsmoment nie fehlt. "Das Schwanken zwischen Blaßfärbung und Vollfärbung zeigt allein schon, wie erschütterbar das seelische Gleichgewicht des Schreibers ist, wie sehr die innere Selbstsicherheit streckenweise aussetzt, und wie sehr die erlebte Selbstschwäche zu den saftigen Akzente der Druckstellen führt."' (*Max Pulver* 7, 148) Jedenfalls sind Menschen, die so schreiben, starken Gefühlsschwankungen, Stimmungen und Verstimmungen unterworfen, wie wir sie ja beim Künstler so häufig finden. Nicht jeder Musiker weist aber in seiner Schrift das Merkmal der Voll-Blaßfärbung auf, und ich möchte es denn auch nicht in direkten Zusammenhang mit der musikalischen Veranlagung bringen. Ich kann nur feststellen, daß es – soweit ich sehen kann – in Musikerschriften häufiger auftritt als in anderen Schriften.

Das Merkmal der **Fadenbindung**, das wir nun betrachten wollen, scheint für die Musikerschrift ganz besonders charakteristisch zu sein. Ammann stellt es bei den Komponisten in fast 100% der Fälle fest, in meinem Material kommt es etwas weniger, aber immerhin noch auffallend häufig vor. Es handelt sich übrigens nicht immer um reine Fadenbindung, sondern um eine allgemeine Labilität der Bindungsform mit Auflösungstendenz. Von diesen Schriften ist zudem mehr als die Hälfte mehr oder weniger druckstark.

Pulver (5, 114 ff.) bezeichnet den Faden mit Druck als primären oder primitiven Faden, primitiv nicht im negativen Sinne gemeint, sondern als Ausdruck einer elementaren Triebhaftigkeit und Instinktsicherheit, die auch lebendig-schöpferischen Charakter hat. Seinem Sinne nach ist er also mit dem Rhythmus verwandt, der die Musikerschriften so lebendig erscheinen läßt. Beide Merkmale weisen auf eine gewisse elementare Lebensursprünglichkeit hin, die nicht selten die Quelle der schöpferischen Begabung und Leistung bildet.

Vom drucklosen oder sekundären Faden läßt sich das alles allerdings nicht mehr behaupten. Hier treten die bekannten, eher negativen Bedeutungen des Fadens wie Labilität, rückgratlose Unsicherheit, Ausweichen vor Konflikten und Widerständen usw. etwas mehr in den Vordergrund. *Pulver* spricht hier von der neurotischen Auflockerung des Charaktergefüges, vom nervösen Charakter überhaupt. In seiner Bedeutung mit dem Faden verwandt ist übrigens auch der in Musikerschriften oft zu beobachtende gleitende Strich, der ebenfalls geistige Gewandtheit und ein Leicht-über-Hindernisse-Hinweggleiten ausdrückt.

Alle diese charakterlich eher negativen Eigenschaften stehen aber – so wenigstens scheint es mir – der musikalischen Begabung durchaus nicht im Wege, sondern scheinen sie geradezu zu bedingen. Das labile, nervös-sensible Vibrieren, das so manche Musikerschrift prägt, scheint am ehesten den Einsatz der Begabung, die Leistung und den Erfolg in der Außenwelt oft zu hindern. Es tritt jedenfalls in den Schriften der Großen, Erfolgreichen etwas zurück zugunsten kraftvoller Gestaltung und straffer Disziplin. Druckstarke Winkelbindung tritt hier denn auch nicht selten an die Stelle der Fadenbindung.

Immerhin scheint auch *Klages* die Tatsache, daß die Fadenbindung gewissermaßen zur Musikerschrift gehört, nicht unbekannt gewesen zu sein, denn er schreibt, "daß unter den schöpferischen Geistern der Menschheit bei weitem am häufigsten labile Verfassung besitzen Tondichter einerseits, Tatmenschen andrerseits". Als Beispiel gibt er die Fadenschreiber Beethoven und Napoleon und empfiehlt dem Leser den Satz zum Nachdenken, "daß die Entartung der ‚musikalischen Konstitution' den Hysteriker ergibt, die der täterischen aber den Verbrecher" (2, 112).

In einem späteren Werk weist er noch direkter auf den Zusammenhang von Fadenbindung und Musikalität hin, wenn er schreibt, daß man beim Fadenduktus nicht nur an "allgemeine Unbestimmtheit und schwankendes Wesen" zu denken habe, sondern auch gewisse Begabungsmöglichkeiten nicht außer acht lassen dürfe. "Es hat sich gezeigt", fährt er weiter, "daß die leichte Stimmbarkeit (durch jeden

Hauch der Luft) oft eine Hauptkomponente musikalischer Begabung bildet." (3,25 f.) Im übrigen glaubt er, daß die gelockerte Bindungsweise bei ausübenden Musikern noch häufiger auftrete als bei Komponisten, eine Beobachtung, die ich nur bestätigen kann.

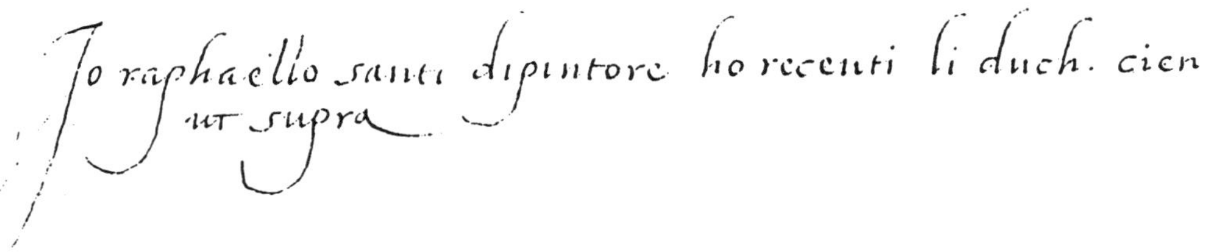

Abb. 12: Raffael, 1483-1520
(aus. "Die Handschrift der Künstler" von Robert Ammann)

Auch der Graphologe *Martin Ninck* betrachtet die Fadenbindung als ein wichtiges Kriterium zur Unterscheidung beispielsweise der musikalischen von der bildnerischen Begabung. In seiner Arbeit über "die Sensibilität in der Handschrift" stellt er die Schriften des Malers Raffael (Abb. 12) und des Komponisten Verdi (Abb. 13) einander gegenüber. Beide Schriften weisen auf große Sensibilität hin, denn beide sind unregelmäßig und von besonderer Feinheit des Striches, aber in der Bindungsform sind sie ganz verschieden. Verdi schreibt Faden, Raffael nicht. Auch *Ninck* glaubt, daß der sensible Strich auf Feinheit der Sinnesempfindung weise, auf Feinhörigkeit also und auf Feinsichtigkeit. Er schreibt: "Die Frage, ob bei Verdi mehr Feinhörigkeit oder Feinsichtigkeit vorliege, kann mit voller Sicherheit nicht aus der Handschrift beantwortet werden. Immerhin sei auf gewisse Unterschiede mit der Schrift Raffaels hingewiesen. Die Züge des berühmten Malers und Zeichners haben mehr Umriß und die Buchstaben dadurch mehr Leib. Raffael erfaßt deutlich jedes Schriftelement nach seiner Gestalt, während Verdi impressionistisch das Wesen wiedergibt und einzelne Teile zwar klar formt, aber andere vernachlässigt und mehr nur andeutet. Im häufigen Doppelbogen seiner Kleinbuchstaben (Faden) gibt sich überdies eine weiche Plastizität der Charaktersubstanz kund, wie sie in dieser Ausprägung bei Malern selten, bei Musikern aber sehr häufig ist. Die Wahrscheinlichkeit würde also graphisch mehr für einen Musiker sprechen, auch wenn uns der Name Verdi nichts sagte." (4)

Diese Plastizität, diese Auflockerung der Charaktersubstanz kommt also beim Musiker sehr häufig vor. Wir können das bloß feststellen, ohne weitere Schlüsse daraus zu ziehen. Wir wissen nicht, weshalb die musikalische Begabung gerade auf einem solchen Boden besonders gut gedeiht.

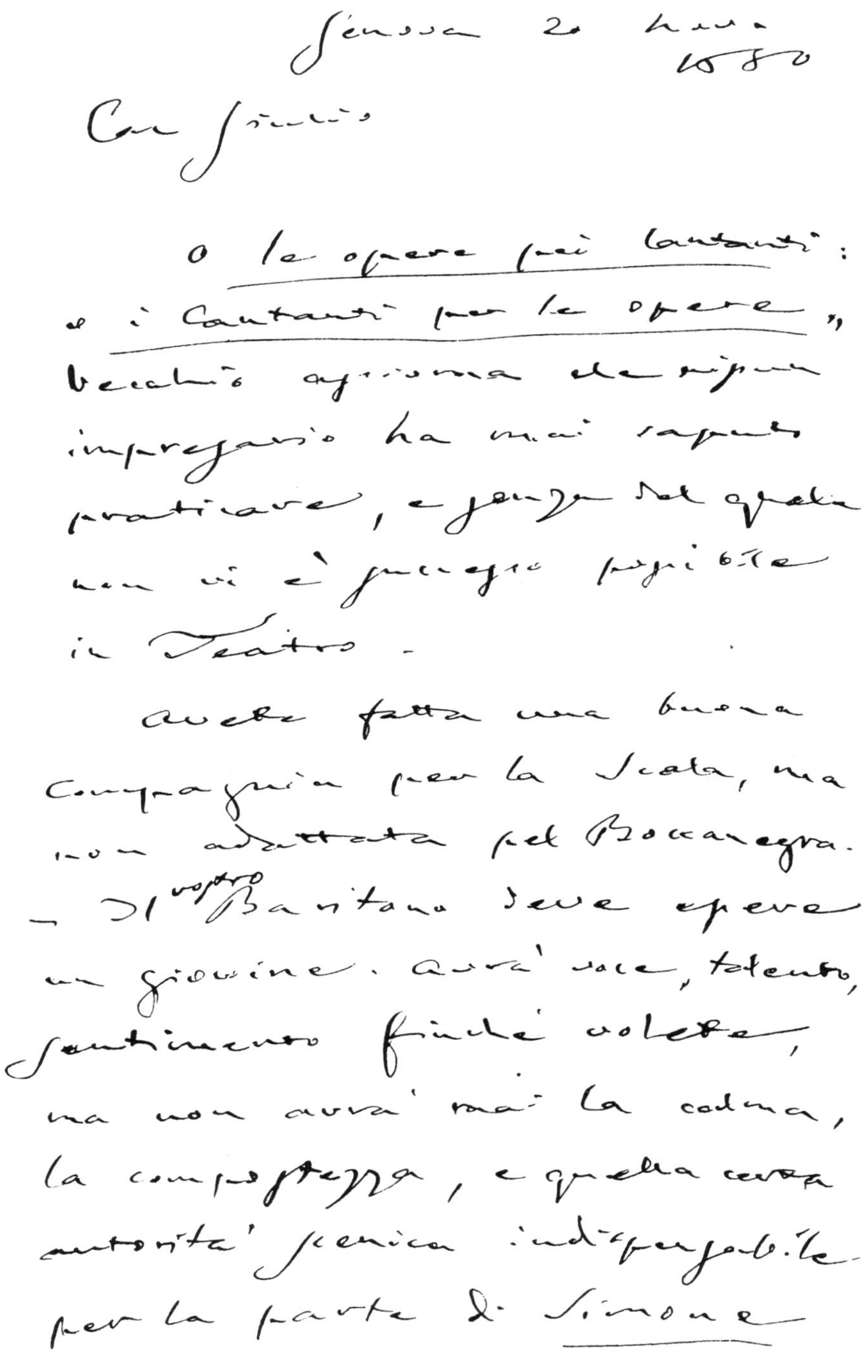

Genova 20 Marzo
1880

Caro Giulio

"O le opere pei cantanti:
e i Cantanti per le opere „
vecchio aforisma che nissun
impresario ha mai saputo
praticare, e senza del quale
non vi è giammai possibile
il Teatro.

Avete fatta una buona
Compagnia per la Scala, ma
non adattata pel Boccanegra.
— Il vostro Baritono deve essere
un giovine. Avrà voce, talento,
sentimento finché volete,
ma non avrà mai la calma,
la compostezza, e quella certa
autorità scenica indispensabile
per la parte di Simone

Abb. 13: Giuseppe Verdi, 1813-1901

Die beiden Merkmale der **Verbundenheit** und der großen **Längenunterschiede**, die *Ammann* als charakteristisch für die Musikerschrift bezeichnet, möchte ich nur kurz behandeln, da sie mir von eher sekundärer Bedeutung erscheinen. Wohl paßt die Verbundenheit – wo sie vorhanden ist – gut ins Gesamtbild der zumeist natürlich fließenden Bewegungsweise, die großen Längenunterschiede verstärken den Eindruck der Unruhe und geheimen Erregung, die viele dieser Schriften oft kaum wahrnehmbar durchzittern, aber sie fehlen in meinem vorwiegend aus unserem Jahrhundert stammenden Material doch zu häufig, als daß ich ihnen allzu große Bedeutung beimessen möchte.

Wie immer man auch die Unverbundenheit interpretieren mag, in diesen, im allgemeinen doch eher natürlichen und spontanen Musikerschriften scheint sie mir oft eine hemmende und bremsende Funktion zu haben, einen Eingriff der Bewußtheit und Selbstkontrolle in die ursprüngliche Ungehemmtheit zu bedeuten, der oft auch den Rhythmus stört. Es ist denn wohl auch kein Zufall, daß die häufigen Unterbrechungen oft eher in Schriften mit Winkeleinschlägen und übrigens auch eher bei älteren Musikern zu finden sind.

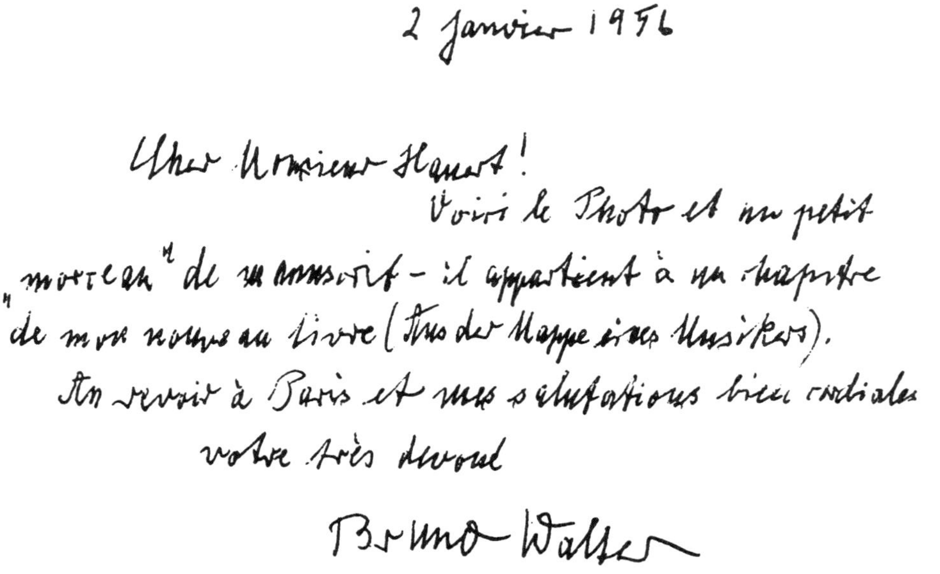
2 janvier 1956

Voici le photo et un petit „morceau" de manuscrit – il appartient à un chapitre de mon nouveau livre (Aus der Mappe eines Musikers).
Au revoir à Paris et mes salutations bien cordiales
votre très dévoué

Bruno Walter

Abb. 14: Bruno Walter, Dirigent, 1876-1962
(aus "Die großen Interpreten" von Bernard Gavoty, Genf 1956)

Auch die in meinem Schriftmaterial zwar nicht vorherrschenden, aber doch recht häufigen kleinen Längenunterschiede scheinen ausdrucksmäßig oft nicht so recht zum unruhig-bewegten oder nervös-sensiblen Gesamtbild zu passen, insbesondere dort, wo auch die übrigen Merkmale nicht für innere Ausgewogenheit und harmonisches Gleichgewicht sprechen. In eher spannungsreichen, winkeligen Schriften, wie etwa in der Altersschrift von Bruno Walter (Abb. 14), dürften die bekannten Deutungen der kleinen Längenunterschiede wie innere Einheitlichkeit, "Zufriedenheit", Passivität usw. weniger zutreffen; viel eher scheint es sich hier um das von Pulver (5, 305) beschriebene, mit den Jahren erworbene seelische Gleichgewicht zu handeln, um die Sammlung und Konzentration der (noch) vorhandenen Kräfte, die bei alternden Künstlern, bei alternden Menschen überhaupt, oft Voraussetzung der Höchstleistung ist. Viele berühmte Musiker schreiben eher gemäßigte Längenunterschiede; sie sind, dafür gibt es andere Hinweise, weder besonders ausgeglichen noch passiv oder gar gleichgültig, aber sie haben ihre Grenzen kennengelernt, ihr jugendliches Pathos, ihre Sehnsüchte vielleicht etwas heruntergeschraubt bzw. verloren zugunsten von größerer Reife und realistischer Einschätzung ihrer Möglichkeiten.

Manchmal gibt uns überdies die Art der Längenunterschiede auch einen Hinweis zur Unterscheidung der mehr lyrisch oder mehr dramatisch veranlagten Musiker, was sich sowohl bei den Interpreten als vor allem auch bei den Komponisten in der Art ihrer Werkgestaltung niederschlägt. Lyriker schreiben eher gemäßigte Längenunterschiede, sie betonen die Waagrechte als Ausdruck des Weiblichen, Passiv-Empfangenden, Geöffneten und Befruchteten. Eine weiche Bindungsform, Weite und oft steile Lage vervollständigen meist das Bild. Als Beispiele dienen die Schriften von Othmar Schoeck (Abb. 5) und Claude Debussy (Abb. 15).

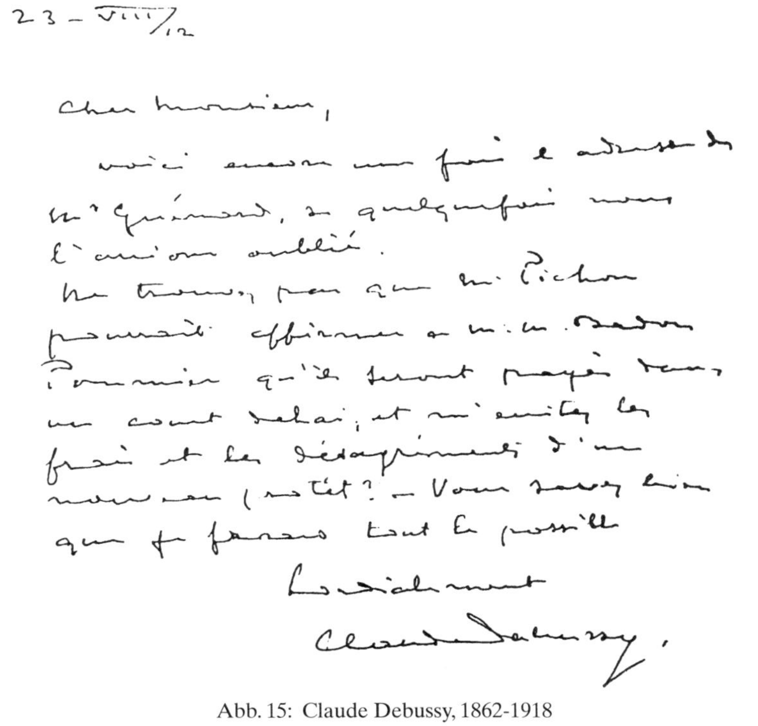

Abb. 15: Claude Debussy, 1862-1918
(aus "Die Handschrift der Künstler" von Robert Ammann)

Dramatisch Veranlagte dagegen betonen in ihrer Schrift mehr die Senkrechte als Ausdruck des Männlich-Aktiven, Zeugenden. Meist sind es eher enge, spannungsreiche Schriften mit großen Längenunterschieden, Winkeleinschlägen und leichter Rechtsschräglage (siehe die Schriften von Richard Strauss, Abb. 16, und Arnold Schönberg, Abb. 17). Auch dort, wo ein Komponist sowohl Lieder als auch Opern geschaffen hat, wie beispielsweise Schoeck und Strauss, sieht man so oft ganz unmittelbar, welche Kunstform ihm im Grunde eher "liegt"', eine Beobachtung, die mir im Gespräch mit Musikern oft bestätigt wurde (vgl. zu diesem Abschnitt auch Pulver, 5, 305 f.).

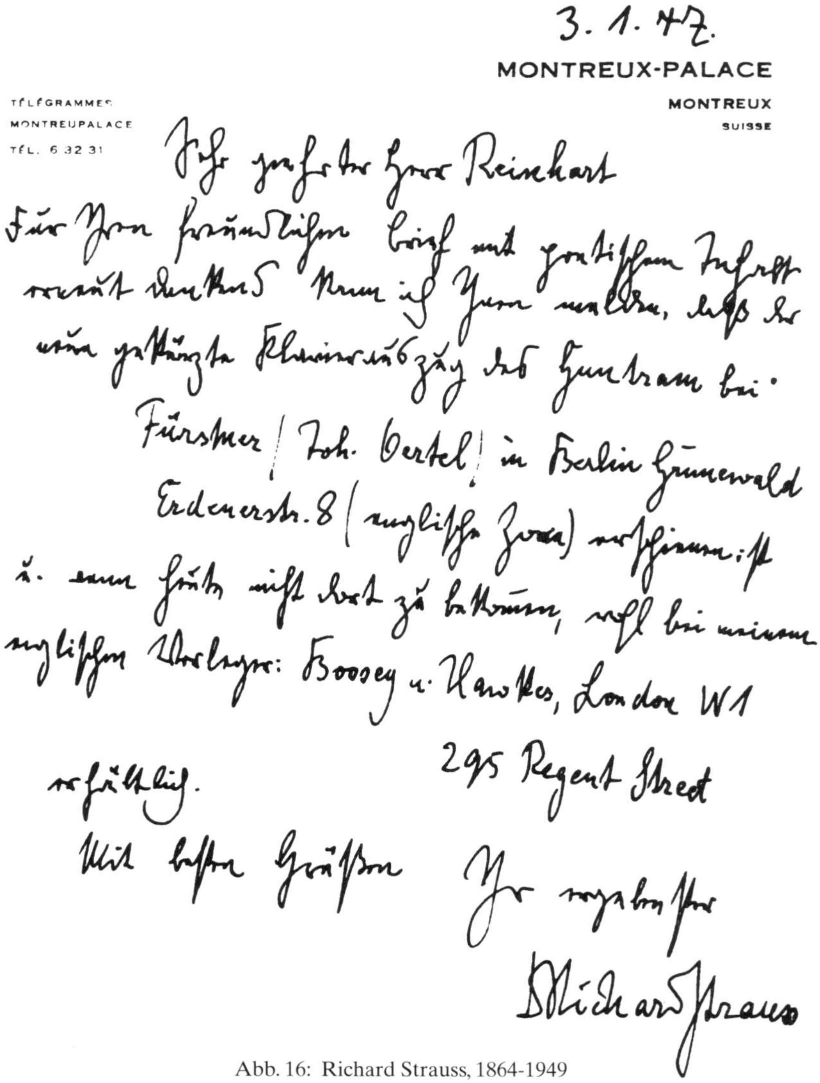
3. 1. 47.

MONTREUX-PALACE

TÉLÉGRAMMES MONTREUPALACE TÉL. 6 32 31

MONTREUX SUISSE

Sehr geehrter Herr Reinhart

Für Ihren freundlichen Brief mit gestrigem Zuschrift vorerst dankend kann ich Ihnen melden, daß der neu gestochene Klavierauszug des Guntram bei Fürstner (Joh. Oertel) in Berlin Grunewald Erdenerstr. 8 (englische Zone) erschienen ist u. wenn später nicht dort zu bekommen, auch bei meinem englischen Verleger: Boosey u. Hawkes, London W1 295 Regent Street erhältlich.

Mit besten Grüßen

Ihr ergebenster

Richard Strauss

Abb. 16: Richard Strauss, 1864-1949

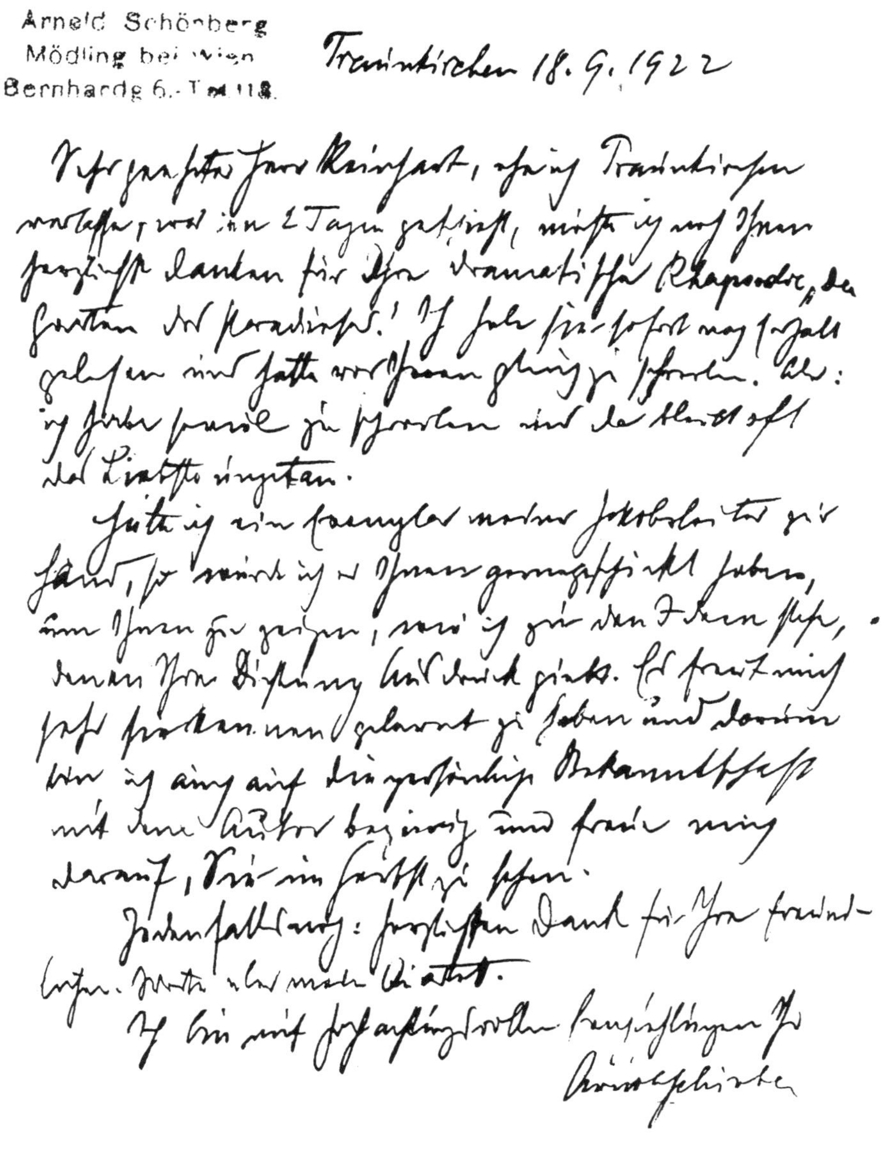
Arnold Schönberg
Mödling bei Wien
Bernhardg. 6. - Tel. 118.

Traunkirchen 18.9.1922

Abb. 17: Arnold Schönberg, 1874-1951

Das allerbezeichnendste Merkmal der Musikerschrift, das in irgendeiner Form sozusagen nie fehlt, ist aber wohl die **Unregelmäßigkeit**. Eine Musikerschrift braucht nicht unbedingt Fadenbindung aufzuweisen, sie muß nicht feinstrichig sein und auch keine Farbschwankungen zeigen, obwohl dies alles kennzeichnende Merkmale sind, aber sie darf kein Regelmaß, vor allem kein starres Regelmaß aufweisen. Es müssen keine wilden Ausschläge sein, oft sind es nur leichte Druckschwankungen, ein kaum merkliches Vibrieren und Beben, die die nervös-erregbare Musikernatur vermuten lassen.

Die Grundbedeutung der Unregelmäßigkeit ist ja allgemein Gefühlslebhaftigkeit, Spontaneität, Erregbarkeit. Ihr positiver Wert liegt im Reichtum der Gefühle, in innerer Lebendigkeit, unter Umständen sogar – wenn ein überzeugender Rhythmus, ein Reichtum an individueller Formgebung hinzukommen – in echter Schöpferkraft. Negativ kann sie auf innere Schwäche deuten, auf Halt- und Disziplinlosigkeit, Unbeständigkeit und Oberflächlichkeit.

Je nachdem, wo die Unregelmäßigkeit auftritt, ist ihre Bedeutung ein wenig anders:

stark schwankende i-Höhe weist speziell auf Sensibilität und schwankendes Selbstgefühl,

schwankende Schriftlage auf das Gegeneinander von Impulsivität und Verstand, variierender Druck auf Affektivität und Erregbarkeit,

variierende Basisbreite auf wechselnde Umweltsbeziehungen und Schwanken der Farbe auf Wechsel der Stimmungen, unter Umständen auch auf organische Störungen (vgl. *Pulver*, 5, 48 ff. und 7, 169).

Besonders charakteristisch scheinen mir in den Musikerschriften die schwankende Lage und die schwankende Zeile. Diese letztere ist ja, wie *Pulver* (5,149) sagt, in ihrem Verlauf ein vergrößertes Abbild des Fadens und mit diesem bedeutungsverwandt. Sie weist auf Sensibilität und bei stärkerer Ausprägung auf allgemeine Labilität des Gemütes. In vielen sonst relativ regelmäßigen Musikerschriften verraten oft nur das feine Vibrieren der Zeile und der gesamten i-Höhe die sehr beherrschte Sensibilität.

Im häufigen Lagewechsel, der allgemein ja auf gewisse innere Konflikte hinweist, ist vielleicht wieder – wie bei der vorhin erwähnten Unverbundenheit – ein steuerndes und korrigierendes Moment zu sehen. Im Aufstellen der Buchstaben wenden sich Verstand und kühle Vernunft immer wieder eingreifend gegen die in der Rechtsschräglage sich äußernde anlagemäßige Impulsivität und Gefühlsbereitschaft, die – so darf man wohl annehmen – zur Grundnatur der meisten Musiker gehören.

Wie immer man auch die mehr oder weniger starke Unregelmäßigkeit der Musikerschrift beurteilen mag, ob mehr positiv im Sinne von Gefühlsreichtum und innerer Lebendigkeit oder negativ als Ausdruck von innerer Uneinheitlichkeit und Widersprüchlichkeit, sicher scheint mir, daß wir Künstler nicht mit dem gewöhnlichen Maßstab messen können. Wir wissen nicht, ob nicht gerade die polare Gegensätzlichkeit ihres Charakters und die dadurch erzeugten Spannungen die Ursache und der Quell ihrer schöpferischen Leistungen sind.

Was ausnahmslos fast alle Musikerschriften so lebendig macht, was sie mit einem lebendigen Pulsschlag beprägt, wie *Roda Wieser* sagen würde, das ist bestimmt ihr **rhythmischer Gehalt**. Nur handelt es sich in vielen Fällen nicht um dieses ruhige, gleichmäßige Fließen und Strömen (das Wort Rhythmus kommt ja vom griechischen

Wort "rheein" und heißt fließen), das man gewöhnlich als Rhythmus bezeichnet. Musikerschriften gleichen oft Flüssen, die Hochwasser führen; sie ziehen nicht ruhig und breit, in Wellen gleichmäßiger Abfolge dahin, sondern in Wellen, die sich überstürzen, die vorwärts strudeln, um plötzlich wieder zu stocken und zu erneutem Anlauf anzusetzen. Musikerhandschriften sind nicht arm an Rhythmus, nichts deutet auf jene gleichmütig-apathische Unempfänglichkeit des Gemüts, jene seelische Trockenheit und Dürftigkeit, die gewisse schlaffe Schriften mit mangelndem Rhythmus verraten. Aber sie sind in ihrem Rhythmus häufig ganz erheblich gestört, was bei der Erregbarkeit der musikalischen Natur durchaus kein Wunder ist. Diese Tatsache, daß Musikerschriften gleichzeitig so fesselnd sind in ihrem Rhythmus und gleichzeitig darin so deutlich gestört, hat mir zuerst erhebliches Kopfzerbrechen verursacht, bis ich dann bei *Roda Wieser* und anderen Autoren fand, daß Stärke und Eigenart des Rhythmus sehr wohl mit rhythmischer Störung einher gehen können, eine Ansicht, die zum Beispiel *Klages*, so viel ich weiß, nicht teilte. Das bei den verschiedenen Graphologen immer wieder zitierte Beispiel ist die (wohl jedem Graphologen bekannte) Schrift Beethovens, die zu vielen Meinungsverschiedenheiten Anlaß gab. Sie weist weder eine ausgewogene Verteilung der Massen noch einen ungestörten Bewegungsablauf auf und ist doch unmittelbar als eine Schrift von starkem rhythmischem Gehalt erlebbar. In abgeschwächtem Maße weisen sehr viele Musikerschriften diesen Tatbestand eines lebendigen, aber durch das starke Unregelmaß gestörten Rhythmus auf.

Wie eingangs erwähnt, ist diese Arbeit aus der näheren Begegnung mit Musikern aller Richtungen und jeden Niveaus entstanden und dem dadurch geweckten Bedürfnis, diese oft faszinierenden, oft aber auch rätselhaften und widersprüchlichen Menschen auf Grund ihrer Handschriften besser kennen und verstehen zu lernen. Sie erhebt keinen Anspruch auf Allgemeingültigkeit und auch nicht auf Vollständigkeit, sondern möchte Ihnen lediglich etwas vom Wesen dieser irgendwie besonderen Menschengruppe vermitteln.

LITERATUR

1. *Ammann, Robert:* Die Handschrift der Künstler, Huber, Bern 1953.
2. *Klages, Ludwig:* Handschrift und Charakter, Hirzel, Zürich 1949.
3. *Klages, Ludwig:* Graphologisches Lesebuch, J. A. Barth, München 1954.
4. *Ninck Martin:* Die Sensibilität in der Handschrift, unveröffentlichtes Manuskript aus Privatbesitz.
5. *Pulver, Max:* Symbolik der Handschrift, Orell Füssli, Zürich 1949.
6. *Pulver, Max:* Trieb und Verbrechen in der Handschrift, Orell Füssli, Zürich 1948.
7. *Pulver, Max:* Intelligenz im Schriftausdruck, Orell Füssli, Zürich 1949.
8. *Pulver, Johannes:* Die charakterologische Bedeutung der Schriftfärbung, Huber, Bern 1944.
9. *Teillard, Ania:* Handschriftendeutung auf tiefenpsychologischer Grundlage, A. Francke, Bern 1952.
10. *Wieser, Roda:* Persönlichkeit und Handschrift, München – Basel 1956.

Ruth Uhlmann-Gasser, Sophienstraße 6, CH-8032 Zürich

Quelle: ZfM, 4/87 51.Jahrgang

Berufspilot – Eignungsprognosen mit Handschriftenanalysen

oder was hat Graphologie in der Pilotenselektion, einem anerkannten und rundum validierten Verfahren zu suchen?

Fritz Gassner

1. Vorbemerkungen

Angesichts der Tatsache, daß am ersten Kongreßtag,[1] als alle gebräuchlichen diagnostischen Verfahren genannt wurden, das Stichwort Graphologie nur einmal fiel, als nämlich Professor von Uslar erwähnte, daß Schrift Deutungsneugierde wecke, müßte man, Minderwertigkeitsgefühlen Rechnung tragend, den Untertitel ins Kongreßprogramm aufnehmen.

Man könnte es auch anders formulieren: Über Graphologie spricht man nicht, Graphologie macht man. Die Psychodiagnostik bleibt auf Distanz zur Graphologie, ebenso das Gros der psychodiagnostisch Tätigen, zumindest offiziell. Da fragt man sich, wo denn das Interesse an Graphologie und an graphologischer Ausbildung herkommt und wo all die graphologisch zusatzausgebildeten Psychologen Graphologie betreiben – irgendjemand muß schließlich die Masse der geforderten graphologischen Gutachten produzieren.

Die Graphologie findet ihre Anwendungsgebiete zur Hauptsache in der Wirtschaft, eingeschlossen öffentliche Dienste. Personalverantwortliche ziehen graphologische Aussagen bei Personalentscheidungen zu. Als Standardsituation kann die Besetzung einer Position im Kaderbereich gelten, wo für eine Funktion ein oder mehrere Anwärter zur Debatte stehen, deren Eignung geklärt werden muß. Weitere Anwendungsmöglichkeiten im Bereich von Unternehmungen oder im öffentlichen Dienst gibt es bei der Selektion von förderungswürdigem Nachwuchs, bei Beförderungs- oder Versetzungsfragen bis hin zu Outplacement-Verfahren, bei der Klärung zwischenmenschlicher Konfliktsituationen oder bei der Beurteilung von Kooperationsdispositionen. Selbstverständlich kommt Graphologie auch anderweitig zum Zug, in der Berufsberatung, in der Klinik, auch bei Assessments. Ich wage die Schätzung, daß 80% der Gutachten von privatwirtschaftlichen oder öffentlichen Organisationen gekauft werden. Überspitzt kann man also sagen, daß die Graphologie von Wirtschaft und öffentlichen Diensten lebt. Das sagt noch nicht viel aus über die Potenz dieses Verfahrens, aber doch etwas über seine Nützlichkeit: Wenn es zutrifft, daß Organisationen, v.a. privatwirtschaftliche, nur das tun, was rentiert, hat die Graphologie zumindest ihren Nützlichkeitsbeweis erbracht.

---

[1] Dieser Vortrag wurde am 18. März anläßlich des Diagnostik-Kongresses an der Universität Zürich gehalten und in "Psychodiagnostik heute – Beiträge aus Theorie und Praxis" (S. Hirzel, Stuttgart/Schweiz. Verband für Berufsberatung) 1992 publiziert. Neu beigefügt sind hier die Schriften 1–8.

Abgesehen von der Modellfliegerei, welche ich bereits zur Primarschulzeit betrieb, begann mein fliegerischer Werdegang mit der Fliegerischen Vorschulung (FVS) und verlief parallel zu meiner Gymnasiumzeit. Nach dem zweiten Kurs der FVS finanzierte ich mit

Stelen, nach Möglichkeit sogar das B (Berufspilot). Mit diesem werde ich als Fluglehrer in eher Flugzeug (Lochlift) tätig sein, jedoch ebenamtlich bzw. Nebenamtlich. Mein Arbeitsort möchte ich gerne hier in der Schweiz sehen, gegebenenfalls (im Hinblick auf die Flugzeugindustrie) im Ausland.

Abb. 1a u. b: Pilotanwärter. Oben: Schrift aus dem Lebenslauf; unten: "Spontanschrift" Die Schreiber von Abb. 1–3 sind ca. 23 Jahre alt.

Graphologie, wie sie herkömmlicherweise betrieben wird, funktioniert in etwa so, daß der Graphologe eine Handschrift zur Beurteilung zugestellt bekommt und nach Möglichkeit schon am nächsten Tag ein Gutachten zurückschickt. Selbstverständlich wird noch etwas mehr an Informationsaustausch gepflegt, zumindest zwischen Auftraggeber und Graphologen – die Begutachteten bleiben mehrheitlich außerhalb. Grundsätzlich krankt aber die Graphologie, und das dürfte teilweise historisch bedingt sein, nach wie vor am "Exklusivitätsanspruch", ein Verfahren zu sein, welches psychodiagnostisch alles Menschliche abdeckt. Das bedeutet Isolation gegenüber den anderen psychodiagnostischen Verfahren und erschwert es der Graphologie, ihre "Verbundfähigkeit" unter Beweis zu stellen. Umstrittenheit der Graphologie auf der einen Seite und unkritisch-gläubige Akzeptanz bei gewissen Anwendern auf der anderen Seite illustrieren, wie die Graphologie zur Polarisierung provoziert. Der Polarisierung können sich oft auch Autoren von Validierungsuntersuchungen kaum entziehen. Der Graphologie gegenüber ist wissenschaftliche Emotionslosigkeit fast nicht möglich – der Untersucher ist Partei. Auch das ist eine Begleiterscheinung des Unvergleichbarkeitsanspruchs der Graphologie. Sowohl Über- als auch Unterschätzung der graphologischen Möglichkeiten wurzeln zu einem guten Teil in der unterschiedlichen Geschichte von Graphologie und Psychodiagnostik.

Es ist darum eine angenehme Aufgabe, über eines der aufwendigsten Selektionsverfahren zu berichten, wo die Graphologie als Mitspielerin involviert ist. Es soll gezeigt werden, daß die gegenseitige Berührungsscheu zwischen Graphologie und anderen Verfahren fehl am Platze ist, und es sollen v.a. Graphologen ermuntert werden, vermehrt die Kombination mit anderen Verfahren zu suchen.

Im Auswahlverfahren für Pilotenanwärter hat die Graphologie seit Jahren ihren Platz. Sie erfüllt da schon lange die Forderung, kombiniert mit anderen diagnostischen Mitteln angewendet zu werden. Es geht im folgenden darum, aus der Optik der Graphologie das sinnvolle Zusammenspiel verschiedener diagnostischer Verfahren zu zeigen. Ich werde mich zu folgenden drei Bereichen äußern:
– "Der ideale Swissair-Pilot" (seit einigen Jahren gibt es auch "die ideale Swissair-Pilotin")
– Das Auswahlverfahren zur Ermittlung dieses "Ideals" / Ort und Form des graphologischen Selektionsbeitrages
– Stellenwert des graphologischen Selektionsbeitrages / Umfrageergebnisse

Mit meinem Berufsziel, Pilot, waren dann auch die Leistungen in der Schule auf einmal viel wichtiger, denn ich war nie auf einem Gymnasium. Aber ich war mir dessen noch nicht so recht bewusst. Am Ende der Sekundarschule entschied ich mich die Handelsschule zu besuchen. Während dieser Zeit geriet mein ursprüngliches Berufsziel ein bisschen ins Abseits weil nämlich damals die Computer den grössten Teil meiner Freizeit in Anspruch nahmen.

Ist mir nicht ganz geheuer, jedoch habe ich ganz bestimmt Ziele vor Augen, denn wir so kann ich auch meine ganze Kraft ausschöpfen und die Ziele überhaupt erreichen. Allerdings hüte ich mich vor Träumen denn nicht sehr

Abb. 2a u. b: Pilotanwärter. Oben: Schrift aus dem Lebenslauf; unten: "Spontanschrift"

2. Der/die ideale Swissair-Pilot/Pilotin

Zunächst braucht der Linienpilot mehr oder weniger spezifische Fähigkeiten und Begabungen. Die Selektion klärt diese mit der notwendigen Gewichtung ab. Daß es um mehr als die bloße Leistungsfähigkeit eines Kandidaten geht, soll mit einer Interviewaussage des Leiters der Selektion Cockpitpersonal, H. P. Meier, illustriert werden: "Persönlichkeitsmäßig geht es nach wie vor um eine Langzeitprognose (gewünscht wird eine ca. 30 Jahre dauernde, problemlose SR-Karriere mit Up-grading und allen Umschulungen, vielleicht in einem Alter von über 50 Jahren auf ein völlig neues Flugzeug, das heute noch nicht einmal in der Phantasie existiert)."
Im Anschluß an dieses Zitat charakterisiert Meier die Hauptanforderungen an den idealen Swissair-Piloten der nächsten 30 Jahre wie folgt:
– Stabile Motivation, möglichst kongruent mit der gesamten Persönlichkeitsstruktur
– Menschliche, charakterliche Integrität
– Soziabilität (z.B. Teamfähigkeit)
– Geistige, körperliche Funktionstüchtigkeit unter Belastungen, insbesondere unter psychischem Druck
– Niveau, Entwicklungspotential, Reserven (Vitalität, Anlagen, Begabungen, Strebsamkeit, Leistungswille, Durchhaltefähigkeit)
Bedeutsam sind ferner drei zusätzliche Hinweise:
– Im obigen Spektrum dürfen keine signifikanten Ausschläge nach unten vorkommen, es sind aber auch keine spektakulären Ausschläge nach oben erforderlich.
– Die reglementierten, nichtkreativen, monotonen Seiten des Linienpilotenberufs müssen akzeptiert werden können.
– Seitens der Auswahlkommission will man keinerlei schon jetzt erkennbare Persönlichkeitsrisiken eingehen.

Die beiden ersten Aussagen weisen darauf hin, daß man zwar die Meßlatte sehr hoch ansetzt, aber weder den Supermann noch den Helden noch die spezial- oder hochbegabte, kreative, außergewöhnliche Persönlichkeit sucht. Der dritte Hinweis streicht den Sicherheitsaspekt heraus. Obwohl ein direkter Zusammenhang zwischen Schärfe der Auswahlkriterien und Flugsicherheit in dem Sinne, daß der Spitzenmann den "Notfall" besser managt als der Durchschnittliche, kaum herstellbar ist, hat das hohe Auswahlniveau zusammen mit einer guten Ausbildung und perfekten infrastrukturellen Bedingungen insofern etwas mit Sicherheit zu tun, als es so seltener zu Ereignisketten kommt, welche in der Katastrophe enden.

Erwähnenswert ist an dieser Stelle auch der hohe Berufsstatus, den der Linienpilot genießt. Auch dieser sagt etwas über das Anforderungsprofil aus. Kandidaten, welche die Bestenauslese bestanden haben, könnten ohne weiteres auch in einem anderen anspruchsvollen Beruf Karriere machen.

Vor dem idealen Piloten, der idealen Pilotin steht der ideale Anwärter, bzw. die ideale Anwärterin. Im Zeitpunkt der Selektion entsprechen diese noch kaum dem

Mit fünf Jahren ging ich in den Kindergarten, welchem zwei Jahre später die Primärschule folgte. Diese besuchte ich sechs Jahre lang. Danach ging ich in die Sekundarschule und bestand nach dem zweiten Jahr die Aufnahmeprüfung für die Mittelschule, an die ich in der Folge übertrat. Ich verbrachte dreieinhalb Jahre am Gymnasium, bevor ich es mit 19 Jahren mit dem

meines Hauptzieles konzentriere. Falls ich dies nicht schaffen sollte, würde es immer noch früh genug sein, um mich definitiv zu entscheiden. Ich glaube jedoch nicht, dass ich mit dem Erreichen eines der Sekundärziele vollständig zufrieden wäre.

Abb. 3a u. b: Pilotanwärter. Oben: Schrift aus dem Lebenslauf; unten: "Spontanschrift" bestandenen idealen Berufsvertreter. Man hat über sie aber so viele Informationen zusammengetragen, daß mit größter Wahrscheinlichkeit damit gerechnet werden kann, daß sie sich zur sämtliche Bedingungen erfüllenden Kommandantenpersönlichkeit entwickeln. Demzufolge werden – ich zitiere wieder Meier – junge Leute gesucht, die nicht nur die spezifischen geistigen und sensomotorischen Begabungen besitzen, sondern vor allem auch als Gesamtpersönlichkeit zu überzeugen vermögen."

Das Rekrutierungspotential stellen:
– Militärpiloten (in den Anfängen der Swissair wurden fast alle Piloten aus der Armee rekrutiert).
– Absolventen der fliegerischen Vorschulung, die vom Bund finanziert und vom Aero-Club durchgeführt wird.
– ab initio Kandidaten, welche die Anmeldebedingungen erfüllen.

Militärpiloten verursachen etwas weniger Selektionsaufwand. Später im Einsatz gibt es jedoch keinerlei herkunftsbedingte Hierarchien mehr. Interessant ist in diesem Zusammenhang, was SLS-Anwärter als Beweggründe für ihre Bewerbung erwähnen: Es sind dies die Faszination an High-Tech, die Faszination des Fliegens, die Möglichkeit, immer wieder Neues zu lernen, Challenge während des ganzen Berufslebens, Verantwortung, unregelmäßige Arbeitszeit. Salär und Status werden eher selten genannt.

3. Das Auswahlverfahren / Die Graphologie im Rahmen dieses Prozesses

Wer die Aufnahmebedingungen:
– Schweizer Bürgerrecht
– letzter Anmeldetermin: 27. Geburtstag
– Berufslehre mit anschließender Weiterbildung (z.B. Technikum) oder Mittelschule mit Maturitätsabschluß

erfüllt und die umfangreichen Anmeldeformalitäten erledigt hat, wird zu den Eignungsuntersuchungen eingeladen.

Die Selektion erstreckt sich über mindestens 8 Monate. Jede Stufe ist selektiv. Der definitive Entscheid erfolgt nach der Schlußselektion durch die Auswahlkommission. Nachstehend eine Zusammenfassung des Selektionsablaufes mit dem zeitlichen Aufwand für die Bewerber:

– psychologische Tests in Gruppen und augenärztliche Untersuchung   1 Tag
– Apparatetests   1/2 Tag
– GAT-Flugtrainer und Interview   2 – 2 1/2 Tage
– medizinische Untersuchung   1/2 Tag
– Schlußselektion: Interviews, Englischprüfung   1 Tag
– EEG   1/2 Tag

③ Erstaunlicherweise meist bestätigend für subjektiv "gespürte" Eigenschaften.
In Zweifelsfällen meist das Zünglein an der Waage!
Mir scheint die vorsitzende Psychologen, welche ja auch den Schlussbericht schreiben, legen höheres Gewicht auf die Graphologie, als die Technokraten (GAT, Pilotcharakter-view uw.)

2. Einwandte Eigenschaften, Herzungen, Stärken, Schwächen, Potential, Führungsfähigkeit, Willigung, Belastbarkeit, soziale Anpassung

3. Wichtiges Instrument zur Abrundung eines Gesamtbildes

4. Stärken: das graphologische Gutachten ist ein Erlebnis

Abb. 4 u.5: Zwei Linienpiloten
Die Schreiber der Abb. 4-8 sind zwischen 35 und 50 Jahre alt

Bei den psychologischen Tests handelt es sich um Papier-/Bleistift-Tests. Die Apparateprüfungen sollen die mutmaßlichen fliegerischen Anlagen erfassen, beim GAT, dem General Aviation Trainer, handelt es sich um einen kleinen Flugsimulator, auf dem die Instrumentenflug-Begabung geprüft wird.

Die Testbatterie enthält metrische und projektive Verfahren, Interviews führen Piloten (Captains), Psychologen und Psychiater durch.

Wo kommt nun die Graphologie zum Zuge, welches Schriftmaterial steht zur Verfügung?

Der Kandidat muß den Anmeldungsunterlagen einen Lebenslauf beifügen. Dieser ist handschriftlich und mit Tinte auszufüllen, er soll als Ergänzung zum Bewerbungsformular eine zusammenhängende Darstellung der bisherigen Entwicklung sein und die Motivation zum Linienpiloten erläutern. Anläßlich der Gruppentests schreibt der Kandidat einen Aufsatz zu jeweils wechselnden Themen. Neben den Lebenslaufergänzungen, welche als "Sonntagsschrift" zuhause produziert werden, ist der Aufsatz, der unter einem gewissen Zeitdruck entsteht, das Spontanmaterial zur graphologischen Untersuchung.

Bereits in der Vorselektionsphase wird häufig, aber nicht systematisch, eine graphologische Skizze erstellt. Diese kann beigezogen werden, wenn die Ergebnisse der Papier-/ Bleistift-Tests beurteilt werden und entschieden wird, ob ein Kandidat zu den nächsten Prüfungen zugelassen werden kann. Zwar sind die zu erfüllenden Normen klar definiert. In dieser Selektionsstufe geht es primär darum, die geistige Leistungskapazität eines Bewerbers zu erfassen. In Grenzfällen können aber graphologische Erkenntnisse zur prognostischen Interpretation der Leistungsergebnisse beitragen. Es ist ein Unterschied, ob ein knapp genügendes Resultat unter Mobilisation aller Ressourcen oder mit minimalistischer Nonchalance entstanden ist. Im zweiten Fall ist der Hinweis auf brachliegendes Potential prognostisch eher günstiger, abgesehen einmal davon, ob eine minimalistische Einstellung zu den erwünschten Attributen eines künftigen Linienpiloten gehört. Wenn die Schrift Hinweise auf Vitalität, Antriebsdynamik, Emotionalität oder Willen erlaubt, wird man aus diesen Dispositionen graphologisch auch einige Überlegungen zum generellen Leistungsvermögen eines Kandidaten anstellen dürfen.

In den folgenden, pilotenspezifischen Leistungs- und Begabungsuntersuchungen im Rahmen der Apparateprüfungen und der aufwendigen GAT-Selektion hat die Graphologie nichts zu suchen.

Ihr Einsatz erfolgt in der Hauptselektion, wo die Kandidaten einer intensiven Persönlichkeitsuntersuchung unterzogen werden. Neben verschiedenen Interviews, dem Rorschach- oder Zulliger-Test oder fallweise zusätzlichen Verfahren wird von jedem Bewerber ein graphologisches Gutachten erstellt.

An der abschließenden Teambesprechung sind die Vertreter aller Selektionsstufen persönlich oder mit ausführlichen Berichten zugegen.

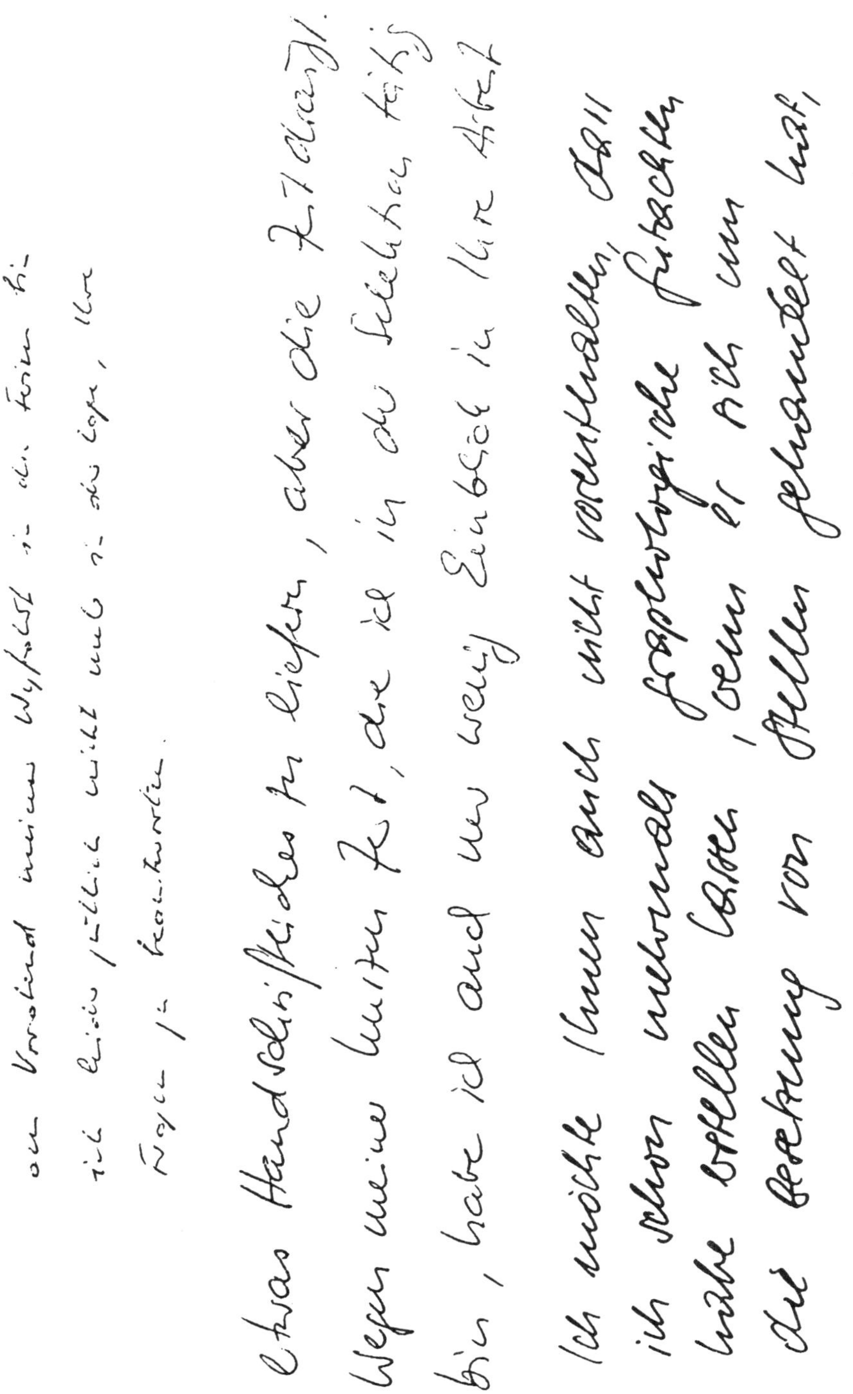

am Vorstand meinen Wyhurst in der Form die ich hiermit zeitlich will und zu äußern, Ihn Zugen zu kontaktieren.

Etwas Handschriftliches zu liefern, aber die 27 Abzeugs. Wegen meiner letzten F. l, da ich in die Schichten tätig bin, habe ich auch nur wenig Einblick in Ihre Arbeit

Ich möchte Ihnen auch nicht vorenthalten, dagll ich schon mehrmals Gespräche führten habe stellen lassen, denn es AG um der Gewährung von Stellen gehandelt hat.

Abb. 6–8: Drei Linienpiloten

Leistungsergebnisse und Persönlichkeitseindrücke werden in dieser Sitzung systematisch zusammengetragen, diskutiert und gewichtet. Der federführende Psychologe faßt das Teamurteil in einem Bericht zuhanden der Aufnahmekommission zusammen. In Form einer Teamnote wird neben der Würdigung und Beschreibung des Anwärters der Eignungsgrad aus der Sicht des Selektionsteams zahlenmäßig festgehalten. Den Aufnahmeentscheid trifft die Auswahlkommission der Swissair.

Bevor auf die Stellung der Graphologie im Rahmen des Selektionsteams eingegangen werden soll, noch einige Angaben zur "Bewährung" dieses Selektionsprocederes: Angesichts des Aufwandes – es gibt in keiner anderen Berufsgruppe, auch nicht bei Kadern, vergleichbare Assessments – wird man auch hohe Erwartungen an die prognostische Treffsicherheit des Verfahrens stellen.

Meier sagt dazu, daß zwar eine Langzeitprognose schwierig sei, daß man sich aber auch in der komfortablen Lage befinde, aus einer großen Anzahl guter Bewerber die 10 – 20% "Allerbesten" auswählen zu können. Solche Kandidaten haben generell Reserven.

Hinzukommt, daß das System der Swissair mit permanenter Ausbildung, mit Weiterbildung, mit Kontrollen und Selektionen im Grunde bis zur Pensionierung den Linienpiloten fördert. "Versager" gibt es während der Ausbildung und während der Swissair-Basisumschulung zwischen 10 und 15%. Während der ganzen folgenden Pilotenkarriere ist diese Fehlerquote außerordentlich gering.

Es hat sich eingebürgert, daß die Handschriftanalyse von einem externen Experten vorgenommen wird. Er hat keinerlei Kontakt zu den Kandidaten. Das ist insofern graphologietypisch, als man dem Graphologen im Gegensatz zu anderen Testspezialisten den Kontakt zum Probanden gerne vorenthalten will. Es ist eine ständige Prüfung der Methode und der Fähigkeiten des Graphologen. Man händigt ihm auch nur ungern Lebensläufe aus, quasi um sicherzustellen, daß er seine Aussagen tatsächlich nur der Schrift entnimmt, nicht Text- oder Lebenslaufanalyse betreibt oder gar durch einen persönlichen Kontakt seine Eindrücke gewonnen hat.

Aufschlußreich für die Stellung der Graphologie in der Pilotenselektion kann das Ablaufprocedere der Berichterstattung im Selektionsteam sein, wo der Graphologe seine Gutachten persönlich vertritt.

Nachdem Interviewer I, ein langjähriger Captain, und Interviewer II, der federführende Psychologe, den Kandidaten vorgestellt, auf Biographisches hingewiesen und seine Eignung aus ihrer Sicht beurteilt und notenmäßig Stellung genommen haben, kommen alle Resultate der Vorselektion, in denen jeder Tester auch zur Persönlichkeit des Kandidaten Stellung genommen hat, auf den Tisch.

Der Beschreibung der apparativen Leistungen, erneut im Zusammenhang mit einer Persönlichkeitsbeurteilung durch die Versuchsleiter, wird viel Platz eingeräumt. Es folgt die Stellungnahme des Psychiaters, und am Schluß faßt der Graphologe sein Gutachten, ebenfalls mit einer Note versehen, zusammen. Das heißt nun nicht, daß man ihn als eine quantité négligeable an den Rand drängt. Wenn ihm quasi ein Schlußwort zugestanden wird, weist das durchaus auf die graphologischen Aussagemöglichkeiten hin und wird dem Verfahren gerecht. Weil die Graphologie in der Lage ist, Dispositionelles zu erfassen, kann sie andere Ergebnisse, insbesondere im Leistungsbereich, aber auch Verhaltensbeobachtungen erklären und als Breitbandverfahren Beziehungen zwischen unter Umständen widersprüchlichen Beobachtungen herstellen. Der Graphologie kann dann die Funktion zufallen, Teilergebnisse zu verknüpfen und ähnlich wie der teamleitende Psychologe eine mehr generalistische, prognostische Position einzunehmen. Gelegentlich wird der Befund des Graphologen schon zu einem früheren Zeitpunkt einbezogen, dann nämlich, wenn sich schnell einmal abzeichnet, daß bei einem Kandidaten die Persönlichkeit umstritten sein könnte, bzw. wenn diesbezüglich widersprüchliche Beobachtungen gemacht wurden.

Der Graphologie fällt dabei weder die Schiedsrichterrolle zu noch erwartet man von ihr, daß sie orakelhaft die Wahrheit kennt. Manchmal findet sie aber den gemeinsamen Nenner widersprüchlichen Verhaltens und kann dort Ergänzungen und Erläuterungen bringen, wo der Testleiter, beispielsweise bei Apparateprüfungen, Persönlichkeitseindrücke nur bruchstückhaft wahrnehmen und ihnen nicht weiter durch Befragung nachgehen konnte. Der Graphologe ist sich der Möglichkeiten und Grenzen seiner Methode bewußt. An dieser Stelle müßte er getreu dem Ritual aller Psychodiagnostiker redlich die Schwächen seines Verfahrens herausstreichen und auf die Problematik seiner Anwendung hinweisen. In jeder Teamsitzung, wo seine Beiträge den Testergebnissen und Beobachtungen der anderen gegenüberstehen, sieht sich der Graphologe mit den Möglichkeiten und Grenzen seiner Aussagen konfrontiert, übrigens nicht nur in einschränkendem Sinn.

Er macht auch die Erfahrung, daß er mit seiner Methode unter Umständen sehr entscheidende Beiträge liefern und sogar in die Position des Züngleins an der Waage gedrängt werden kann. Wohler ist es ihm als Erklärender, Erläuternder, vor allem aber als Fragender. Da kann der Satz gelten, daß die Graphologie gelegentlich gute Antworten gibt, häufig aber gute Fragen stellt.

4. Stellenwert des graphologischen Selektionsbeitrages

Um die Stellung der Graphologie, ihr Gewicht im Entscheidungsprozeß etwas zu konkretisieren – und damit gehen wir zum 3. Punkt meiner Ausführungen – habe ich den Selektionsbeteiligten diesbezüglich einige Fragen vorgelegt. Befragt wurden Psychologinnen und Psychologen, Pilotenausbilder und Mitglieder der Auswahlkommission. Mehrheitlich sind diese Personen langjährig mit der Selektion befaßt und haben mit Graphologie öfters Kontakt gehabt. Die Stellungnahmen erheben keinen Anspruch auf Repräsentativität. Ich möchte sie illustrativ anführen, um Stärken und Schwächen der Graphologie in der kombinierten Anwendung mit anderen Verfahren aufzuzeigen. Interessanter sind in diesem Zusammenhang die Stellungnahmen der Nichtpsychologen. Psychologen kennen das diagnostische Potential der Graphologie und argumentieren gemäß Lehrbüchern und methodenkritisch. Dazu

die Bemerkung eines interviewenden Psychologen, die illustriert, daß das Verhältnis der psychologischen Diagnostik zur Graphologie nicht völlig entkrampft ist:
"Der Umstand, daß sich der Graphologe gelegentlich verhaut, ist für mich ein Stück Daseinsberechtigung."

Die Reserven des Psychologen mit seinen diagnostischen Mitteln gegenüber der Graphologie haben noch eine andere Quelle: Es kommt viel häufiger vor, daß der Laie bewundernd zur Kenntnis nimmt, was der Graphologe ausschließlich anhand der Schrift herausgefunden hat. Gleichwertige Erkenntnisse, gewonnen aus Gesprächen, nimmt er viel selbstverständlicher hin. Schließlich hat der Interviewer ja den Kandidaten gesehen.

Interessant am Umfrageergebnis ist, daß die Nichtgraphologen und Nichtpsychologen aus ihrer Selektionserfahrung heraus sehr genau wissen, was die Graphologie kann und was sie nicht kann. Ihre Methodenbeurteilung unterscheidet sich da kaum von jener eines fachlichen Insiders. Sie haben aber auch die Schwächen der Graphologie messerscharf erkannt und festgehalten, zu welchen Persönlichkeitsdimensionen, insbesondere im Bereich Fähigkeiten, Neigungen und Begabungen, die Graphologie nichts beiträgt. Der graphologische Beitrag im Selektionsverfahren wird wie folgt geortet. Die Terminologie entspricht den Kommunikationsgepflogenheiten im Rahmen der Pilotenselektion.

– Gesamtpersönlichkeit (Niveau, Format, Profilierung, Vitalität, Temperament, Dynamik, Transparenz der Persönlichkeit)
– Soziabilität (Teamverhalten, Kollegialität, emotionelle Resonanz als Aspekte des Beziehungsverhaltens)
– Entwicklungsaspekt, "Entwicklungsperspektive"
– Leistungsvermögen.

Für die Befragten haben die graphologischen Beiträge im Selektionsprozeß folgende Bedeutungen und Stellenwerte
– zu Interview oder anderen psychodiagnostischen Verfahren gleichwertiger Mosaikstein zur Urteilsbildung
– die eigenen Eindrücke bestätigende oder ergänzende Informationen – zusätzliches projektives Verfahren
– "Blindgutachten" eines Experten, das zur Erweiterung der Urteilsoptik beiträgt
– kann zwischen divergierenden Expertenurteilen klärende Zusammenhänge herstellen.

Nachstehend möchte ich noch einige Einzelstatements anführen. So wird erwähnt, daß die Graphologie "im Gespräch eventuell projizierte Vorstellungen aufdecken" könne, und ein Interviewer meint, die Graphologie bestätige "erstaunlicherweise meist subjektiv-gespürte Eigenschaften". Ein anderer sieht die Graphologie als "wichtiges Instrument zur Abrundung eines Gesamtbildes". Verschiedentlich wird betont, daß durch die Abwesenheit des Probanden die Beurteilungsobjektivität verbessert sei oder daß der Außenstehende neue Aspekte in eine Beurteilung bringe. Erwähnt wurde auch, daß das graphologische Gutachten einer Interviewerschulung gleichkomme, indem man die eigenen Eindrücke mit denen des Graphologen vergleichen könne. Klar und eindeutig kommt zum Ausdruck, daß der Graphologe zu den fliegerischen Fähigkeiten nichts sagen könne, daß allenfalls zutreffende Mutmaßungen zum Leistungsvermögen in den Apparatetest rein zufällig seien.

Eine weitere Frage zielte darauf ab, das Gewicht der Graphologie bei der Schlußbeurteilung eines Kandidaten zu erfassen. Diese Frage hat insofern eine "politische" Bedeutung, als noch lange nicht jede Firma offen zugibt, Graphologie zu benutzen, auch wenn sie sich ihrer unauffällig dennoch bedient. (Man denke sich eine imageschädigende Boulevard-Schlagzeile des Inhalts"Graphologen wählen Swissair-Piloten aus".) Daß Graphologie im Rahmen der Pilotenselektion nicht an die große Glocke gehängt wird – das wird sie auch in anderen Selektionsverfahren nicht – leuchtet ein. Aber auch von Berührungsscheu zur Graphologie kann nicht gesprochen werden, selbst wenn die Swissair eine der ganz wenigen Fluggesellschaften sein dürfte, die Graphologie bei der Pilotenselektion anwendet. Die Antworten fielen deswegen vielleicht etwas diplomatischer aus.

Zusammenfassend ist die Meinung zur Graphologie die: Es gehört zu jedem diagnostischen Verfahren, daß es manchmal mehr und manchmal weniger zur Beantwortung einer Frage beitragen kann und entsprechendes Gewicht bekommt. In den Antworten widerspiegelt sich auch die generelle Einstufung der Graphologie, die sowohl unter- als auch überschätzt werden kann. In den Antworten kamen eher Über- als Unterschätzungsvoten vor. Wenn vom Zünglein an der Waage oder von Stichentscheid die Rede ist, wird es für den Graphologen ungemütlich. Wenn Graphologie ihren anerkannten Platz in einem anspruchsvollen Selektionsprozeß hat, wenn die Entscheidungsträger die Stärken und Schwächen des Verfahrens und des Graphologen kennen, ist Graphologie nicht nur im Rahmen der Pilotenselektion, sondern auch bei anderen Selektionsfragen richtig eingesetzt ein wertvolles Instrument. Graphologie muß davon wegkommen, so verlockend das schon von der Kostenseite her ist, bei Selektionsfragen in die Rolle der alleinigen Entscheidungsinstanz gedrängt zu werden. So ideale Verhältnisse, im Verbund zu arbeiten, wie im Rahmen der Pilotenselektion, findet der Graphologe selten. Es gibt aber noch reichlich Zwischenformen, um in Selektionen der Forderung nach mehr als zwei Augen gerecht zu werden. Das braucht ja nicht bis zu den sprichwörtlich vielen Köchen, die den Brei verderben, zu gehen.

Abschließend der Satz eines altbewährten Kommandanten zum Stellenwert der Graphologie in der Pilotenselektion: "Ich finde, es ist ein 'Must', auch diese Ressource in die Pilotenselektion einfließen zu lassen."

LITERATUR

K. Brändli, H. P. Meier in diversen Swissair-internen Papieren.

Portraits dreier Schachmeister mit ihren Biographien und Handschriften

Robert Bollschweiler

Die Geschichte des modernen Schachsportes begann 1851 mit jenem legendären Turnier in London, wo sich erstmals die europäische Elite ans Brett setzte. Von da an war das Schachgeschehen geprägt von hochdramatischen Turnieren und Einzelwettkämpfen. Seit 1866, nach dem Zweikampf Anderssen-Steinitz, rückten dann immer mehr die Kämpfe um den Weltmeistertitel ins Zentrum des Interesses. Weltmeister: Dabei werden wohl die meisten an Kasparow, Karpow, Fischer und Botwinnik denken und man wird sich der unendlichen Zweikämpfe zwischen Botwinnik und Smyslow sowie Karpow und Kasparow erinnern. Das weitaus farbigere und dramatischere Schachgeschehen schrieben indessen die Männer des 19. und frühen 20. Jahrhunderts: Staunton, Morphy, Anderssen, Steinitz, Zukertort, Tschigorin, Lasker und Capablanca. Drei Lebensbilder sollen uns in diese Zeit zurückführen und nochmals jene spannenden Kämpfe am Brett aufleben lassen, die um Titel und Ehren ausgefochten wurden.

Hauptinitiator des internationalen Turnierlebens in Europa war der Engländer *Howard Staunton*. Mit ihm beginnt unser kurzer Streifzug in die faszinierende Welt des Schachspiels. Das zweite und dritte Kapitel sind *Emanuel Lasker*, dem deutschen Philosophen und langjährigen Schachweltmeister, und *José Raoul Capablanca*, dem kubanischen Genie, gewidmet.

Howard Staunton (1810-74)

Im frühen 19. Jahrhundert wurden Paris und London zu den zwei bedeutendsten Zentren des europäischen Schachgeschehens. In Paris galt Pierre Charles-Fournié de St. Amant, aus vornehmer Familie stammend, als bester französischer Spieler. Er war eine zeitlang in Staatsdiensten, versuchte sich als Schauspieler und wurde schliesslich Weinhändler. In dieser Eigenschaft reiste er jedes Jahr nach England. Bei seinem Besuch 1843 in London spielte er elf Partien gegen einen der stärksten Engländer. Cochrane, so hiess dieser, buchte dabei 6 Siege und behielt damit das bessere Ende für sich. Mit Genugtuung stellten die englischen Spitzenspieler fest, dass sie den Franzosen mindestens ebenbürtig waren.

So wie St. Amant in Frankreich, galt jenseits des Kanals Howard Staunton als die Nummer eins. Er hatte in den Jahren 1841 und 1842 sehr oft gegen Cochrane gespielt und etwa doppelt soviele Siege verbuchen können wie sein Gegner. Staunton war deshalb zuversichtlich, dass er auch St. Amant den Meister zeigen könne.

Im St. George Club in London sassen sich die beiden Spitzenspieler erstmals am

Brett gegenüber. Sie spielten sechsmal um je eine Guinea. St. Amant gewann drei Partien, Staunton deren zwei und eine endete Remis. In den französischen Schachspalten wurde St. Amants Sieg gebührlich gefeiert und dem Wettkampf einen offiziellen Charakter zugeschrieben, der den Franzosen zum europäischen Champion gemacht habe. Dies erboste den empfindlichen und eitlen Staunton und er verlangte unverzüglich eine offizielle Revanche. St. Amant nahm die Herausforderung an und man einigte sich nach langen Verhandlungen auf einen Wettkampf von 21 Partien bei einem Einsatz von 100 Pfund.

Howard Staunton

Am 14. November 1843 fand in Paris die erste Partie statt. Nach genau sechs Stunden stand Staunton als Sieger vom Brett auf. In den folgenden Tagen setzte er seinen Siegeszug fort und spielte St. Amant in Grund und Boden. Nach zwölf Partien lag Staunton mit 9:2 in Führung. In der Folge vermochte zwar St. Amant noch vier Partien zu gewinnen, doch die Niederlage von 11:6 war deutlich genug. Beide Protagonisten seien gegen den Schluss des Wettkampfes hin sichtlich gezeichnet und abgekämpft gewesen, berichtet *Galignani's Messenger*. Da St. Amant ein langsamer Spieler war und es damals noch keine Zeitbeschränkung gab, dauerten die Partien oft recht lange (ein Statistiker errechnete einen Durchschnitt von 7 3/4 Stunden). Die letzte Begegnung dauerte gar 14 Stunden!

St. Amant musste zwar seine deutliche Niederlage eingestehen, aber er wies auf seinen Sieg in der ersten Begegnung hin und war der Meinung, nun hätte jeder einmal gewonnen und erst ein dritter Wettkampf würde zeigen, wer der Stärkere sei. Staunton erklärte sich einverstanden, sich nochmals mit ihm zu messen. Nach langen Verhandlungen einigte man sich, im Oktober 1844 in Paris nochmals die Klingen zu kreuzen. Aber es sollte nicht mehr dazu kommen. Während der Reise nach Paris holte sich Staunton eine Lungenentzündung. Der Wettkampf musste aufgeschoben werden. Aber ein gefährlicher Rückfall zwang Staunton schliesslich, endgültig auf den Wettkampf zu verzichten. Er bot St. Amant ein Treffen in London an, aber trotz längerem Briefwechsel kam die Sache nicht mehr zustande und Staunton habe sich, so wird berichtet, fortan als ungekrönter König des Schachsports gefühlt.

Howard Staunton war ein respektierter, aber auch gefürchteter und vielgehasster Mann. Er wurde 1810 als unehelicher Sohn des Frederick Howard Staunton, Earl of Carlisle, geboren. Man weiss sehr wenig über die erste Zeit seines Lebens. In seiner Jugend vernachlässigt, genoss er offenbar nur eine minimale Schulbildung. Das Geld, das er von seinem Vater erbte, hatte er bald ausgegeben. Zeitweise versuchte er sich als Schauspieler und behauptete, er habe in jungen Jahren einmal die Rolle des Lorenzo im „Kaufmann von Venedig" gespielt, zusammen mit dem berühmten Edmund Kean in der Rolle des „Shylock".

Das Schachspiel hat er relativ spät gelernt, im Alter von 25 Jahren. Er machte rapide Fortschritte und innerhalb kurzer Zeit entwickelte er sich zum stärksten Spieler in London. Er beabsichtigte, seinen Lebensunterhalt durch Vorträge, Simultanvorstellungen und Schach-Kolumnen zu verdienen. 1841 gab er, unterstützt durch einige einflussreiche und zahlungskräftige Leute, die Zeitschrift *Chess Player's Chronicle* heraus. Einige Jahre später gab er zwei umfangreiche Bücher heraus, in denen er die damals bekannten Eröffnungen behandelte und Schachpartien kommentierte. Sie fanden weite Verbreitung und gehörten während langer Zeit zu den Standardwerken der Schachliteratur. Staunton erwarb sich durch diese Abhandlungen umfassende theoretische Kenntnisse.

So eroberte sich Staunton eine beängstigende Machtposition in der Schachwelt. Und er nutzte sie voll aus. Seine Kommentare zu den Leserbriefen in seinem *Chronicle* waren berüchtigt für ihre Schärfe. Er nannte seine Leser kindisch, unaufmerksam, trottelhaft. Wenn er gegen echte Autoritäten in Fehde geriet, so konnte er in unerträglichem Masse dünkelhaft und überheblich werden.

In den Biographien wird auch auf seine Eitelkeit hingewiesen. Er liebte pompöse Auftritte, liess sein Wappen sehen, wo immer er konnte (versiegelte auch alle Schriftstücke damit) und fiel überall durch seine geckenhafte Kleidung auf: die Weste aus besticktem Atlas, das Halstuch mit einer goldenen Doppelnadel geschmückt, deren Köpfe durch ein goldenes Kettchen miteinander verbunden waren. Seine stattliche Erscheinung – er war 1,80 m gross – musste immer im Mittelpunkt des Interesses stehen. *„Er duldete keinen Rivalen nahe seinem Thron"*, erläuterte Pfarrer George MacDonnell, einer der führenden Spieler seiner Zeit." [1)]

Illustrated London News,
Office, 198, Strand, Dec 10 1855

My dear Sir Frederic,

I do not think the prospect of obtaining a Catalogue of the Pepys ballads quite so hopeless as you believe.

My present writer are that Pepys own Index of his ballads &c is so minute & particular that to make a Catalogue would require very little more than to copy the Index which he could do in a day or

Handschrift von Howard Staunton

Aus nichtigen Anlässen konnte Staunton explodieren, und alles, was unvorteilhaft für ihn wirken konnte, suchte er zu vermeiden oder zu unterdrücken, selbst wenn er sich damit in Widerspruch zu den Tatsachen setzte. Einmal, so heisst es, ging er auf Meister Löwenthal los, weil dieser erklärte, er habe mehr Partien gegen Staunton gewonnen als verloren. *„Sie werden diese Behauptung zurücknehmen!"* – Löwenthal: *„Aber sie stimmt doch!"* – Staunton: *„Macht nichts – sie muss trotzdem zurückgenommen werden!"* [2)]

1851 fand in London eine grosse Ausstellung statt, die „Great Exhibition of Industry und Art". Staunton und einige Mitglieder des St. George's Club regten an, im Rahmen dieser Ausstellung der Welt die Faszination und die Schönheiten des Schachspiels zu zeigen, indem die anerkannt besten Schachspieler in einem grossen Turnier gegeneinander spielen würden. In England und auch auf dem Kontinent stiess diese Idee auf grosses Interesse.

Abgesehen von wenigen Absenzen (St. Amant war darunter) versammelten sich schliesslich 16 der besten europäischen Spieler. Es wurde im Cup-System gespielt (je 7 Partien gegeneinander). In der ersten Runde hatte Staunton leichtes Spiel gegen seinen Landsmann Brodie. Horwitz, sein nächster Gegner, forderte ihm bereits mehr ab: ihre erste Partie dauerte fast elf Stunden. Aber auch gegen ihn konnte sich Staunton schliesslich durchsetzen. Nun traf er auf den stärksten Deutschen, den Breslauer Gymnasiallehrer Adolf Anderssen. Ein Gegner, dessen Spielweise ihm wenig bekannt war und mit dem er sich zum erstenmal ans Brett setzte. Und er verlor nacheinander die ersten drei Partien! Die vierte Partie vermochte er zwar dann für sich zu entscheiden, verlor aber postwendend die fünfte und war damit eliminiert. Aus der Traum vom Turniersieg und dem europäischen Primat! So wurde nicht Staunton, sondern Anderssen, der auch den Final gewann, zur europäischen Nummer eins.

Staunton machte geltend, dass er sich durch die riesige Vorbereitungs- und Organisationsarbeit und die Aufgabe, die Partien in einem Turnierbuch zu kommentieren, überanstrengt und sich regelrecht krank gefühlt habe. Den Kommentaren in seinem Turnierbuch war auch zu entnehmen, dass er praktisch in allen eigenen Partien stets die bessere Stellung hatte und den Sieg durch körperliche Erschöpfung jeweils vergab ....

Der Misserfolg liess ihm keine Ruhe, daher forderte er jeden starken Spieler zu einem Wettkampf heraus und hoffte insgeheim, dass Anderssen sich daraufhin melden würde. Aber dieser lehnte ab, weil Staunton zur Bedingung stellte, dass alle Partien in London gespielt werden müssten.

Als es sich zeigte, dass er beim Schach den angestrebten Erfolg nicht herbeizwingen konnte, wandte er sich nun vermehrt seinem anderen Interessengebiet, der Shakespeare-Forschung, zu. 1854 verkaufte er seine Zeitung *Chess Player's Chronicle* und arbeitete fortan an einer illustrierten Shakespeare-Ausgabe. Nach den vergangenen arbeitsreichen Jahren, angefüllt mit Organisationsarbeiten, Reisen, Simultan-Vorstellungen und Schach-Kommentaren fühlte er sich gestresst, seine labile Gesundheit zu sehr belastet. Er glaubte, durch seine neue Tätigkeit ein konstanteres und einträglicheres Leben führen zu können, zumal er auch für seine Frau zu sorgen hatte (er war seit fünf Jahren verheiratet).

Doch das Schachspiel zog nochmals seine volle Aufmerksamkeit auf sich, denn inmitten seiner literarisch-verlegerischen Tätigkeit, am 4. Februar 1858, traf eine Herausforderung aus Amerika bei ihm ein. Ein gewisser Paul Morphy von New Orleans lud ihn zu einem Wettkampf nach Amerika ein. Das Preisgeld sollte beidseitig 5000 Dollar betragen. Sieger würde sein, wer zuerst elf Partien gewonnen hatte.

Wer war dieser Paul Morphy? In Europa hatte man noch wenig von ihm gehört. Man wusste nur, dass der junge Mann das grosse New Yorker Turnier im Oktober 1857 in glänzender Manier gewonnen hatte und seitdem als amerikanischer Champion galt.

Staunton hätte nun Gelegenheit, sich durch einen Sieg in den USA höchste Lorbeeren zu holen, gar Weltmeister zu werden! Aber nun legte dieser ehrgeizige Mann ein eigenartiges Benehmen an den Tag. Er schrieb Morphy, dass er aus beruflichen Gründen keine Zeit finden könne, nach Amerika zu reisen. Vage stellte er ihm aber in Aussicht, dass wenn Morphy nach London komme, könne er vielleicht Zeit finden, gegen ihn zu spielen.

Da Morphy offensichtlich viel daran gelegen war, sich mit Staunton ans Brett zu setzen (der Engländer galt in den USA nach wie vor als bester Europäer), entschloss er sich, selber nach Europa zu kommen. Im Juni 1858 traf er in Liverpool ein. Staunton fühlte sich unbehaglich. Sich von einem jungen Amerikaner schlagen zu lassen, wäre ihm höchst unangenehm gewesen. Was tun? Er verschob den geplanten Wettkampf vorerst um einen Monat, um sich in Sachen Eröffnung und Endspiel besser zu wappnen. Morphy war damit einverstanden. In der Zwischenzeit verblüffte er die englische Schachwelt mit seinem brillanten Spiel. Man war beeindruckt von seiner Stärke. Stauntons Feinde rieben sich heimlich die Hände: hier kam einer, der ihrem eitlen und eingebildeten Kollegen den Meister zeigen würde! Staunton, unschlüssig und verunsichert, schob den Termin ein zweites Mal hinaus.

Morphy, der höfliche Gentleman, überliess es nun Staunton, den Termin für ihren Wettkampf zu bestimmen. Dieser schob die Sache weiter hinaus mit der Begründung, er sei mit seiner Shakespeare-Ausgabe derart beschäftigt, dass ihm momentan keine Zeit für einen längeren Wettkampf zur Verfügung stände. Schliesslich liess er sich auf Morphys weiteres Drängen darauf ein, einen Termin auf anfangs November verbindlich zuzusagen, er würde Morphy innerhalb einiger Tage das definitive Datum mitteilen. Morphy wartete vergebens.... Enttäuscht reiste der Amerikaner daraufhin nach Paris, wo er grosse Triumphe feierte und zum Liebling der Pariser Gesellschaft wurde. Er schlug mit Leichtigkeit alle Gegner und fegte auch den nach Paris angereisten Adolf Anderssen mit 7:2 vom Brett!

Nochmals fand ein in den englischen und französischen Schachspalten publizierter längerer Briefwechsel zwischen Morphy und Staunton statt, aus dem ersichtlich wurde, dass Staunton ausweichend blieb und wortreich sein Zuwarten mit beruflicher Belastung und fehlender Spielpraxis begründete. Als Morphy nach seinem Pariser

Aufenthalt erneut einige Tage in London weilte, hatte er die Hoffnung bereits aufgegeben, mit Staunton doch noch zusammenzutreffen. Er reiste nach den Staaten zurück, wo ihm die Bevölkerung einen triumphalen Empfang bereitete.

Staunton spielte – verwunderlich bei seinem streitbaren, heftigen Charakter – kein besonders aggressives Schach. Er zeigte nicht die Kampfeslust, die die Romantiker jener Epoche auszeichnete. Er spielte nüchtern und exakt und verliess sich darauf, dass seine besseren theoretischen Kenntnisse und seine ausgefeilte Technik im Vorteile einbringen würden. J. Hannak schreibt: *„Als Anderssen gegen Staunton gewann, hatte ein ungezügeltes Genie puritanische Mittelmässigkeit in den Staub geworfen. Damit war der Nachweis erbracht, dass Schachspiel nicht trockene Gelehrsamkeit und nüchternes Rechenexempel, sondern echte Kunst ist, die sich allen Gesetzen klügelnder Vernunft entzieht."* 3)

Staunton nahm zwar noch an einigen Turnieren teil, spielte aber immer seltener. Die Schach-Kolumne bei der *Illustrated London News* behielt er aber bis zu seinem Tode bei.

Staunton gab insgesamt vier Schach-Bücher heraus, die weite Verbreitung und Anerkennung fanden. Auch eine von ihm entwickelte und analysierte Eröffnung trägt seinen Namen, das Staunton-Gambit. Auch sonst war er schriftstellerisch tätig, indem er eine Chronik der englischen Schulen erstellte. Seine Shakespeare-Studien setzte er bis zu seinem Lebensende fort und vermehrte die Sekundärliteratur um neunzehn gelehrte Abhandlungen über Entstellungen von Shakespeare-Texten.

Biograph Levy schreibt: *„Das Bild, das ich von Staunton in seinen letzten zwei Lebensjahren habe, ist das eines nicht sehr glücklichen Mannes, ohne befriedigendes Einkommen, der ruhelos von Ort zu Ort zieht. Zum letztenmal ward er 1874 beim traditionellen Rudermatch Oxford-Cambridge gesehen. Wenig später, am 22. Juni 1874, brach er an seinem Arbeitstisch in seiner Wohnung in Kensington zusammen und starb kurz darauf."* 4)

Nicht nur britische, sondern auch zahlreiche ausländische Publikationen aus aller Welt widmeten ihm ausführliche Nachrufe. Die meisten würdigten, wie es sich gehört, seine grossen Verdienste um das internationale Schachgeschehen und die Shakespeare-Forschungen. Im *City of London Chess Magazine* war zu lesen: *„Staunton war, wie wir oft gehört haben, ein streitbarer Mann, der auch Feindschaft provozieren konnte. Aber er war ein MANN. Es gab nichts Schwaches an ihm und er beugte sich vor niemandem."*

Dr. Emanuel Lasker (1868-1941)

Als Adolf Anderssen 1866 einen Wettkampf gegen Wilhelm Steinitz mit 6:8 Punkten verlor, erklärte sich dieser in eigener Kompetenz als Weltmeister. Da gegen diesen Anspruch niemand Einsprache erhob, galt Steinitz von da an als offizieller Schachweltmeister. 28 Jahre lang verteidigte er erfolgreich seinen Titel, bis ihn 1894 ein junger Deutscher namens Emanuel Lasker zum Titelkampf herausforderte. Der alte, gichtgeplagte Steinitz konnte seinem Gegner anfänglich noch rechtschaffenen Widerstand leisten, aber dann setzte sich die physische Kraft und die hohe Schachbegabung des Jüngeren durch und Steinitz verlor den Titel klar mit 5:10 Punkten.

Dr. Emanuel Lasker

Emanuel Lasker wurde 1868 in einer Kleinstadt der Provinz Brandenburg als Sohn eines Talmud-Lehrers geboren. Schon als Grundschüler verblüffte er seine Lehrer mit blitzschnellen Lösungen schwieriger Rechenaufgaben. Als Elfjähriger wurde er von seinen Eltern nach Berlin geschickt, unter die Obhut seines älteren Bruders Berthold, der dort ein Medizinstudium absolvierte. Dieser Berthold war ein guter Schachspieler, der sich damit im Kaffeehaus immer wieder einige Groschen verdiente, ein bitter nötiger Zustupf für die beiden, die in grosser Armut leben mussten. Auch Emanuel zeigte sich als begabter Spieler und gewann bereits in jungen Jahren einige bedeutende Turniere. Als er sein Abitur gemacht hatte, musste sich nun entscheiden: Mathematikstudium oder Schach? Er wählte das Schach und begann, in Berlin mit Simultan-Vorstellungen sein Geld zu verdienen. Nachdem er in Wettkämpfen zwei bekannte Spieler glatt besiegt hatte, wurde man auf ihn aufmerksam. Lasker erhielt eine Einladung aus London, im Schach-Pavillon der Weltausstellung sich mit allen Besuchern ans Brett zu setzen. Damit verdiente er sich den schönen Betrag von 50 Pfund, den er stolz seinen bedürftigen Eltern nach Hause schickte.

Von London aus, wo er sich längere Zeit aufhielt, reiste er 1893 nach New York, wo ein hochkarätiges Turnier stattfand. Lasker wurde überlegener Sieger und rückte damit zu absoluten Spitze auf. Sein Selbstbewusstsein war jetzt gross genug, dass er als 25jähriger den Weltmeister Steinitz herausforderte! Nach Laskers Sieg verlangte Steinitz Revanche. Sie fand zwei Jahre darauf in Moskau statt. Steinitz wurde vernichtend mit 10:2 geschlagen und geriet in der Folge in eine tiefe Krise, die einen Aufenthalt in einer psychiatrischen Klinik erforderlich machte. Arm und verlassen starb er fünf Jahre später in einer New Yorker Klinik.

In den folgenden Jahren widmete sich Lasker teilweise dem Schach, zum anderen auch mathematischen Studien, die er 1902 mit dem Doktorat abschloss. In den Jahren 1907 und 1908 verteidigte er seinen Titel erfolgreich gegen den Amerikaner Marshall und den deutschen Arzt Dr. Tarrasch.

Lasker war nicht nur ein meisterhafter Schachspieler, er war auch ein guter Psychologe. Er war der erste, der die psychologische Spielführung zur Anwendung brachte. Häufig machte er statt den theoretisch stärksten den psychologisch wirkungsvollsten Zug, der den Gegner verwirrte oder aus dem Konzept brachte. Sein Geheimnis war einfach: er studierte die Partien, die Spielweise, die starken und schwachen Seiten seines Gegners. Er wählte jeweils jenen Zug aus, der für seinen Gegner am unbequemsten war und gab damit der Partie eine Richtung, die dem Stil seines Opponenten nicht entsprach. Wie anders war da noch Steinitz, der einmal gesagt hatte: *„Die Persönlichkeit des Gegners ziehe ich überhaupt nicht in Betracht. Was mich betrifft, könnte mein Gegner ebensogut ein Abstraktum oder ein Automat sein."*

Dramatisch ging es beim Weltmeisterschaftskampf gegen den Österreicher Karl Schlechter zu. Der „Remiskönig", wie man ihn nannte, war ein genialer Verteidigungskünstler und konnte jeden schlagen, wenn ihn die Kampfeslust packte. Aber leider packte sie ihn selten. Er war friedfertig, ohne grossen Ehrgeiz. Nach 9 Partien lag Schlechter mit 5:4 in Führung! Er hätte in der letzten, entscheidenden Partie nur noch ein Remis gebraucht, um Lasker den Titel zu entreissen. Statt das Spiel in ruhige Bahnen zu lenken und ein gut erreichbares Unentschieden anzustreben, wollte Schlechter diesen WM-Kampf glanzvoll mit einem Sieg abschliessen und es entwickelte sich ein grossartiger, dramatischer Kampf, der nach 71 Zügen mit einem Sieg Laskers endete, der damit zum 5:5 ausgleichen und somit den Titel behalten konnte.

Nach dem frühen Tod seiner ersten Frau heiratete Lasker im Juli 1911 zum zweitenmal und führte mit Martha Marcos eine harmonische, dauerhafte Ehe. Frau Lasker war keine Schachexpertin und sass bei Turnieren jeweils hinter einer Säule. Sie strickte und nähte, und von Zeit zu Zeit sandte sie ihrem Gatten eine Schale schwarzen Kaffee oder eine Zigarre. Seitdem einmal bei einem grossen Turnier ein Fremder versucht hatte, Lasker während einer Partie eine mit Opium gefüllte Zigarre auf den

Meiner Frau und mir geht es gesundheitlich normal — was freilich mit 56 nicht so viel heisst. Aber es geht. Und wir betrachten jetzige etwas verdrehte Welt nicht ohne Laune, d. h. nicht ohne gute Laune, da auch diese Zeit noch ihre grossen Vorzüge hat und gar nicht so erschrecklich tragisch genommen werden braucht. Ich für mein Teil pflanze Bäume und schreibe Bücher.

Wir grüssen Sie wie Ihre Frau Gemahlin herzlich.

Der Ihrige

Emanuel Lasker

Handschrift von Emanuel Lasker

Tisch zu schieben, rauchte Lasker nur noch solche, die ihm von seiner Frau direkt verabreicht wurden. Von Zeit zu Zeit stand Lasker auf, entfernte sich von seinem Brett und plauderte mit Martha ein paar Worte.

Er war festen Glaubens, er könne keine Partie verlieren, solange Martha im selben Raum mit ihm sitze. Am Turnier in St. Petersburg 1914 ging Martha, als sie die Leute einander zuraunen hörte: *„Lasker wird gegen Bernstein gewinnen!"* aus dem Saal, um etwas frische Luft zu schöpfen. Nach einer knappen halben Stunde war sie wieder im Saal und fragte den ersten besten: *„Nun, hat er schon aufgegeben?"* – *„Ja, leider, was sagen Sie zu dem Unglück?" „Leider? Unglück? Was für ein Unglück?"* – *„Ja wissen Sie's denn nicht? Dr. Lasker hat verloren!"* Martha hatte grosse Schuldgefühle, später hat sie den Saal nie wieder verlassen.

Bei intensiver geistiger Anstrengung wurde Lasker jedesmal sehr nervös und reizbar. Während eines grossen Turnieres war es nicht gerade angenehm, mit ihm zusammen zu leben. Schon das Klappern eines Teelöffels oder das Rascheln einer Zeitung konnte ihn in wütenden Zorn versetzen. Er war unglücklich, wenn Martha nicht seine Begleiterin war. Sie konnte am besten mit ihm umgehen. War die Anstrengung vorüber, wurde er wieder der liebenswürdige und heitere Mensch.

Gar nicht ausstehen konnte er stark riechende Seifen und Parfüms. Einmal war er in der Berliner Staatsoper bei einer Galavorstellung von Lohengrin. Seine Frau hatte mit viel Mühe zwei Eintrittskarten ergattert und beide freuten sich sehr auf den Abend. Doch mitten im ersten Akt erhob sich Lasker plötzlich, zwängte sich durch die Reihe hinaus und eilte zum Ausgang. Seine Frau folgte ihm ganz bestürzt. Erst auf der Strasse erklärte er sich, indem er wütend knurrte: *„Es war einfach unmöglich, den Parfumgeruch meiner linken Nachbarin auszuhalten. Lieber keinen Lohengrin als so einen Gestank!"*

Als Lasker 1912 nach einer längeren Amerika-Tournee wieder nach Deutschland zurückkehrte, hatte er das Schachspielen satt und suchte Ruhe und Zuflucht in der Natur. Er versuchte sich als Landwirt und Taubenzüchter. Ein kleines Gartenhaus und ein Garten genügten. Lasker baute Kohl und Kartoffeln an. Autodidaktisch vertiefte er sich in dicke Bücher über Gartenbau und Landwirtschaft. Er hatte Kühe und Hühner und pflanzte Beeren und Obst. Aber die Sache stand unter keinem guten Stern. Sein Biograph Hannak schreibt: *„Das hätte ein ganz profitables Unternehmen werden können. Aber der Mann, der einer der anerkanntesten Mathematiker seiner Zeit war, verstand vom täglichen Haushalten denn doch zu wenig und wurde von den Händlern an allen Ecken und Ebenen betrogen und beschwindelt. Man stahl ihm Obst, man vertauschte ihm seine Kühe und Hühner gegen minderwertige Qualitäten."* [5]

Nach diesen missglückten Versuchen, in einem neuen Gebiet Fuss zu fassen, kehrte er notgedrungen wieder zum Schachspiel zurück. Zu jener Zeit war ein neuer Stern im Aufgehen: José Raoul Capablanca. Der Kubaner galt als unschlagbare „Schachmaschine" und allerorten forderte man einen WM-Kampf zwischen Lasker und Capablanca. Lasker hatte nie grosse Neigung verspürt, seinen Titel aufs Spiel zu setzen und er zögerte die WM-Kämpfe immer möglichst hinaus. Auch bei Capablanca, um dessen Spielstärke er wusste, zog er die Verhandlungen unendlich in die Länge. Aber die Schachwelt drängte nun vehement auf diesen Kampf und Lasker konnte sich nicht mehr länger entziehen. Schliesslich gab es einen Knalleffekt: Lasker veröffentlichte eine Erklärung, in der er sagte, dass er nach mehr als 25jähriger Herrschaft auf dem Schachthron die Zeit für gekommen halte, einem Nachfolger Platz zu machen. Er trete daher von dem Titel zurück und übertrage ihn kampflos und freiwillig auf Capablanca.

Die Erklärung zeigte, dass Lasker aller Verpflichtungen, aller Verantwortung und aller Ärgernisse, welche der Besitz des Titels mit sich brachte, müde war. Er wollte nicht das gleiche Schicksal erleiden wie Steinitz und sah für sein Leben noch andere Werte als das Sich-Festklammern am Weltmeistertitel.

Vielleicht können Albert Einsteins Gedanken, geschrieben im Vorwort zu Hannaks Biographie, Laskers zwiespältiges Verhältnis zum Schach etwas erhellen: *„Für mich hatte die Persönlichkeit Laskers trotz ihrer im Grunde lebensbejahenden Einstellung eine tragische Note. Die ungeheure geistige Spannkraft, ohne welche keiner ein Schachspieler sein kann, war so mit dem Schachspiel verwoben, dass er den Geist dieses Spieles nie ganz loswerden konnte, auch wenn er sich mit philosophischen und menschlichen Problemen beschäftigte. Dabei schien es mir, dass das Schach für ihn mehr Beruf als eigentliches Ziel seines Lebens war. Sein eigentliches Sehnen schien auf das wissenschaftliche Begreifen und auf jene Schönheit gerichtet, die den logischen Schöpfungen eigen ist, eine Schönheit, deren Zauberkreis keiner entrinnen kann, dem sie einmal irgendwo aufgegangen ist."* [6]

Laskers kampfloser Rückzug stiess bei der Schachwelt auf energischen Widerstand. Da Lasker zu jener Zeit wieder einmal unter Geldnot litt, unterschrieb er schliesslich einen Vertrag, der ihn verpflichtete, im Frühjahr 1921 mit Capablanca in Kuba 30 Partien zu spielen. Eine ungewöhnlich hohe Summe stand auf dem Spiel: 20'000 Dollar.

Der Kampf gegen das Genie Capablanca, gegen die eigene Unlust und das kubanische Klima waren ungünstige Voraussetzungen. Die ersten vier Partien endeten nach harten Positionskämpfen alle Remis. Die fünfte gewann Capablanca. In der zehnten Partie übersah Lasker, in Zeitnot stehend, einen Qualitätsverlust und gab daraufhin sofort auf: Capablanca 2, Lasker 0. Im Grunde seines Herzens hatte Lasker bereits kapituliert und verlor die dreizehnte und vierzehnte Partie. Zu dieser letzten schrieb er: *„Ich stand sehr gut. Aber nach fast vier Stunden, als sich die Zeitkontrolle näherte, hatte ich mit Atemnot zu kämpfen, und mit einigen Fehlzügen machte ich meinen strategischen Plan zunichte. Das Schachbrett sah ich wie im Nebel, der Kopf schmerzte mich auf rätselhafte Weise."* Lasker sah die Unmöglichkeit, den Rückstand von 4 Punkten noch aufholen zu können und gab den Wettkampf verloren.

Nach dem Titelverlust war seine Karriere aber noch lange nicht beendet. Er spielte mit teilweise gutem Erfolg an internationalen Turnieren weiter. Als 56jähriger gewann er sogar das New Yorker Turnier, an dem fast die ganze Weltelite teilnahm. Die New York Times beschrieb den Altmeister mit folgenden Worten: *„Klein, unter-*

setzt, mit grauem Haar und Schnurrbart, Adlernase, ab und zu in einen Hauch von Tabaksdunst gehüllt, sieht der Doktor, besonders wenn er sein linkes Knie mit den Händen umfasst hält, wie eine Art Schachgott aus – ein Mann, dessen Ruhe geradezu unmenschlich wirkt." [7]

Lasker war nicht nur Schachspieler, sondern auch Mathematiker, Philosoph, Erfinder und Schriftsteller, ein vielseitiger und vielbegabter Mensch. Er schrieb über philosophische Themen, verfasste ein bedeutsames Schach-Lehrbuch, gründete in Berlin eine „Schule für Verstandesspiele" und erfand selber ein Brettspiel namens „Lasca". Wie weit gespannt seine geistige Forschertätigkeit war, zeigte sich darin, dass er sich auch mit technischen Erfindungen befasste. Auch das Problem eines Schach-Automaten faszinierte ihn, doch war damals die Technik zur konkreten Umsetzung noch zuwenig weit fortgeschritten.

Als die Hitler-Ära begann, verloren die Laskers ihre ganze Habe und emigrierten nach England. Auf Wunsch seiner Frau fuhren sie nochmals nach Amerika. Wieder begann das Umherziehen im Lande mit Simultanvorstellungen, Einzelkämpfen und Vorträgen. Am 13. Januar 1941 starb Emanuel Lasker im Alter von 73 Jahren.

José Raoul Capablanca y Graupera (1888-1942)

Über den kleinen Raoul, der am 19. November 1888 in Havanna zur Welt kam, wird folgende Geschichte erzählt: *„Eines Tages, als sein Vater, ein sehr schwacher Schachspieler, mit einem spanischen Oberst am Brett sass, betrat der Vierjährige das Zimmer. Er wurde sofort auf die seltsamen Spielzüge aufmerksam, die sich auf dem Brett nach irgendwelchen, ihm unbekannten Regeln bewegten. Am nächsten Tag beobachtete der Knirps wieder schweigsam, wie sein Vater Schach spielte. Dasselbe wiederholte sich auch am dritten Tage. Bei irgendeinem Zug nahm der Vater den Springer von einem weissen Feld und stellt ihn versehentlich auf ein anderes weisses Feld. Vaters Partner, wahrscheinlich ein genauso schwacher Spieler, bemerkte diesen regelwidrigen Zug nicht. Da lachte der Kleine und bezichtigte den Vater der Mogelei. Im ersten Moment wurde der Vater böse, doch Raoul wies den Vater auf seinen Fehler hin. Die beiden Erwachsenen gerieten ins Staunen: dem Jungen hatte ja niemand die Spielregeln erklärt. „Kannst du die Steine auf ihre Ausgangsposition stellen?" fragte ihn der Vater. „Natürlich!" lautete die Antwort und der Kleine stellte die Steine korrekt auf und gewann gleich darauf eine Partie gegen den Vater."* [8]

Als Raoul achtjährig war, durfte er dem Schachclub von Havanna beitreten. Er war zweifellos ein Naturtalent. Ohne grosse Anstrengung entwickelte er sich innerhalb weniger Jahre zu einem der stärksten Spieler Kubas. Mit dreizehn Jahren war er bereits kubanischer Landesmeister!

Nachdem er die Grundschule absolviert hatte, schickten ihn die Eltern in die USA, damit er englisch lerne und sich für die Aufnahme an eine amerikanische Universität vorbereite. Er schrieb sich dann zwei Jahre später an der Columbia Universität in New York für ein Chemiestudium ein. Doch er spürte bald, dass ihn das Schachspielen weit mehr interessierte als die Chemie, brach sein Studium ab und beschäftigte sich fortan ausschliesslich mit Schach. Finanziell brauchte er sich keine Sorgen zu machen, denn er stammte aus wohlhabendem Haus.

José Raoul Capablanca y Graupera

Sein erster Auftritt in Europa war das Turnier von San Sebastian, zu dem nur Spieler von Weltruf eingeladen wurden. Er verlor nur ein einzigesmal und wurde glänzender Sieger.

Anlässlich einer überaus erfolgreichen Tournee durch Südamerika und die USA sagte er einmal selbstbewusst: *„Ich verstehe mehr vom Schach als irgendein anderer lebender Meister. Ich könnte gegen die dreissig stärksten Spieler der Vereinigten Staaten simultan spielen, ohne eine Partie zu verlieren. Ich weiss mit einem Augenaufschlag, was in einer Stellung steckt."*

Capablanca spielte seine Partien phasenweise derart mühelos, dass er dazu neigte, sich zu langweilen. Das mag ein Grund sein, dass er einmal sagte, das Schach sei zu leblos, zu mechanisch und zu durchanalysiert, man müsste es um zwei Felder erweitern und den Figuren zwei neue hinzufügen. Sein Vorschlag fand aber in den Schachkreisen wenig Zustimmung und konnte sich nicht durchsetzen.

Nachdem er 1921 den Weltmeistertitel geholt hatte, kannte er praktisch keine Rivalen. Lasker erklärte unmissverständlich, dass er auf einen Revanchekampf verzichte. Und der andere ernsthafte Rivale, Alexander Aljechin, schien irgendwo im unendlichen, vom Bürgerkrieg erfassten Russland verschollen. Capablanca war ein gemachter Mann. Er heiratete eine junge, schöne und reiche Amerikanerin. Für seine Auftritte mit Simultanspielen und Demonstrationspartien bezog er Extra-Honorare, von denen seine Vorgänger Lasker und Steinitz nur hatten träumen können.

Die Regierung von Kuba unterstützte ihn materiell, indem sie ihm eine gut bezahlte Stellung im kubanischen Aussenamt (als eine Art Gesandtschaftsattaché) gewährte. Sein Posten bestand vor allem aus dem wohlklingenden Titel und einem guten Gehalt. Eine echte diplomatische Tätigkeit hat Capablanca nie ausgeübt. Aber er war ein höchst publikumswirksamer Vertreter Kubas: lebenslustig und unbekümmert, voll südlichem Charme, ein attraktiver junger Mann, stets frisch rasiert, mit strahlendem Lächeln. Er strotzte vor Gesundheit und spielte voll Begeisterung Tennis, Billard und Karten. Ein fröhlicher, durch und durch extravertierter Mensch. Er war eine Nachteule. *„Wenn ich an die Jahre zurückdenke, in denen ich häufig mit ihm zusammentraf"*, erinnerte sich Lasker, *„kann ich mich nicht entsinnen, je erlebt zu haben, dass er zum Frühstück erschien, bevor ich mein Mittagessen einnahm."*

Die New York Times beschrieb den Kubaner, nachdem er Lasker den Titel entrissen hatte, mit folgenden Worten: *"Äusserlich entspricht der neue Weltmeister in keiner Weise dem Bild, das man sich allgemein von Schachspielern macht. Der Vollbart, die Brille, die gefurchten Brauen, die gebeugte Haltung, die Rauchwolken, der nachlässige Habitus – von alldem keine Spur. Der neue Meister gemahnt eher an einen erfolgreichen Geschäftsmann als an einen Schachspieler. Wenn er nicht gerade am Brett die Stellung studiert, wirkt er jünger, als er ist ... und er ist fast immer guter Dinge, zum Scherzen aufgelegt, der Witzbold im Turniersaal".* [9]

Am internationalen Turnier in London 1922, das er vor Aljechin und Vidmar gewann, hätte ihm ein Missverständnis beinahe den Turniersieg gekostet. Vidmar berichtet dazu: *„Wir spielten von 14 bis 18 Uhr, zwanzig Züge die Stunde. Um 18 Uhr stand ich, weil ich es in der Eröffnung versäumt hatte, nach Capablancas Rezept den Königsspringer auf 3c abzutauschen (Sd5xc3), schlecht. Beim Abbruch der Partie gab ich meinen Zug ins Kuvert ab.*

Als wir im Begriff waren, um 18 Uhr den Turniersaal zu verlassen, fragte mich Capablanca, mit dem ich mich immer recht gut verstand, mit einem liebenswürdigen Lächeln, wie mir meine Stellung gefalle. Ich antwortete wahrheitsgemäss: „Nicht besonders, ich werde wohl bald die Waffen niederlegen." Wir bedienten uns der französischen Sprache, die Capablanca damals noch weniger beherrschte als ich. Mein Partner sagte nichts mehr, nickte nur freundlich, und wir gingen jeder seinen eigenen Weg. Um 20.00 Uhr, bei der Wiederaufnahme des Kampfes, öffnete der Turnierleiter mein Kuvert, führte auf dem Brett meinen Zug aus und setzte Capablancas Uhr in Bewegung. Der Weltmeister war in diesem Augenblick nicht anwesend, er hatte aber eine Menge ersparter Bedenkzeit. Der Saal hatte sich inzwischen gefüllt. Ich schaute wohl eine gute Viertel-

stunde den Spielen meiner Rivalen zu, als jemand meinen Arm berührte. Der Turnierleiter war es. „Capablanca ist noch nicht da," sagte er, und seine Augen schienen mir besorgt zu sein. „Er hat sehr viel Zeit erspart", antwortete ich und wanderte ruhig zum nächsten Turniertisch. Sehr interessante Kämpfe waren überall im Gange, und ich vergass bald Capablanca und meine Partie. Plötzlich fühlte ich wieder die Hand des Turnierleiters. Diesmal war er unverkennbar bereits sehr besorgt. „Capablanca ist immer noch nicht hier," sagte er, „er wird in einer, höchstens zwei Minuten die Zeit überschreiten."

> Dear Mr Toth:
>
> Thank you for your letter. I enclose a few lines for the preface of the Book of the Triesto Tournament in accord with your wishes. If there is any error in what I say please correct it before publication.
>
> Best regards both to you and Mrs Ory
>
> Sincerely yours
>
> J. R. Capablanca

Handschrift von José Raoul Capablanca y Graupera

Eine beklemmende, fürchterliche Ahnung beschlich mich. Sollte mich der Weltmeister um 18 Uhr, beim Auseinandergehen, falsch verstanden haben, fragte ich mich. Sollte er am Ende meinen Worten den Sinn entnommen haben, ich hätte mein „Aufgeben" als Abbruchzug dem Kuvert anvertraut? Mich durchzuckte das beschämende Gefühl, ich könnte am Ende durch ein Missverständnis den ersten Preis in diesem gewaltigen Turnier erschlichen haben. Ich bahnte mir den Weg durch die Zuschauermenge, erreichte meinen Turniertisch und legte, ohne zu überlegen, meinen König nieder, was natürlich der Kapitulation gleichkam. Wenige Augenblicke später fiel auf Capablancas Kontrolluhr das Fähnchen. Der Weltmeister erschien erst mehrere Minuten nach meiner dramatischen Waffenstreckung auf dem Schlachtfelde, sah meinen umgeworfenen König und lächelte mir freundlich zu. Wir sprachen niemals über die Angst, die ich ausgestanden, und über die unverdiente Gefahr, in der er, ohne es gewusst zu haben, schwebte." [10)]

Während seiner Weltmeister-Zeit gewann er fast alle internationalen Turniere, selten landete er auf den Ehrenplätzen. Bezeichnend ist eine Episode beim Moskauer Turnier, wo er nur Dritter wurde. Am Abend vor einem spielfreien Tag reiste er, statt auszuruhen, in der Nacht nach Leningrad, um gegen 30 Spieler der ersten Spielklasse simultan zu spielen. Bei dieser Gelegenheit traf er übrigens zum ersten Mals auf einen zukünftigen Nachfolger, den 14jährigen Oberschüler Mischa Botwinnik, der ihm eine Niederlage beibrachte. Nach diesem kräfteraubenden Simultanspiel, das über 5 Stunden dauerte, bestieg Capablanca wieder den Zug und kehrte nach Moskau zurück. Nachdem er zwei Nächte im Zug verbracht hatte, ohne sich auszuruhen, erschien er zum Spiel gegen den wenig bekannten Russen Werlinski. Man hatte den Eindruck, er sei entweder krank oder stark verkatert. In Wirklichkeit war er todmüde und erschöpft. Kein Wunder, dass diese Partie vom Weltmeister verloren wurde.

In der Zwischenzeit war Alexander Aljechin wieder auf dem Schachparkett aufgetaucht und hatte 1925 ein Turnier in Baden-Baden auf glänzende Art gewonnen. Man forderte nun einen Zweikampf Capablanca-Aljechin. Er fand im Herbst 1927 in Buenos Aires statt. Nachdem Capablanca kurz vorher ein Turnier in New York mit grossem Vorsprung gewonnen und dabei auch Aljechin besiegt hatte, war er überzeugt, dem Russen überlegen zu sein. Aber es zeigte sich bald, dass der Wettkampf gar nicht einseitig verlief, sondern sich zu einem gigantischen Ringen, zu einer zermürbenden Kraftprobe entwickelte.

Der Wettkampf begann mit einer Sensation: Aljechin gewann bereits die erste Partie. Dieser Sieg gab ihm enormen Auftrieb, während Capablanca tief betroffen war. In der dritten Partie schaffte der Kubaner aber dann den Ausgleich und ging nach der 7. Partie 2:1 in Führung. Seine Anhänger waren wieder beruhigt. Aber dann kam die elfte Partie: sie verlief sehr spannend und im 66. Zug, als vier (!) Damen auf dem Brett standen, setzte Aljechin seinen Gegner matt. Das virtuose Spiel Aljechins hatte Capablanca aus dem Konzept gebracht, so dass er unwillkürlich ausrief: *„So zu gewinnen – das geht über meine Kräfte!"* Während der 12. Partie war er noch so verwirrt, dass er auch diese verlor und 2:3 im Rückstand lag. Der Journalist Rachmanow wusste zu berichten: „In der Stadt geht die Anekdote um, dass ein Stummer, der vom Resultat der 12. Partie hörte, ausrief: *„Das kann nicht wahr sein!"* Danach verlor er aus Verzweiflung erneut die Fähigkeit zum Sprechen, denn er war ein fanatischer Anhänger Capablancas." [11)]

Nun folgten acht Remispartien hintereinander. In der 21. Partie verlor Capablanca die Nerven, liess sich auf riskante Komplikationen ein und verlor. Nach je einem Sieg von Aljechin und Capablanca stand es 5:3 für den Russen. Er brauchte nur noch einen Punkt zum Titelgewinn. Die 34. Partie wurde mit Vorteilen für Aljechin abgebrochen und nach hartem Kampf nochmals vertagt. Nach dem 82. Zug befand sich Capablanca in hoffnungsloser Stellung. Ohne das Spiel wieder aufzunehmen, gab er sich geschlagen. Am nächsten Morgen, am 29. November 1927, überbrachte ein Page Aljechin einen Brief: *„Lieber Aljechin, ich gebe die Partie auf. Sie sind also Weltmeister. Meine Glückwünsche zu Ihrem Erfolg. Empfehlung an Madame Aljechin. Aufrichtig der Ihre, J.R. Capablanca."* Aljechin war neuer Weltmeister.

Capablanca strebte einen Revanchematch an, aber durch verschiedene unglückliche Umstände kam es leider nicht mehr dazu. Die letzten Jahre verbrachte Capablanca in New York. Am Abend des 7. März 1942 besuchte er wie gewöhnlich den Manhattan Chess Club. Plötzlich fühlte er sich schlecht, wurde in ein Hospital gebracht und erlag am nächsten Morgen einem Bluterguss im Gehirn. Sein Leichnam wurde nach Kuba überführt. Die Regierung ehrte ihn durch ein Staatsbegräbnis mit militärischen Ehren. Aljechin würdigte den Ex-Weltmeister mit folgenden Worten: *„Der Tod hat Capablanca viel zu früh aus unseren Reihen gerissen. Mit seinem Tode verloren wir ein majestätisches Schachgenie. Wahrscheinlich wird die Welt einen Schachspieler wie Capablanca nie mehr sehen!"*

Von Alexander Aljechin zu Alexander Chalifman

Mit einem Unterbruch von zwei Jahren, als er seinen Titel vorübergehend an den Holländer Max Euwe verlor, trug Aljechin die Krone bis 1946, als er einsam und verlassen in Portugal starb. Um den Nachfolger zu bestimmen, wurde zwei Jahre später in Den Haag und Moskau ein Turnier mit den fünf engsten Anwärtern durchgeführt. Michail Botwinnik gewann es überlegen und wurde damit 7. Weltmeister der Schach-Geschichte. Er verteidigte seinen Titel mit eiserner Hartnäckigkeit und gewann die Krone, nachdem er sie gegen Smyslow und Tal verloren hatte, postwendend wieder zurück. Erst 1963 konnte ihn der Armenier Petrosjan endgültig entthronen. Petrosjan vermochte den Titel 1966 gegen Spasskij vorerst erfolgreich zu verteidigen, aber im zweiten Anlauf gelang es Spasskij, Petrosjan deutlich zu schlagen. Boris Spasskij konnte sich seines Titels nicht lange erfreuen, denn in jener Zeit tauchte ein Schachphänomen aus Amerika auf, das auf spektakuläre Weise die gesamte europäische Elite besiegte: Bobby Fischer. Die Schachwelt erwartete mit höchster Spannung den WM-Final zwischen Spasskij und Fischer, im übertragenen Sinne zwischen der kommunistischen Sowjetunion und den kapitalistischen USA.

Am 11. Juli 1972 begann der Wettkampf. Fischer verlor die erste Partie. Zur zweiten trat der Amerikaner nicht an, weil der Weltschachverband FIDE eine von Fischers vielen Forderungen nicht erfüllte. Bobby schloss sich in sein Hotelzimmer ein und liess die Partie verfallen: 2:0 für Spasskij. Doch dann gelang Fischer in der dritten Partie ein feiner Sieg, der ihm grossen Auftrieb gab. Er war nun der deutlich stärkere Spieler und gewann den Wettkampf schliesslich mit 12 : 8 Punkten.

Unglaublich, aber wahr: nach dem Titelgewinn zog sich Fischer von der Wettkampf-Arena zurück und spielte nicht mehr! Man sah und hörte nichts mehr von ihm. Und drei Jahre später verlor er seinen Titel am grünen Tisch, weil er sich weigerte, zu einen WM-Match zu den von der FIDE bestimmten Bedingungen anzutreten. Wieder musste der neue Weltmeister durch ein Turnier erkoren werden. Der Sieger hiess Anatolij Karpow. Und dann begann die lange Zeit der beiden „K", Karpow und Kasparow, die fünfmal am Brett um die Krone kämpften.

Leider sagte sich Kasparow, seit 1985 Weltmeister, 1993 von der FIDE los und gründete eine eigene Organisation, die GMA (Grossmeister-Organisation). Seither gibt es, wie beim Boxsport, zwei Weltmeister. Karpow kam durch diese Abspaltung nochmals zu Weltmeister-Ehren, verlor dann aber 1999 den Titel, weil er an einem WM-Ausscheidungsturnier in Las Vegas nicht teilnahm. Sieger wurde wieder ein Russe, Alexander Chalifman, ein Mann, der bislang noch wenig von sich reden gemacht hatte und der sich zweifellos noch wird bewähren müssen als Weltmeister.

Es wäre wünschenswert, wenn sich diese beiden Verbände wieder zusammenschliessen würden und die Schachwelt wieder einmal in den Genuss eines spektakulären WM-Kampfes kommen könnte, so wie man dies früher bei Steinitz-Lasker, Capablanca-Aljechin, Botwinnik-Tal oder Karpow-Kortschnoj erleben durfte.

Graphologische Gedanken zu den Handschriften von Schachmeistern

Zuerst wollen wir einen Blick auf die Schriften von Staunton, Lasker und Capablanca werfen.

Howard Staunton: Seine Schrift imponiert durch ihren Vorwärtsdrang, ihre Dynamik, Sicherheit und Kraft. Man spürt den Drang nach Durchsetzung, die Zielbezogenheit und Unbeirrbarkeit. Aktiv, den Blick nach vorn gerichtet, ist der Schreiber voller Schwung und kämpferischem Impetus. Staunton muss ein tätiger, strebsamer und durchsetzungsfreudiger Mensch gewesen sein, der seine Kräfte zielsicher, ohne nach rechts und links zu schauen, einsetzen konnte, der Hindernisse frontal anging und Menschen, die sich ihm quer stellten, überfahren konnte.

Emanuel Lasker: Im Vergleich zu Staunton finden wir bei Lasker feinere, subtilere Schriftzüge vor. Die Schrift fliesst zwar eilig dahin, aber ohne hastigen Drang, ohne zu überfahren. Alles ist abgerundet, biegsam, integriert ins Schriftganze. Ein munteres, spielerisches Vorwärtsfliessen, aber stets eingebettet in eine klare Ordnung und Organisiertheit. Eine Schrift, die gescheit wirkt, feingeschliffen, leichtfüssig und gewandt, die Schrift eines subtilen, akkuraten Denkers, der aktiv und interessiert am Geschehen teilnimmt und feinfühlig auf andere eingehen kann.

José Raoul Capablanca: Capas Schrift hat etwas sehr Gefälliges und Formschönes an sich. Sie strahlt Verbindlichkeit, Harmonie und Darstellungsfreude aus. Alles Harte und Sperrige vermeidend, bewegt sie sich auch leichte Weise vorwärts, wirkt elegant und gekonnt. Trotz allem Geschmeidigen bewahrt sie einen ausreichenden Grad an Festigkeit und Stabilität. Die Schrift deutet auf einen gewandten, intelligenten Menschen von zuvorkommender, verbindlicher Wesensart hin, mit Sinn für Stil, Schönheit und Harmonie. Kein Kämpfer und Aggressor, sondern jemand, der seine Ziele mit spielerischer Eleganz zu erreichen trachtet.

Vergleicht man die drei Schriften miteinander, so stellt man recht viel Ähnlichkeit fest. Zieht man weitere Schriften von Schachmeistern hinzu, so wird das Bild freilich variantenreicher. Das ist verständlich, weil sich ja in der Schrift nicht nur die intellektuellen Begabungen, sondern die gesamte Persönlichkeit mit ihren Veranlagungen und Prägungen zum Ausdruck bringt. Gibt es überhaupt Schriftmerkmale, die auf Schachbegabung hinweisen und bei den Schachmeistern sehr häufig vorkommen?

Die Begabung zum Schachspiel ist eine Kombination von verschiedenen Begabungen. Es ist bekannt, dass die meisten Schachmeister gute Mathematiker sind und in hohem Masse die Fähigkeit zu logischem Denken besitzen. Aber das reicht offensichtlich nicht aus. Es ist noch Intuition nötig, eine Art Spürsinn für eine günstige Spielentwicklung, ohne dass alle Varianten exakt durchgerechnet werden müssen. Weiter ist ein gutes Positionsgefühl vonnöten, das mit der Fähigkeit zu Übersicht und Kombination zu tun hat und schliesslich eine kreative Ader, die ungewöhnliche, originelle Spielentwicklungen ermöglicht, die in keinem Schachlehrbuch nachzulesen sind.

Neben den intellektuellen Fähigkeiten sind noch zwei Dinge bedeutsam: psychische Belastbarkeit und körperliche Fitness. Weltmeister Steinitz hat einmal gesagt: *„Das Publikum kann kaum ermessen, wieviel mentale Anstrengung und körperliche Belastung ein langer Wettkampf erfordert, mehr als schwere athletische Übungen. Ein berühmter Arzt in Havanna, den ich bei meinem letzten Match konsultierte, sagte mir: ich kann mir nichts vorstellen, das dermassen alle vitalen Organe (Herz, Gehirn, Nieren, Leber) derart belastet wie das Schachspiel unter den kritischen Augen der Öffentlichkeit."* [12]

Ich habe die Schriften von insgesamt 33 Welt- und Grossmeistern analysiert und bin dabei auf folgende Merkmale gestossen, die häufig bis sehr häufig vorkommen:
- hoher Verbundenheitsgrad
- gute Raumverteilung mit klaren Wortabständen
- flüssiger, zügiger und gewandter Ablauf
- gute Strichspannung (eher straff als schlaff)
- Bewegungsbetonung
- Aktivitätszeichen und Zug nach rechts
- allgemeine Stabilität der Schrift

Insbesondere der hohe Verbundenheitsgrad, die übersichtliche, klare Raumbehandlung, der ungehindert-flüssige Ablauf und die Stabilität der Schrift scheinen zentrale Merkmale zu sein.

Die Verbundenheit weist auf Logik und Kombinationsgabe hin und die klare Raumverteilung auf die Fähigkeit zu disponieren und ein Ganzes, eine Situation, ein Position überblicken zu können. Der flüssige und schnelle Ablauf ist ein Zeichen dafür, dass die Schachspieler schnelle, konzentrierte Denker sind. Die Aktivitätszeichen und die Rechtsläufigkeit können in Verbindung gebracht werden mit der Freude am Angreifen, Kämpfen und Erobern und die allgemeine Festigkeit und Discipliniertheit der Schrift bedeuten Ich-Stärke, gute Willenshaltung, Ausdauer und psychische Belastbarkeit.

LITERATUR

[1] *Schonberg H.* – Die Grossmeister des Schach. Scherz Bern 1974
[2] *Pfleger H.* – Brett vorm Kopf. Beck München 1994
[3] *Hannak J.* – Wilhelm Steinitz. Olms Zürich 1989.
[4] *Levy D.* – Howard Staunton. The Chess Player Nottingham 1975.
[5] *Hannak J.* – Emanuel Lasker. Engelhardt Berlin 1970.
[6] *Hannak J.* – Emanuel Lasker. Engelhardt Berlin 1970.
[7] *Schonberg H.* – Die Grossmeister des Schach. Scherz Bern 1974.
[8] *Panow W.* – Capablanca – das Schachphänomen. Franckh Stuttgart 1982.
[9] *Schonberg H.* – Die Grossmeister des Schach. Scherz Bern 1974.
[10] *Vidmar M.* – Goldene Schachzeiten. De Gruyter Berlin 1981.
[11] *Linder I. und W.* – Das Schachgenie Aljechin. Sportverlag Berlin 1992.
[12] *Landsberger K.* – William Steinitz, Chess Champion. McFarland Jefferson 1993.

Berufs- und Laufbahnberatung – Graphologie und Berufsbildertest

Kaspar Halder

Neben den traditionellen und etablierten Anwendungsbereichen der graphologischen Methode wurde bisher ein Feld eher vernachlässigt, das im Grunde für Schriftanalysen prädestiniert zu sein scheint: die Berufs- und insbesondere die Laufbahnberatung.

Die Laufbahnberatung könnte man gleichsam als Gegenstück zur Personalselektion sehen: es wird nicht zu einem freien Posten der geeignete Mann oder die geeignete Frau gesucht, sondern umgekehrt: zur gegebenen Person wird der in jeder Hinsicht optimal passende Beruf herauszufinden getrachtet. Der Schluß ist deshalb naheliegend, daß in beiden Fällen dieselben psychodiagnostischen Grundfragen relevant sind – also auch mit denselben psychodiagnostischen Methoden gearbeitet werden kann. Der Schweizerische Verband für Berufsberatung hat diesen Zusammenhang offenbar erkannt und bietet im Rahmen seiner Weiterbildungsprogramme für Berufsberater Einführungs- und Vertiefungskurse der graphologischen Methode an, die auf lebhaftes Interesse stoßen. Auch im Ausbildungsangebot des Psychologischen Seminars am Institut für Angewandte Psychologie Zürich sind immer wieder eine Reihe von Vorlesungen und Übungen für graphologisch vorgebildete und interessierte Berufsberater zu finden. (Wir beziehen uns hier ausdrücklich auf die Berufsberatung in der Schweiz. Im Gegensatz zu den Verhältnissen in vielen Ländern sind die Berufsberater der Schweiz nicht nur berufskundlich, sondern auch psychologisch und psychodiagnostisch solide vorgebildet und damit berechtigt, psychodiagnostische Methoden anzuwenden. In der Wahl ihrer diagnostischen Mittel sind sie weitgehend frei. Neben Intelligenz- und Motivationstests gehören auch persönlichkeitsdiagnostische Verfahren [Wartegg, Baumtest, Rorschach- resp. Zulliger-Tafelntest und zunehmend auch die Schriftanalyse] zum "diagnostischen Arsenal" des Berufsberaters in der Schweiz.)

Ein wichtiges Hindernis für eine breitere Anwendung der Graphologie in der Berufsberatung ist der Umstand, daß die Hauptklientel der Berufsberater Jugendliche in den Phasen der Pubertät resp. Adoleszenz sind, einem Altersabschnitt, in dem die Handschrift erfahrungsgemäß schwierig zu beurteilen ist, da sich die Persönlichkeit noch wenig stabilisiert hat, innere Widersprüche und Ambivalenzen das Bild dominieren und eine charakterologische Prognose oft nicht einfach zu machen ist. Nur geübte und sichere Graphologen wagen sich verständlicherweise professionell an derartige Jugendlichenschriften heran. (Das 1982 im Reinhardt-Verlag erschienene Buch von *Ursula Avé-Lallemant:* "Notsignale in Schülerschriften", München/Basel, hilft verdienstvoll zum Verständnis von Kinder- und Jugendlichenschriften weiter.)

Hinzu kommt als weitere Erschwernis, daß der Berufsberater in der Regel zuerst die Person – seinen Klienten – sieht und erst hinterher dessen Handschrift zu Gesicht bekommt. Somit ist die übliche Unbefangenheit des Graphologen einer zu analysierenden Handschrift gegenüber nur mehr bedingt gegeben. Dem könnte abgeholfen werden, indem der Berater vom künftigen Klienten zunächst eine handschriftliche "Schilderung der Ausgangslage" oder ähnlich verlangt, oder indem sich innerhalb eines größeren Berufsberatungsamtes einzelne Berater diagnostisch spezialisieren und die graphologischen Analysen für die Klienten der Kollegen vornehmen (und damit sozusagen als "diagnostisches Außenkriterium" wirken ...). Mit etwas Phantasie und Organisationswillen lassen sich derartige Probleme meist zufriedenstellend lösen.

Nun wird aber – nicht zuletzt der wirtschaftlich rezessiven Zeiten wegen – die Laufbahnberatung zunehmend wichtiger, d.h. die Berufsberatung von über 18jährigen Klienten, die sich umschulen wollen oder müssen, die im erlernten resp. studierten Beruf nicht die erhoffte Anstellung (und Befriedigung) finden, die eventuell ein Studium abbrechen, ein neues anfangen wollen, allenfalls eine nicht-akademische Alternative suchen – solche Fälle werden zunehmend mehr. Oft sind es auch Frauen, die nach Abschluß der "aktiven Mutterphase" einen anspruchsvolleren Beruf ausüben möchten, als sie seinerzeit gelernt hatten, die dementsprechend einen Wiedereinstieg im beruflichen Bereich anstreben oder die, falls sie nicht geheiratet haben, realisieren, daß ihr Lebensziel nun eben nicht die Familie, sondern ein Beruf sein wird, in dem man sich engagiert und mit dem man sich voll identifizieren will. Hier nun bekommt es der graphologisch vorgebildete Berufsberater mit Klienten zu tun, deren Persönlichkeit soweit entwickelt ist, daß die Schriftpsychologie ihren wertvollen Beitrag zur Persönlichkeitsdiagnose leisten kann. Auch der professionelle Graphologe hat es immer wieder mit Fragestellungen des beruflichen Versagens, der beruflichen Unzufriedenheit usf. zu tun, d.h. auch er muß immer wieder zu eigentlich berufsberaterischen Themen Stellung beziehen.

Berufsspezifische graphologische Syndrome (am Beispiel des Krankenschwesternberufes)

Im Rahmen einer Studienarbeit hat der Verfasser dieses Aufsatzes schon im Jahre 1967 den Versuch unternommen, die Graphologie berufsberaterisch fruchtbar zu machen (*K. Halder:* "Krankenschwestern-Handschriften" [Unveröffentlichte Diplomarbeit am Psychologischen Seminar Zürich, 1967]).

Es wurde der Beruf der Krankenschwester gewählt, da in diesem Beruf charakterologische Qualitäten von besonderer Bedeutung sind und auch ein einigermaßen homogenes Berufsbild besteht. Zuerst wurde aus der berufskundlichen Literatur und über Interviews mit Leiterinnen von mehreren Schulen für Krankenpflege das Berufsbild der "idealen Krankenschwester" zusammengestellt und deren erwünschte persönliche Eigenschaften in Form von zwölf Charakteristika aufgelistet. Dann wurde hierzu das jeweilige graphische Syndrom beigeordnet und schließlich in einem empirischen Teil der Arbeit überprüft, ob und wie gut die Schülerinnen von drei Ausbildungsstätten für Krankenschwestern in Zürich den gefundenen Kriterien entsprachen – mithin, ob und wie weit die Auslese der drei Schulen jenem "Idealbild" der Krankenschwester entsprach, das in der Arbeit postuliert wurde.

Wir fragten also nicht (wie im graphologischen Alltag üblich): "Wer ist dieser Schreiber?", sondern gleichsam umgekehrt: "Wie muß eine Person psychisch und charakterlich beschaffen sein, um zu diesem (idealisierten) Beruf zu passen?"

Die folgende Tabelle zeigt die gefundenen Charakteristika der "idealen Krankenschwester" mit den entsprechenden graphologischen Merkmalssyndromen:

Graphologische Syndrome für die Krankenschwester

1 Ausgeglichenes Gemüt, seelisches Gleichgewicht, Belastbarkeit
- mittlere Versteifung (II und III)
- "Vitalitätskomplexe": sinnvolle biologische Steuerung bei mittlerem und starkem, ev. auch schwachen Antrieb

2 Kontaktfähigkeit, menschliche Wärme, freundliches Wesen
- mittlere Versteifung (II, höchstens III)
- Girlande, vor allem auch Endgirlande
- voll
- rechtsschräg
- rechtsläufig
- verbunden
- eher teigig-warmer Strich
- Vertiefungszüge (Heiss)
- Wort- und Zeilenabstände eher klein

3 Persönliche Opferbereitschaft, Altruismus
- mittlere Versteifung (II, höchstens III)
- rechtsläufig
- rechtsschräg
- Girlande
- eher drucklos
- eher klein

4 Einfühlungsvermögen, Takt
- mittlere, ev. höhere Versteifung (II, III ev. IV)
- Faden oder Girlanden
- eher drucklos
- eher klein
- Endverminderung, ev. Endfaden
- klare Wort- und Zeilenabstände

5 Selbstbeherrschung, Bestimmtheit (mit Tendenz zu Strenge)
- mittlere bis höhere Versteifung (III und IVa)
- regelmäßig
- eher eng
- eher steil
- eher scharf
- eher mager
- eher druckstark
- Winkel

6 Geduld, Ausdauer, Monotonieresistenz
- mittlere bis höhere Versteifung (II, III und IV)
- regelmäßig
- druckstark
- verbunden
- eher langsam
- gut gestaltete Unterzone
- kleine Längenunterschiede
- straffe Zeile

7 Pflichtgefühl, Verantwortungsbewußtsein, Zuverlässigkeit
- eher höhere Versteifung (III und IVa; II aber auch möglich)
- regelmäßig
- genaue Formgebung
- scharf
- eher langsam
- eher druckstark
- eher klein
- Tendenz zu Schulform und Winkel
- gerade (straffe) Zeile
- genaue, isolierte Oberzeichen

8 Sorgfalt, Ordnungssinn, Genauigkeit
- eher höhere Versteifung III oder IVa: II und IVb nicht ausgeschlossen)

- regelmäßig
- genaue Formgebung
- eher unverbunden
- eher langsam
- eher unterlängenbetont
- sofort gesetzte, genaue Oberzeichen
- klare Gliederung

9 Selbständigkeit
- höhere Versteifung (III oder IVa: auch pallidäre Grundlage möglich)
- steil
- druckstark
- eher unverbunden
- Winkel, Arkade oder Faden
- eher linksläufig
- eher große Wort- und Zeilenabstände
- gewisse Eigenart

10 Unterordnungsbereitschaft, Anpassung, Eignung für Teamarbeit
- eher niedere Versteifung (II, höchstens III)
- regelmäßig
- verbunden
- eher drucklos
- eher klein
- rechtsschräg
- rechtsläufig
- Schulform, Girlande, Arkade, Faden

11 Praktische Veranlagung ("Praktische Intelligenz")
- mittlere Versteifung (II oder III)
- i-Höhe groß
- voll
- verbunden
- eher druckstark
- Unterlängenbetonung
- klare, aber nicht übertriebene Gliederung
- gründliche Formbehandlung
- zweckmäßige Vereinfachungen
- eher kleine Längenunterschiede
- eher etwas steil

12 Beobachtungsgabe (bewußte Wahrnehmung von Details)
- alle Versteifungsgrade möglich (im allg. aber höhere: III und IV)
- eher regelmäßig
- tief gesetzte, isolierte Oberzeichen
- eher klein
- eher unverbunden
- genaue Formgebung
- eher voll
- eher langsam
- Unterlängenbetonung

Wir wollen die Bedeutung dieser Syndrome natürlich nicht überschätzen. Da eine "ideale Schwester" ohnehin eine Kunstfigur ist, widersprechen sich sowohl die erwünschten Charakteristika wie auch die entsprechenden graphischen Syndrome oft ganz erheblich, aber die menschliche (und berufliche) Wirklichkeit ist nun einmal in sich widersprüchlich ...

Im folgenden seien drei entsprechende Beispiele aus der berufsberaterischen Praxis vorgestellt:

Die Handschrift Abb. 1 stammt von einer Krankenschwesternschülerin von 22 Jahren, die vor der Berufs-Abschlußprüfung steht. In hohem Grade erfüllt sind die Syndrome 1 (Ausgeglichenheit), 2 (Kontaktfähigkeit), 6 (Geduld), 10 (Teamneigung) und 11 (Praktische Veranlagung).

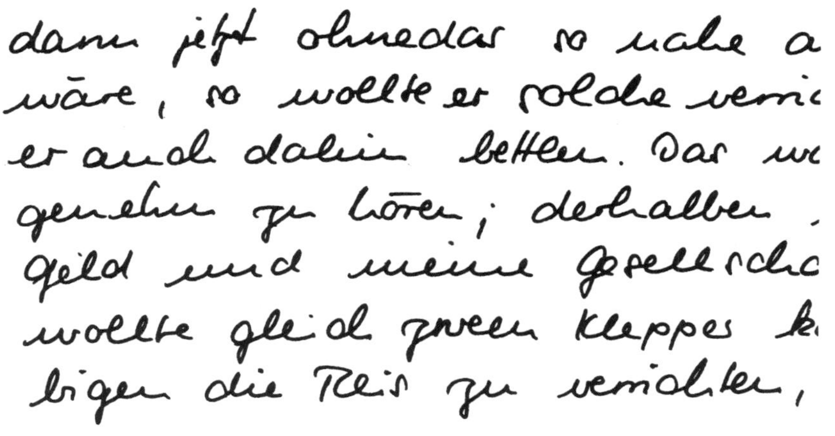

Abb. 1

Gut erfüllt scheinen auch Syndrom 3 (Altruismus), 4 (Takt) und 7 (Zuverlässigkeit).

Die übrigen Syndrome 5 (Bestimmtheit, Strenge), 8 (Genauigkeit), 9 (Selbständigkeit) und 12 (Beobachtungsgabe) sind zumindest teilweise erfüllt.

Gesamthaft kann man sagen, daß die Schreiberin durchaus das Zeug zu einer tüchtigen und erfolgreichen Krankenschwester hat. Die Vorbehalte, die von der Schriftanalyse her zu machen wären, sind minim: die Prognose für den Berufserfolg ist gut.

Anders bei Schriftprobe Abb. 2, die Handschrift einer 19jährigen Spitalgehilfin, die die 2jährige Schulung zur Pflegerin für Alters- und Chronischkranke absolvieren möchte, aber von der Schulleitung abgewiesen worden war. Sie will nun vom Berufsberater wissen, ob sie es nochmals probieren soll.

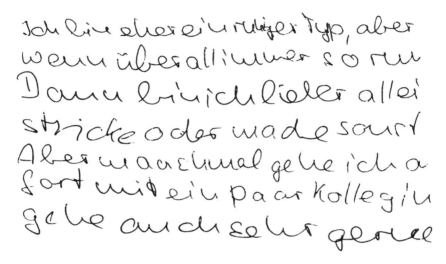

Abb. 2

Einerseits ergab die Intelligenzprüfung ein Resultat, das nicht ausreicht für eine Schwesternschulung (selbst nicht auf dem weniger anspruchsvollen Niveau einer Pflegerinnenschule), andererseits zeigt die Schrift darüber hinaus Schwächen, die natürlich nicht zu übersehen sind. Allein schon die zu schwache Versteifung (nach *Pophal*) läßt an Selbstdisziplin, Durchhaltevermögen und Belastbarkeit zweifeln: auch Einfühlungsfähigkeit und alle Syndrome mit Ausnahme von Syndrom 2 (Kontakt, freundliches Wesen) sind mehr oder weniger nicht erfüllt. Der Klientin mußte geraten werden, sich mit der Stellung und Rolle der Spitalhelferin zu bescheiden (was sie mit sichtlicher Erleichterung zur Kenntnis nahm, denn sie spürte offenbar, daß sie sich zuviel zumuten wollte). Der Rat, sich von zuhause zu lösen und zu versuchen, vermehrt auf eigenen Füßen stehen zu lernen, wurde akzeptiert. Sie sucht sich im Frühjahr eine Stelle als Spitalgehilfin in der welschen (französischsprachigen) Schweiz.

Die Schrift Abb. 3 gehört einer 23jährigen Kinderkrankenschwestern-Schülerin, die ein halbes Jahr vor dem Diplom endgültig den "blauen Brief" erhielt und nun versuchte, an einer anderen Schule ihre abgebrochene Ausbildung doch noch zu beenden. Der Berufsberater mußte hier als externer Experte seine Meinung kundtun.

Die Schrift weist so viele neurotische Züge auf, daß es dem Graphologen eher rätselhaft erscheint, wie die Schreiberin es schaffte, überhaupt bis so kurz vor den Abschluß zu gelangen. Sowohl im Praktischen (Praktika in verschiedenen Spitalabteilungen) als auch in der Schule genügte sie den Anforderungen nicht. Sie war anmaßend, stur, sah das Wesentliche oft nicht und beging dermaßen grobe Fehler, daß beinahe fatale Folgen resultierten. Hier hat es wenig Sinn, die Syndrome der Krankenschwester auf ihren je einzelnen Erfüllungsgrad zu untersuchen – die Situation ist zu eindeutig ...

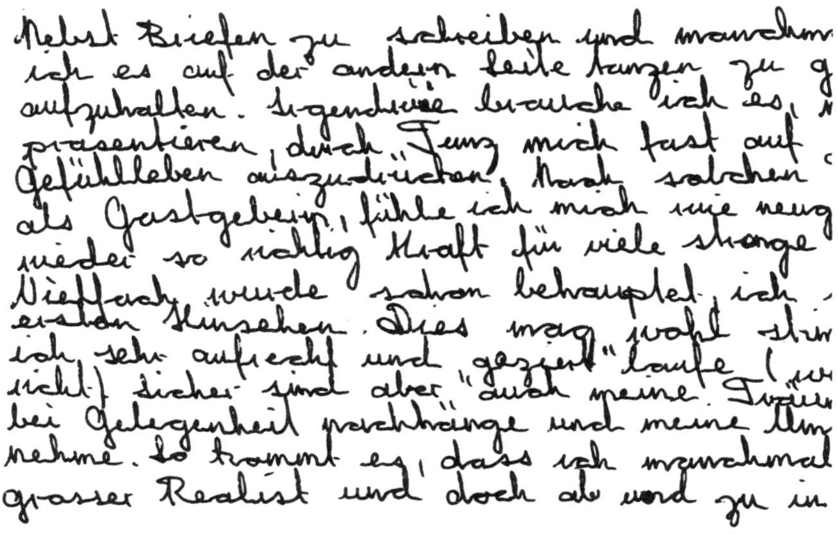

Abb. 3

Die Beratung ging in Richtung Förderung der Selbsterkenntnis und -einsicht, was aber zunächst wenig Wirkung tat. Die Schreiberin war noch geraume Zeit davon überzeugt, daß ihr rundum Unrecht geschehe. Allerdings hatte schließlich der Versuch, ihre Schrift neben jene von guten, soliden Krankenschwestern vergleichend hinzulegen, doch den Effekt, die Schreiberin etwas nachdenklich zu stimmen.

Der synoptische Eindruck ist auch für graphologische Laien von derartiger Evidenz, daß der Weg zu einem vertiefenden Gespräch über Sinn und Notwendigkeit von Selbstkritik und psychologischer Arbeit an sich selbst frei wurde.

Für berufskundlich und berufsberaterisch interessierte Graphologen wäre es vielleicht reizvoll, im analogen Sinne graphologische Syndrome für andere Berufe zu erstellen. Beispielsweise der Bereich "Verkauf, Außendienst, Vertreter" könnte ergiebig sein: insbesondere der Unterschied zwischen der "re-aktiven" Verkäuferfunktion und jener des "aktiv-dynamisch-initiativen" Vertreters. Oder es ließe sich das unterschiedliche Rollenverständnis des Lehrerberufes auf den verschiedenen Stufen (Primar-Elementarstufe, Real-/Sekundar-/Progymnasialstufe; Gymnasialstufe; Hochschulstufe) differenzieren. Welcher Typus Lehrer paßt zu welcher Stufe? Welcher Lehramtskandidat paßt zu welcher Berufsrolle? (Dies ist durchaus nicht nur ein Problem des jeweiligen Ausbildungsgrades oder der Intelligenz, sondern es hängt in hohem Maße von Motivation, Selbstidentität, generellem Anspruchsniveau und emotionellen Präferenzen ab.) Ein weites Feld könnte sich hier durchaus für die graphologisch-psychologische Forschung und Empirie eröffnen.

Die Berufsneigungs-Typologie von Achtnich und deren graphologische Entsprechung

Es sei im folgenden ein völlig neuartiger diagnostischer Ansatz referiert, der außerhalb des engeren Interessentenkreises der Berufsberatung noch recht wenig bekannt sein dürfte, der aber nicht zuletzt auch graphologisch ergiebig werden könnte. Es handelt sich um die Berufsneigungs-Typologie von *Dr. Martin Achtnich*, Berufsberater und Psychotherapeut in Winterthur und Zürich, zu welcher auch graphologische Syndrome entstanden sind, die nun hier zum ersten Mal veröffentlicht werden. *Achtnich* begann 1961 mit dem Versuch, die von *L. Szondi* in seinem Basiswerk "Schicksalsanalyse" dargestellten Zusammenhänge zwischen Erbstruktur und deren Auswirkungen auf die Wahlhandlungen des Individuums für sich und seine Arbeit als Berufsberater systematisch fruchtbar zu machen. Aus diesen Anfängen entstand eine langjährige intensive Forschungsarbeit, die 1971 mit der Herausgabe des "Berufsbildertest für Knaben", 1973 mit der entsprechenden Variante für Mädchen und 1978 in der Veröffentlichung des umfangreichen dazugehörigen Textbandes gipfelte. Es ist nicht übertrieben zu sagen, daß hier dem Berufsberater und sonst berufsberaterisch tätigen Psychologen eine neue diagnostische Dimension eröffnet wurde, die es möglich macht, die außerordentlich komplexe Motivationsdiagnostik gestützt auf ein fundiertes theoretisches Konzept differenziert anzugehen.

Es sei hier aber auch dem Graphologen, der an neuen Gesichtspunkten interessiert ist, empfohlen, sich mit der Arbeit von *Achtnich* auseinanderzusetzen, auch wenn er die Tests an und für sich nicht braucht und anwendet. Jeder gute Motivationstest ist gleichzeitig auch ein charakterologisch ergiebiges Diagnostikum. Die Typologie von *Szondi/Achtnich* an und für sich verdient die Aufmerksamkeit des Diagnostikers. Ohnedies ist die graphologische Beschäftigung mit der Lehre *Szondis* nicht neu und wird anscheinend in Frankreich gegenwärtig intensiv betrieben (vgl. das Referat anläßlich des Graphologie-Kongresses von Basel 1975 oder die Bücher von *Fanchette Lefebure* und *Dr. J. Ch. Gille-Maisani*).

Es würde zu weit führen, an dieser Stelle auf die schicksalsanalytische Lehre von Szondi näher einzutreten. Folgende Hinweise mögen genügen:

Es handelt sich um eine charakterologische Typologie mit acht grundlegenden Faktoren (die bei *Achtnich* z.T. noch unterteilt sind). Auf den Zusammenhang zwischen der Persönlichkeit eines Menschen, seinem Charakter und seiner Berufswahl hat *Szondi* in seiner "Schicksalsanalyse" erstmals hingewiesen und die entsprechenden charakterologischen Merkmale tabellarisch dargestellt. Jeder Mensch besitzt Anteile von allen acht Faktoren und diese wiederum bedingen seine Ganzheit. Fehlende Faktoren charakterisieren einen Menschen ebenso wie die Betonung einzelner vorhandener Faktoren. Die einseitige Betonung einzelner Faktoren bedingt sowohl die besonderen Vorzüge eines Menschen (z.B. spezielle Leistungsfähigkeit in bestimmter Richtung), wie auch seine Nachteile, was beispielsweise zu eigenwilligem bis asozialem Verhalten führen kann. Die schicksalsanalytische Auffassung geht einerseits dahin, daß diese acht Faktoren (Grundstrebungen, Grundelemente) umfassend sind und damit alle Existenzformen des Menschen abgedeckt werden; andererseits diese acht Faktoren in ihrer jeweils verschiedenen Ausprägung (Stärke und Zusammensetzung, Koppelung) vererbt werden. Ob dies zutrifft oder nicht ändert nichts an der Brauchbarkeit einer Berufskunde und Charakterologie, die diese acht *Szondischen* Faktoren als Basis benutzt.

Die 8 Faktoren von *Achtnich* seien in der nachfolgenden Faktorentabelle übersichtlich dargestellt (Beiblatt zum Textband von *Achtnich*).

Die Spannweite der Typologie von *Achtnich* wird am nachfolgenden Beispiel der je nach Faktor-Dominanz unterschiedlichen Beziehung eines Individuums zum Mitmenschen resp. Berufspartner augenfällig gemacht (*Achtnich*, S. 177/178):

Die Beziehung zum Mitmenschen/Berufspartner gewinnt in jedem der acht Faktoren eine andere Schattierung:

Faktorentabelle

Faktoren	W	K	S	Z
	Weichheit Weiblichkeit Hinwendung Zärtlichkeit	Körperkraft Härte Durchsetzung	S_H = Hilfsbereitschaft S_E = Energie, Dynamik	Zeige- und Darstellungsbedürfni Aesthetik

Tätigkeiten
"Wesen"
"Charakter"
	- liebevoll umgehen
	- berühren, betasten
	- dienen, bedienen
	- hingebend sein
	- die Erotik ansprechen
	- gefühlvolles Verhalten
		- manuelle und
		  körperliche Tätigkeiten,
		  die Kraft erfordern
		- ausgerichtet auf Objekte
		- kämpfen, handeln
		- sich durchsetzen,
		  bis Härte
		- Rücksichtslosigkeit
		- Aggression
			H - helfen
			  - heilen
			  - pflegen
			  - (raten)
			  - schützen
			  - erziehen
			E - riskieren
			  - wagen
			  - reisen
			  - Naturkräfte bewäl-
			    tigen
			  - Elektrizität,
			    Wind, Feuer
			  - "Bewegung"
				Vieldeutig:
				1. sich selber zeigen
				   darstellen
				2. etwas Schönes her
				   stellen
				3. Schönes bewunde
				- zeigen
				  schmücken
				  kunsthandwerklich
				  gestalten
				- Freude haben an de
				  "Wirkung"
				- öffentlich wirken,
				  auftreten

Mittel
Werkzeug
	- Hand, Finger
	- direkter (weicher)
	  Körperkontakt
		- Hände, Körper, Fäuste
		- Werkzeuge
		  (scharfe, kräftige)
		- (Grossmotorige Maschi-
		  nen)
			H - Gemüt
			  - Helferwille
			  - Verständnis
			E - Mut
			  - Reaktionsfähigkeit
				- Schönheit
				- Gefühle
				- Schmuck
				- Werbung
				- Kunstsinn

(vorwiegende)
Sinnesfunktion
	Tastsinn
	- Tasten und Sehen etc.
	  je nachdem
		"Kraft der Muskeln"
		- Körperkraft
			"Bewegung"
			- Dynamik
			  körperlich und/
			  oder seelisch
				Sehen, schauen
				- (zeigen)

Berufsobjekt
"Material"
	- Menschlicher Körper
	- kleine Kinder
	- Mode, weiche Textilien,
	  Felle
	- Musikinstrumente
		- Harte und Widerstand-
		  bietende Materialien
		- "Gegner"
		- schwere Lasten
			H - vorwiegend
			  Menschen
			  - "Lebendiges"
			E - "Gefahren"
			  (Überraschung)
				Verschiedene Materiali
				- Publikum
				  "Attraktives"
				- Schaufenster/
				  Schauorte

Ziel	- den andern Menschen
	  liebevoll befriedigen
		- mit Kraft und Härte
		  etwas bewältigen
			- andere fördern
			- Naturkräfte
			  beherrschen
				- Erfolg erringen für
				  Werk, Person

Ort	- Raum mit intimer
	  Atmosphäre (warm)
	  z.B.: Coiffeur- und
	  Modesalon
		- Werkstatt, Bauplatz etc.
		- "Ort der Befehlsgewalt"
			- Schule, Kirche, Spital,
			  Familie,
			  Beratungsstelle
			- Verkehr
			  "Gefahrenorte"
				- Orte des öffentliche
				  "Auftretens"
				- kunsthandwerkliche
				  Atelier

mitmenschliche
Beziehungen
	- Dienende Hingabe
	- Liebe
	- Erotik
	- Zärtlichkeit
		- Mensch ist hier entweder
		  "Opfer" (Objekt)
		  oder
		  "nicht da"
			ambivalent:
			pos. = nett Abel
			     sozial
			     angepasst
			neg. = heftig Kain
			     unausgeglichen
				- auf Bewunderung
				  angewiesen (für
				  Person oder "Werk"
				- bewundernd

Achtnich-Berufsbilder-Test

V	G	M	(Analität)	O	(Oralität)

Verstand
 Vernunft/Logik
 "Genauigkeit"
	Geist
	 Kreativität
	 Intuition
		Materie
		 Substanz
		 Besitz
				O_R = Reden
				    Kontakt
				 O_N = Essen
				    Genuss	

alles was Exaktheit erfordert: - prüfen - messen - ordnen - beurteilen - berechnen - lernen - Anleitungen ausführen - Vorschriften befolgen - konsequent, sachlich "kühl"	- forschen, suchen, erfinden - philosophieren - Ideen haben - phantasieren - intuitiv, schöpferisch sein - glauben, ahnen - Tendenz nach "Höherem" - innere Unruhe: suchend	- festhalten, haben, besitzen, sparen sammeln, anhäufen - reinigen, säubern, putzen - reparieren - graben, mischen - "Schmutziges" tun - geduldig - ausdauernd - treu, beständig - bodenständig sein (depressiv)		- essen, geniessen, ernähren - sprechen, reden, mitteilen, singen - Kontakte knüpfen - heiter, betriebsam, vergnügt sein - Humor haben	
- Gedächtnis - Aufmerksamkeit - Formulare, Pläne, Bücher - Apparate, Kontrollwerkzeuge - Übung, Kritik, Zahlen, Gesetze	- Intuition, Idee - Spürsinn - Ueberzeugungskraft - "Erfindungen"	- Hände - Reinigungsmittel - "Materialien aller Art"		- Mund - Sprache - Stimme - "Lebensfreude"	
Verstand, "Intellekt" - sachlich, reales Denken	**Hören, tief Denken** - horchen (in sich hinein)	**Geruchsinn** (und Tastsinn)		**Sprache** (Mund) **Geschmacksinn**	
- Technik, alles Messbare - "Kaufmännisches" - Akten - Lernstoff	- Kunst - wissenschaftliche Forschung - Religion - "geistige Welt"	- "Wertvolles" bis "Dreckiges", Altes - Erde, Tiere - Chemikalien - "Primitives"		- Esswaren Getränke - Genussmittel - Kunden, "Gesellschaft" - Mensch und Tier	
- Regelung - Ordnung - "Realität"	- Unerforschtes erkennen - Ideen verbreiten - Zusammenhänge erfassen	- besitzen wollen - erhalten wollen (Sauberkeit)		- geniessen, "leben und leben lassen" - freundliches Leben	
- Büro, Archiv - Werkstatt - Verwaltung - Instruktionsorte	sehr viele: - alle, an denen im obigen Sinne "gewirkt" werden kann	- Zoo, Stall - Museum, Bibliothek - Bank - Magazin - "Fliessband"		- alle Orte, die mit Lebensmittel zu tun haben - Festorte - öffentliche Orte	
Mensch als Faktor eingesetzt: - sachlich bis "berechnend"	- Tendenz, andere zu "überzeugen" - überlegen sein und sein wollen - (geistiger Machtanspruch)	- besitzergreifend - festhaltend bis klebrig - treu - anhänglich		- kontaktfreudig (nicht allzu tief!) - vergnügt, froh	

Faktor	Beziehung
W Weichheit	Fähigkeit, zärtlich zu sein, den Kontakt zum Körper des Partners aufzunehmen. Bereitschaft, ihm zu dienen, ihn zu bedienen. Intime Beziehungsfähigkeit.
K Kraft, Härte	Der Mitmensch spielt in den K-Berufen eine nebensächliche Rolle, weil im Zentrum das harte Berufsmaterial steht. Bei der indirekten Befriedigung des K-Bedürfnisses wird der Mensch zum Opfer der Aggression, zum Besiegten.
SH Hilfsbereitschaft	Fähigkeit, die "seelische Beziehung" zu Mitmenschen aufzunehmen und ihnen zu helfen, sich für sie einzusetzen.
SE Energie	Fähigkeit, die fordernde, dynamisch-befehlende Haltung dem Mitmenschen gegenüber einzunehmen und Reformen durchzuführen.
Z Zeigebedürfnis	Sich dem Partner zeigen können mit dem Wunsch, Begehren zu erwecken. Narzißtischer Drang, sich selber zur Darstellung zu bringen, wobei der Partner zum Bewunderer wird – oder umgekehrt: der Z-Mensch kann der passive Bewunderer sein und andere schöne, attraktive Menschen und deren Leistungen bewundern.
V Verstand	Der Mitmensch wird versachlicht und bleibt ein meßbares, prüfbares, organisierbares Objekt. Sachliche und humorlose Beziehung. Der Kontakt wird auf intellektueller Ebene gesucht und nur soweit gepflegt, als der andere etwas "nützt".
G Geist	Der G-Mensch ist meistens mit seinen eigenen Ideen beschäftigt, so daß ihn andere Menschen eher stören, sofern sie nicht inspirierend auf ihn eingehen können. Mit dem eigenen Werk, der eigenen Gedankenarbeit, wird etwas für den allgemeinen Fortschritt der Menschheit getan, oder der Partner dient als Forschungsobjekt.
M Materie	Treue, ausdauernde Beziehung. Anklammerung, Angst, den Partner zu verlieren. Überbehütung. In der Kindererziehung verstärkte Reinlichkeitshaltung.
O_R Redebedürfnis	Mitteilungsfreude, Offenheit dem Partner gegenüber, Wunsch nach geselligem Kontakt, Wohlwollen.
O_N Nahrungsbedürfnis	Der Partner als Gast und Kunde, für dessen leibliches Wohl gesorgt wird.

Natürlich kann das hier zu *Achtnichs* Typologie gesagte nur einen flüchtigen Eindruck von der Vielschichtigkeit vermitteln. Es läßt sich aber wohl ahnen, daß sie sich mit der einigermaßen umfassenden Bedeutung der Typologien von *C. G. Jung* ("Einstellungstypen": Introvertiert/Extravertiert und "Funktionstypen": Denken, Fühlen,

Empfinden und Intuieren) oder jener von *E. Spranger* ("Lebensformen": Theoretischer, Sozialer, Ökonomischer, Ästhetischer, Politischer und Religiöser Typ) vergleichen lassen. Zu den Typen von *Jung* hat vor allem *Anja Teillard-Mendelssohn* in ihrem berühmten Buch "Handschriftendeutung auf tiefenpsychologischer Grundlage" (einem Bijou in jeder graphologischen Bibliothek) anschauliche und praktisch sehr brauchbare Syndrome geschaffen, und auch zur Typologie von Spranger finden sich entsprechende Syndrome in der Literatur (*Pophal* und *Müller – Enskat*). Analog wurde von drei schweizerischen Graphologen, die auch als Berufsberater tätig sind, 1976 der Versuch unterrnommen, zu den oben referierten acht *Achtnich*-Faktoren (= Typen) entsprechende graphische Syndrome zusammenzustellen. Trotz des provisorischen Charakters der Syndrome (sie wurden noch nicht ausreichend empirisch-statistisch in jeder Hinsicht überprüft) seien sie hier dem Graphologen, der sich damit befassen möchte, vorgestellt.

Graphologische Syndrome zu den Achtnich-Typen zusammengestellt von *K. Halder, R. Wydler* und *A. Bürgi*

W   rund, voll, teigig, groß, weit, eher verbunden, eher rechtsschräg, Girlandenbindung, eher breites Mittelband, eher niedriger Versteifungsgrad; weich, warm, anmutig, kompakt, sinnlich, subjektiv, "weiblich"

K   druckstark, groß, gerade, scharf, mager, Winkel, sicherer Strich, höhere Versteifung, ev. Säbelhiebe, Endbetonung, ev. wechselnde Binnenweite; derb, fest, zäh, straff, eckig, energisch, expansiv, kraftvoll, kühl, hart bis brutal, hartnäckig, angriffslustig, "männlich"

S_H formfest, rechtsschräg, oft Girlandenbindung, Mittelbandbetonung, mittelgroß bis klein, eher rund, eher voll, einfach, eher schulmäßig, wenig Eigenart, keine Egoismen, schlicht, ev. monoton, Endzüge offen, Oberzeichen oft genau, Tendenz zu depressiven Zügen, ev. "Persona"

S_E dynamisch, druckstark, vereinfacht, eilig, weit, bewegt, rastlos, elastisch-gespannter Strich, Rechtszug, Oberzeichen vorauseilend, Längenunterschied nicht zu groß, ev. Tendenz zur Auflösung der Formen

Z   eigenständig bis eigenwillig gestaltet: gekonnte oder gewollte Formen, darstellende Schrift, eher groß, bereichert bis verschnörkelt oder gut vereinfacht, Majuskeln betont und ev. abgesetzt, Gliederung auffällig, Mittelbandbetonung, ev. Arkaden, demonstrativ, flächig, Ausdrucksreichtum, Manierismen, Show, geschwungene Bögen, ev. geschleifte (narzißtische) Girlanden, Einrollungen, eitel, kokett, hysteroid, ev. schlecht leserlich

V   klein, eng, scharf, mager, farblos, eher steil, regelmäßig, gut gegliedert, höherer Versteifungsgrad, statisch, präzis, kontrolliert, klar, trocken, formal, schematisch, karg, ev. schülerhaft, eher gut leserlich, ev. Winkel oder Winkel-Girlanden, Bindungsmerkmale (nach *Klages*)

G   unregelmäßig, eigenartig, formbeweglich und -vielfältig, vereinfacht, mittelpunktflüchtig, eher wenig Druck, Fadenbindung, großer Längenunterschied, eher Oberlängenbetonung, locker, expressiv, farbig und doch luftig, reich, geschickte Verknüpfungen, hohe Oberzeichen, Individualismen, Originalität, Enthusiasmus, ev. skurril, ev. Egozentrik, Lösungsmerkmale (nach *Klages*)

M   teigig, kompakt, eng, Unterlängen betont, breites und schweres Mittelband, stark verbunden, wenig gegliedert, stabil, viskös, haftend, klebend, wenig elastisch, regelmäßig bis starr, Betonung der Vertikale, höhere Versteifung, ev. Winkel

O   voll, niedrig, rechtsschräg, weit, rund, pastös, wenig gegliedert, ev. schwungvoll, Girlanden- und Fadenbindung, Ligaturen, ev. verschliffen, Unterlängenbetonung, großzügig, ev. vernachlässigt, Raumanspruch: ev. auch motil-beweglich und schnell hingeworfen; ev. formlos; gemütlich, heiter, verwöhnt.

Zum Abschluß seien hierzu einige Beispiele aus der Berufs- und Laufbahnberatungspraxis dargestellt.

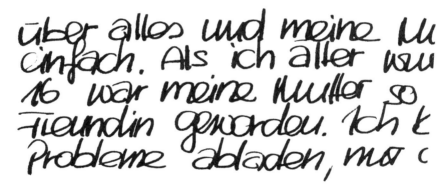

Abb. 4

Beim Schriftbeispiel Abb. 4 handelt es sich um eine 23jährige kaufmännische Angestellte, die mit der Begründung zum Berufsberater kam, daß sie mit ihrer Arbeit nicht zufrieden sei und selbständiger sein möchte: praktischer, d.h. auch mit den Händen und kreativer arbeiten wolle. Klienten aus dem kaufmännischen Bereich mit der Idee, auf den gestalterischen oder sozialen Bereich umsteigen zu wollen, sind nicht selten. Kaufmännisch-administrative Sekretariatsarbeit wird als monoton, papieren und trocken erlebt, man sucht Spielraum für ein emotionelles Engagement. Die Schrift dieser jungen Dame spricht für sich: Gestaltungswunsch und Ansprüche sind offensichtlich – allerdings eher im naiven Sinne als realistisch und ausgereift. Die meisten graphischen Tatbestände des Syndroms für den Faktor Z (Zeigebedürfnis) sind einwandfrei erfüllt (eigenwillige Gestaltung; gekonnt-gewollte Formen; darstellende Schrift; groß und gut vereinfacht; das Mittelband ist dominierend und auch eine gewisse Arkadenneigung ist erkennbar). Aber auch der Faktor M (Materie) findet sich größtenteils graphisch wieder (Teigigkeit; breites und schweres Mittelband, wenig Gliederung, wenig Elastizität, Kompaktheit). Von der Schrift her würde man demzufolge auf eine Dominanz der *Achtnich*-Faktoren Z und M tippen, und diese sind auch tatsächlich (im recht vielseitigen Berufsbildertestprofil) im Vordergrund: Z massiv dominierend, M überdurchschnittlich stark, daneben noch etwas K, G und O. Was vor allen Dingen fehlt, ist der Kontroll- und Verstandesfaktor V, den sie ablehnt (und V ist in der Tat der Faktor des Papiers, der Zahlen und der exakten Kleinarbeit unter anderem im Administrativen). Wir begreifen die Motive, die sie zum Berufsberater führen.

Da sich neben den künstlerischen Ambitionen wenig entsprechende überdurchschnittliche Fähigkeiten ergaben (Wunsch und Können sind nun einmal zweierlei), wurde ein Kompromiß gesucht und gefunden mit einer Stelle bei einem Grafiker, Inhaber eines kleinen Werbebüros mit drei Mitarbeitern. Sie kann hier einerseits ihre kaufmännischen Erfahrungen als Sekretärin des Chefs einsetzen und daneben auf vielseitige Weise auch ganz handfest-praktisch mitarbeiten und anpacken, Kunden empfangen und betreuen, Reinzeichnungen machen usf. Da der Chef die Wünsche und Ambitionen seiner neuen Mitarbeiterin kennt und darauf eingeht, indem er sie so vielseitig wie möglich und "an langer Leine" einsetzt, gewinnt er in ihr ein munteres Wesen, das viel zu einer guten Stimmung im Büro beiträgt.

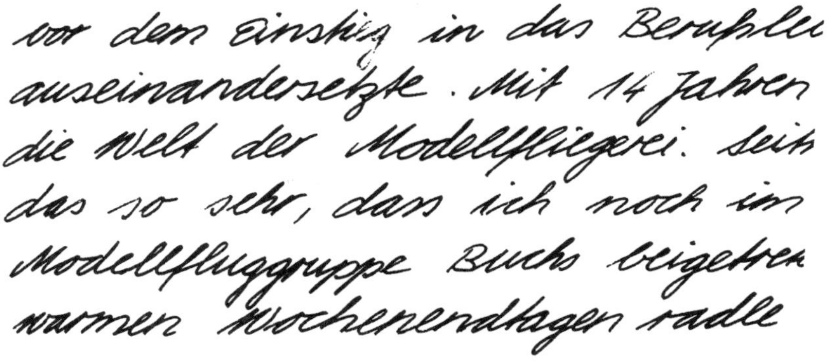
vor dem Einstieg in das Berufsle
auseinandersetzte. Mit 14 Jahren
die Welt der Modellfliegerei. Seit
das so sehr, dass ich noch im
Modellfluggruppe Buchs beigetren
warmen Wochenendtagen radle

Abb. 5

Sozusagen der Gegen-Typ findet sich in der Schriftprobe Abb. 5. Der bald 18jährige junge Mann kam in einer massiven depressiven Verstimmung zum Berufsberater, als ihm in der Lehre zum Maschinen-Mechaniker überhaupt nichts mehr gelingen wollte und er durch die depressive Lähmung praktisch berufsunfähig war und vom Meister immer wieder nach Hause geschickt werden mußte. Der wichtigste Rat, den er dann auch zunächst erhielt, war die Empfehlung, sich durch den Arzt mit Antidepressiva aus dem "Loch" herausholen zu lassen, was er dann tat und was ihn sehr bald wieder arbeitsfähig werden ließ. Die noch ganz unfertige, schulmäßige und unsichere Handschrift ist geprägt vom *Achtnich*-Faktor V-Syndrom. Die Schrift eines braven, trockenen Praktikers mit zwänglerischen Zügen und (noch) recht wenig Eigenart. Im

Berufsbildertest war V der praktisch allein vorkommende Faktor (neben noch ganz wenig K); die nur zehn positiven Bildwahlen zeigten darüber hinaus seine Koartation, seine außerordentlich selektive und einseitige Wahl; alle Zeichen von Expansion, breitem Interessenspektrum oder Lockerheit fehlen völlig. Die Beratung erfolgte in Richtung Auflockerung, Ansporn zu horizonterweiternden Freizeitbeschäftigungen, sportlichen und Kontakt-Aktivitäten. Natürlich gibt es aus diesem Schreiber dereinst einen im betrieblichen Alltag gut einsetz- und brauchbaren Facharbeiter, der zuverlässig seine Aufgabe erfüllen wird und keine großen Stricke zerreißt.

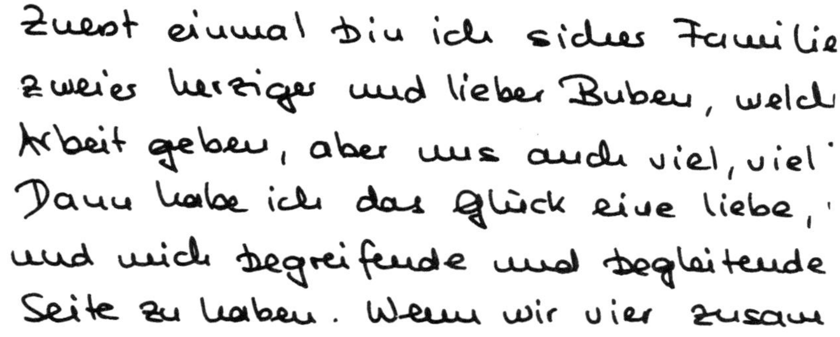

> Zuerst einmal bin ich sicher Familie zweier herziger und lieber Buben, welch Arbeit geben, aber uns auch viel, viel. Dann habe ich das Glück eine liebe, und mich begreifende und begleitende Seite zu haben. Wenn wir vier zusam

Abb. 6

Die Handschrift Abb. 6 gehört einem 43jährigen Progymnasiallehrer. Er unterrichtet die Fächer Deutsch, Französisch, Geschichte und nebenher auch Singen. Er ist sehr erfolgreich, kommt bei den Schülern an und tat sich überdies in seiner Gemeinde insbesondere seit vielen Jahren hervor als initiativer Gründer und Organisator einer kulturellen Vereinigung, die Dichterlesungen, Theater-Gastspiele und Konzerte mit lokalen und auswärtigen Solisten organisiert und durchführt. Daneben ist er Leiter verschiedener Schülerchöre. Eine endogene Depression mußte er bereits mehrmals in einer psychiatrischen Klinik kurieren. Er erschien beim Laufbahnberater mit der Begründung, daß er seinen Lehrerberuf satt habe, aussteigen und vor allem auf seinem Hobby – dem Organisieren von kulturellen Veranstaltungen – etwas aufbauen wolle – beispielsweise durch eine Karriere als Konzertagent.

Die Handschrift zeigt viele Hemmungsmerkmale und enthält die depressive Komponente. Sein Problem ist die Überforderungsgefahr im Sinne des "Peter-Prinzips". Ein forcierter Ehrgeiz auf einer sensiblen Anlage und einer nicht überaus starken vitalen Konstitution.

Der Berufsbildertest ergab drei Faktoren im Vordergrund: Z, S_H und G. Auffällig ist das vollkommene Fehlen des Faktors M, in welchem die depressive Anlage sich manifestieren müßte. Ein völlig fehlender Faktor (gar keine positive Wahl) entspricht psychologisch oft einer Faktor-Überbetonung, d.h. es handelt sich hier um das "Inversions-Phänomen": was man sehr stark in sich trägt, macht Angst und wird abgewehrt (verdrängt). In der vorliegenden Schrift hingegen finden sich durchaus Komponenten des M-Syndroms.

Die Beratung ging in Richtung Aussöhnung mit seinem Lehrerberuf, Aufzeigen der großen Vorteile (Freiheit und Freizeit) und Empfehlung einer Therapie Jungscher Richtung (Hinführung zum Selbst). Der Kontakt mit einem Konzertagenten machte ihm klar, wie ausgeprägt kommerzialisiert dieser Beruf und diese Branche ist und daß ein Wechsel in diesen Beruf für ihn einen so großen Aufwand an Energie erforderte, daß er die Idee aufgab.

Die Analyse brachte ihn inzwischen ein gutes Stück weiter und seine negative Einstellung zum Beruf (und insbesondere zu den Berufskollegen) hat sich weitgehend gelegt.

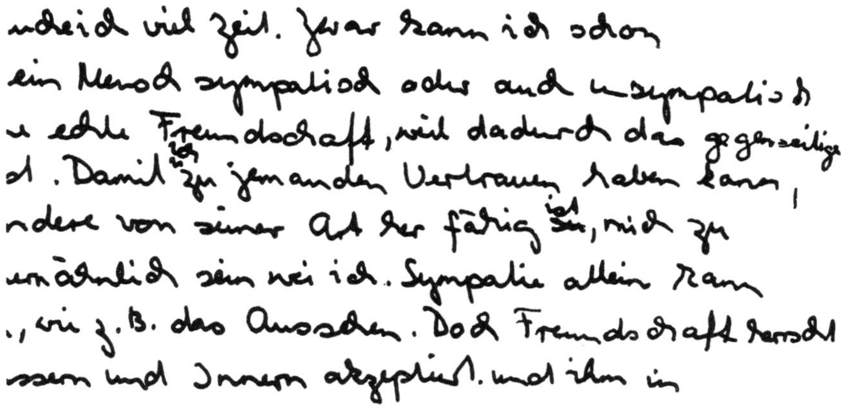

Abb. 7

Die Handschrift Abb. 7 schließlich gehört einer 20jährigen Schülerin am PSG (Pädagogisch-Soziales Gymnasium; entspricht der Grundstufe der Lehrerausbildung), die kurz vor der Matura steht und wissen möchte, wie es für sie weitergehen soll. Sie ist sehr musikalisch, ihr Instrument ist die Violine, und sie hat soeben eine große Enttäuschung erlebt, indem ein Professor am Konservatorium für Musik – notabene der Lehrer einer Meisterklasse, dem sie vorspielte – sich eher kritisch gegenüber ihrem Wunsch, Musikerin zu werden, geäußert hatte. Sie weinte tagelang, wollte ihr Instrument an den Nagel hängen und war verzweifelt.

Die Handschrift zeigt ein introvertiertes, sensibles Wesen mit wenig Selbstvertrauen und Durchschlagskraft. Die Geige ist nach *Achtnich* ein G-W-Instrument. Im Test sind denn auch W und etwas G die dominierenden Faktoren, bei allerdings nur wenig Bildwahlen (d.h. ziemlicher selektiver Fixierung auf den Traum, die Musik zum Beruf zu machen).

Die Beratung ging in Richtung Ermutigung, sich nicht schon durch einen ersten Rückschlag gleich ins Bockshorn jagen zu lassen, sondern konsequent den Weg über den Primarlehrerberuf und das Konservatorium zur Musiklehrerin für Violine anzustreben.

Die Beispiele machen deutlich, daß die Syndrome (resp. Faktoren) so gut wie nicht in reiner Form vorkommen; jeder Mensch – mithin jede Handschrift – ist ein Konglomerat verschiedener Faktoren und die Kunst und "Kennerschaft" (*Knobloch*) des Graphologen und Psychologen ist unerläßlich, die richtigen Gewichtungen und Wertungen vorzunehmen.

Dieser Aufsatz möge dem einen oder anderen Leser zum Ansporn dienen, sich mit der *Szondi/Achtnich*schen Thematik auseinanderzusetzen und seine eigenen Experimente zu wagen und Erfahrungen zu sammeln. Der Verfasser ist für Hinweise und Anregungen dankbar.

LITERATUR

Achtnich, Martin: "Der Berufsbildertest" (Projektives Verfahren zur Abklärung der Berufsneigung), Bern, 1978, Hans Huber-Verlag (Textband und zwei Bildserien).

Avé-Lallemant, Ursula: "Notsignale in Schülerschriften, München/Basel 1982, Reinhardt-Verlag.

Gille-Maisani, J. Ch.: "Ecriture de poêtes" (graphologie et poésie), Paris 1981, Dervi-Livres.

Halder, Kaspar: "Krankenschwestern-Handschriften", Unveröffentlichte Diplomarbeit am Psychologischen Seminar des Institutes für Angewandte Psychologie Zürich, 1967 (Leitung Frau Ruth Uhlmann-Gasser und Prof. Dr. H. Biäsch).

Heiss, Robert: "Die Deutung der Handschrift", Hamburg 1966, 3. Auflage.

Jung, C. G.: "Psychologische Typen", Zürich 1949.

Lefebure, Fanchette und Gille-Maisani, J. Ch.: "Introduction à la psychologie du Moi" (Les seize profils du Moi de Szondi et leur expression dans l'écriture), Genève 1976, Editions du Mont-Blanc.

Lefebure, Fanchette und Gille-Maisani, J. Ch.: "Dynamique des Pulsions" (Introduction aux pulsions de Szondi. Leur expression dans l'écriture), Genève 1980, Editions du Mont-Blanc S.A.

Müller, W. und Enskat, A.: "Graphologische Diagnostik", Bern 1961.

Peter, L. und Hull, R.: "Das Peter-Prinzip" (oder "Die Hierarchie der Unfähigen"), Reinbek 1970, Rowohlt-Verlag.

Pfanne, H.: "Lehrbuch der Graphologie", Berlin 1961, De Gruyter.

Pophal, R.: "Die Handschrift als Gehirnschrift", Rudolstadt 1949, Greifenverlag.

Pophal, R.: "Zur Psychophysiologie der Spannungserscheinungen in der Handschrift", Rudolstadt 1949, Greifenverlag.

Spranger, E.: "Lebensformen", Halle 1930.

Szondi, L.: "Schicksalsanalyse" (Wahl in Liebe, Freundschaft, Beruf, Krankheit und Tod), Basel 1944, Benno Schwabe-Verlag.

Teillard, A.: "Handschriftendeutung auf tiefenpsychologischer Grundlage", Bern 1963, 2. Auflage.

Nachwort und Dank

Dieses Buch beginnt mit einem Aufsatz über Träume und deren Deutung und in den weiteren Kapiteln werden verschiedene Anwendungsbereiche der Graphologie dargestellt und mit zahlreichen Handschriftproben illustriert.

Ich möchte an dieser Stelle allen danken, die zum Gelingen dieses Werkes beigetragen haben: Insbesondere Urs Imoberdorf, der mir beim Aufbau dieses Buches mit Rat und Tat kritisch beistand, Robert Bollschweiler, in dessen subtilen Beiträgen Musiker und Schachweltmeister lebendig portraitiert werden, Detlev von Uslar, der uns in die Welt des Traumes aus philosophischer und psychologischer Perspektive einführt, Fritz Gassner, der mit seinem Text über die Anwendung der Graphologie bei der Selektion von Linienpiloten einen ganz besonderen Aspekt eines Anwendungsbereiches der Graphologie beleuchtet.

Danken möchte ich Daniel Suter und Annemarie Fügli, die bei der Durchsicht und Bearbeitung der Manuskripte mitarbeiteten und Karin Mette, die für Satz und Layout sorgte und den Buchdeckel gestaltete, sowie Marcel A. Müller, der die Produktion des Buches überwachte. Nun bleibt zu hoffen, dass dieses Werk bei den Lesern gut ankommt.

Schliesslich sei auch den Sponsoren gedankt, die mit namhaften Beträgen an die Druckkosten ermöglichten, den Ladenpreis des Buches in einem für die potentiellen Käufer akzeptablen Rahmen zu halten:
- Thomas Fischer, Drahtwerke Fischer AG, Reinach
- Margrith Mühlethaler, die beste Schwiegermutter von allen
- Hans Schenk, ALGRA AG, Merenschwand

Suhr/Aarau im Frühling 2000   Kaspar Halder   Herausgeber/Verleger

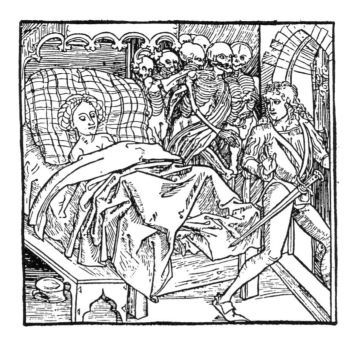

Ich hab die Nacht geträumet

Aus: „Eyn feyner, kleyner Almanach" (1777/78)

Ich hab die Nacht geträumet

Ich hab die Nacht geträumet wohl einen schweren Traum.
Es wuchs in meinem Garten ein Rosmarienbaum.

Ein Kirchhof war der Garten, ein Blumenbeet das Grab,
Und von dem grünen Baume fiel Kron und Blüte ab.

Die Blätter tät ich sammeln in einen goldnen Krug,
Der fiel mir aus den Händen, daß er in Stücken schlug.

Draus sah ich Perlen rinnen und Tröpflein rosenrot:
Was mag der Traum bedeuten? Ach, Liebster, bist du tot?

Buchbesprechung

Kaspar Halder (Hrsg.): HISTOGRAPHOLOGICA. Beiträge von R. Bollschweiler, K. Halder, U. Imoberdorf, D. v. Uslar. Edition Redlah Suhr 1999. 144 Seiten, zahlreiche Abbildungen, SFr 35,-. ISBN 3-9521206-7-7. Erhältlich beim Herausgeber: Kaspar Halder, Lindenfeld, CH-5034 Suhr/Aarau, Fax: +41-(0)62-824 77 66, oder über den Buchhandel.

Das Buch von Kaspar Halder bietet eine Zusammenführung verschiedener Beiträge zum Thema Historische Persönlichkeiten im Spiegel ihrer Handschriften. Es veranschaulicht aber auch, wie das historische und kulturelle Verständnis erweitert werden kann durch die graphologische Betrachtung prägender Persönlichkeiten.

Die Lektüre dieses Buches ist spannend und kurzweilig. Ein Bogen sehr interessanter Menschen aus der Geschichte, der Geisteswissenschaft und der Kunst eröffnet sich dem Leser, eingebettet in die Darstellung vieler biographischer und zeitgenössischer Ereignisse.

Historiker wie Heiner Staehelin und Rudolf Högger bestätigen in zwei Statements, welche das Buch eröffnen, den Wert graphologischer Betrachtungsweise historischer Persönlichkeiten. Interessante Schriften stellt uns Detlev von Uslar vor: Die handschriftlichen Bewegungsspuren unter anderem von G.F. Händel, Martin Heidegger, Nicolai Hartmann, Ferdinand Husserl, Pablo Picasso führt der Autor zu den Lebensspuren und dem Werk dieser Persönlichkeiten. Urs Imoberdorf versteht es glänzend, die Wesenszüge berühmter Persönlichkeiten wie Dürrenmatt und Frisch oder auch Cezanne und Fellini in den Schriften zu erkennen. Er zeigt auf, wie wertvoll die gegenseitige Befragung von Handschrift, Leben und Werk dieser Meister zum erweiterten Verständnis sein kann. Dabei anerkennt er in subtiler Abrenzung, dass Schriften nie das Ganze der Genialität dieser Schöpfer widerzuspiegeln vermögen. Robert Bollschweiler geht nah an die historischen Ereignisse, erzählt spannend die biografischen Hintergründe des Sissi-Mörders Luigi Lucheni, des Zaren Nikolaus, Alfred Dreyfus', Kaspar Hausers und Louis Charles', des Dauphin von Frankreich. Gespannt wartet man als Leser dann auf die Schriften dieser Persönlichkeiten, welche Robert Bollschweiler subtil interpretiert. Wenn er auf interessante Beziehungen zur Biografie hinweist, legt auch er damit frei, wie wertvoll die graphologische Optik für die Historie sein kann. Kaspar Halder öffnet den Bogen der Kulturen und führt uns zu den chinesischen Schriftzeichen. Sein Experiment mit Laien zeigt auf, dass auch die sehr fremden Schriftformen ihren individuellen Ausdruck für uns haben. Interessant sind die drei Schriftproben von Mao Zedong, Hua Guofeng und Deng Xiaoping.

Kaspar Halder beschließt das Buch einerseits mit einem kürzeren Beitrag über die beiden Mediziner Joseph Bell und Conan Doyle, letzterer bekannt als Schöpfer des Sherlock Holmes, und andererseits mit einem differenziert ausgeführten historischen und graphologischen Portrait des notorischen Gauners, Ein- und Ausbrechers sowie Sozialrebellen Bernhart Matter, der im 19. Jahrhundert lebte und mit dessen Geschichte sich bereits Kaspar Halders Vater, Nold Halder, beschäftigte.

Kaspar Halders Buch darf zu den anregenden Büchern der Graphologie gezählt werden, weil die Historie, die in den Beiträgen einfließt, nie verstaubt wirkt und weil in der HISTOGRAPHOLOGICA der Wert der graphologischen Deutung für das Verständnis der Persönlichkeiten lebendig und überzeugend, nie überinterpretierend vorgeführt wird.

Markus Furrer

Kurzbiographien der Autoren

Kaspar Halder

Geboren am 23. August 1943 in St. Gallen – 1948 Umzug nach Aarau. Daselbst Besuch der Primar- und Bezirksschule.

Anschliessend Lehrerseminar Wettingen, Aargauisches Lehrerpatent als Abschluss, darauf Anstellung als Reallehrer in Oftringen (6. Klasse – 48 Schüler!). Nach einem Jahr Entschluss zum Berufswechsel: Studium der Berufsberatung, Psychodiagnostik und Graphologie am IAP (Institut für angewandte Psychologie) Zürich mit Diplomabschluss 1967.

Anschliessend Anstellung als Berufsberater in St. Gallen – am IAP Zürich und am Kantonalen Amt für Berufsberatung Bern (Adjunkt). 1973 Eröffnung einer privaten Praxis in Aarau für Berufsberatung, Graphologie und Personalberatung/Kaderselektion.

1987 schwerer Autounfall mit Invaliditätsfolge. 1996 Gründung des Buchverlags Edition REDLAH Suhr.

Graphologische Publikationen:
"Krankenschwesterhandschriften", unveröffentlichte Diplomarbeit am IAP Zürich 1967 "Graphologica", Verlag Braumüller Wien 1995

Histographologica 1999

Kaspar Halder, Krankenheim Lindenfeld, Zollweg 12, 5034 Suhr/Aarau

Detlev von Uslar

Geboren 1926 in Hamburg. Studium der Philosophie und Psychologie in Göttingen, Freiburg i. Brsg. und Heidelberg, unter anderem bei den Philosophen: Nicolai Hartmann, Helmuth Plessner, Martin Heidegger und Hans-Georg Gadamer und bei den Psychologen: Robert Heiss und Hans Bender. Seit 1967 zuerst ausserordentlicher, dann ordentlicher Professor für Psychologie und philosophische Grundlagen der Psychologie an der Universität Zürich. Emeritierung 1993.

Prof. Detlev von Uslar, Am Oeschbrig 27, 8053 Zürich

Urs Imoberdorf

Geboren 1942. Dr. phil. I, Graphologe SGG, Praxis für Personal- und Laufbahnberatung in Volketswil (ZH), langjähriger Dozent für Graphologie an der Universität Zürich und am Seminar für Angewandte Psychologie (IAP Zürich), Schriftleiter der "Zeitschrift für Menschenkunde" (1985 - 1994).

Urs Imoberdorf , Sunnebüelstrasse 92, 8604 Volketswil

Robert Bollschweiler
Dipl. Psychologe IAP, Graphologe SGG, 1973-1998 Berufs- und Laufbahnberater in Luzern, Dozent am Seminar für Angewandte Psychologie in Zürich, Publikation von Büchern und Fachartikeln zu verschiedenen graphologischen Themen.

Robert Bollschweiler, Steinhofstrasse 7, 6005 Luzern

Ruth Uhlmann-Gasser
(1913-1993). Studium der Psychologie am IAP Zürich, langjährige Mitarbeiterin von Prof. Hans Biäsch (Universität und ETH Zürich). Dozentin für Graphologie am IAP und Referentin von Studien- und Diplomarbeiten. Reichhaltige beraterische und publizistische Tätigkeit in der Fach- und Tagespresse über das Werk von Leopold Szondi, über allgemeine psychologische und graphologische Entwicklungen.

Fritz Gassner
Geboren 1941 in Amsoldingen BE; staatliches Lehrerseminar des Kantons Bern; Lehrtätigkeit auf verschiedenen Schulstufen; Studien in Psychologie an der Universität Zürich; Besuch des Graphologischen Seminars; verheiratet, zwei erwachsene Kinder; Privatpraxis für Graphologie; verkehrspsychologische Eignungsabklärungen im Auftrag kantonaler Straßenverkehrsämter; Dozent am Seminar für Angewandte Psychologie (IAP Zürich); Mitglied der Schweizerischen Graphologischen Gesellschaft (SGG) und a.o. Mitglied der Föderation Schweizer PsychologInnen (FSP).

Literatur – Lieferbare Bücher 2000

Kommentare von Kaspar Halder

Müller-Enskat: Graphologische Diagnostik. Huber, Bern. Das Standardwerk
Ludwig Klages: Handschrift und Charakter. Bouvier, Bonn. Vom Urvater Nr. 1
Hans Knobloch: Graphologie. Piper, München. Ein Klassiker
Max Pulver: Symbolik der Handschrift. Orell Füssli, Zürich
    Vom Urvater Nr. 2, unterhaltsam
Kaspar Halder: Histographologica. Edition Redlah, Suhr 1999.
    Siehe Verlagsprogramm Seite 192
Halder, Imoberdorf, Gassner: Graphologica, Braumüller, Wien
    Zwillinge, Piloten, Prominente
Bürgi: Graphologie heute. Schmid & Barmettler, Bülach
    Zeigt die Anwendungsbereiche
Furrer: Persönlichkeit und Handschrift. Schmid & Barmettler, Bülach
    Ein etwas anderer Ansatz
Bollschweiler: Die Handschrift von Kindern und Jugendlichen. Comenius, Hitzkirch
    Wichtig für Eltern, Lehrer und Erzieher
Bollschweiler: Musik und Handschrift. Verlag Grundlagen und Praxis Leer.
    Subtile Portraits von sieben Komponisten
Bollschweiler: Kronprinzenschicksale. Orell Füssli, Zürich
    7mal tragische Vater–Sohn Konflikte
Imoberdorf, Käser, Zihlmann: Psychodiagnostik von Individuen, Gruppen und
    Organisationen. Hirzel Stuttgart
Wallner: Lehrbuch der Schriftpsychologie. Grundlagen einer systematischen Handschriftendiagnostik. Heidelberg. Roland Ansger Verlag, 1998.
    Das neue Buch des stärksten Kritikers der traditionellen Graphologie
Katz: Die Intuition in der Graphologie. Rothenhäusler Stäfa.
    Ein interessanter Teilaspekt
Helmut Ploog: Graphologisches Lesebuch. Gutachtensammlung und Schriftenreihe
    München 1998
Eugene T. Gendlin: Dein Körper – Dein Traumdeuter. Otto Müller Verlag Salzburg.
    1998.
Michael Schredl: Die nächtliche Traumwelt. Eine Einführung in die psychologische
    Traumforschung. Verlag W. Kohlhammer. 1999
Gassmann, Christoph: Träume erinnern. Walter Verlag, Düsseldorf 2000

Graphologische Zeitschriften

ZfM – Zeitschrift für Menschenkunde. Braumüller Wien
AGP – Angewandte Graphologie und Persönlichkeitsdiagnostik, München
La Graphologie Paris – Graphology London

Verlagsprogramm

Rapsak Redlah	**Reimgeschüttel und Versgeklapper** Schüttelreim-Limericks und Klapphornvers-Limericks mit kongenialen Illustrationen von KONGO (Walter Kuhn) Auflage 830, Bereich Belletristik 96 Seiten, 77 Illustrationen, Hardcover ISBN 3-9521206-1-8	Fr. 30.–
Kaspar Halder	**Memoiren** Autobiographie, Credo, Marotten Auflage 700, Bereich Biographien, 88 Seiten, Fotos, Hardcover, ISBN 3-9521206-2-6	Fr. 30.–
Kaspar Halder	**Rapsakiana-Mix 96** Texte von und über Rapsak Redlah Reimgeschüttel, Graphologica, Ratgeber Zeichnungen und Fotos, Auflage 500, 100 Seiten, Hardcover ISBN 3-9521206-3-4	Fr. 35.–
Edith Wiedemeier	**Schwarze Magie mit Schere und Papier** 100 filigrane Meisterwerke von Edith Wiedemeier Scherenschnitte der berühmten Lenzburger Künstlerin Auflage 950, Bereich Kunst, 116 Seiten, Hardcover ISBN 3-9521206-4-2	Fr. 30.–
Kaspar Halder	**Humorica 97** Witzige, naive und absurde Gedichte, Lieder und Texte Auflage 700, 132 Seiten, Hardcover ISBN 3-9521206-5-0	Fr. 35.–
Veronika Halder	**Ich komme zum zweiten Mal auf die Welt** Die eindrückliche Schilderung einer Frau, die nach 3 ½ Monaten aus dem Koma erwachte und sich neu orientieren und ins Leben zurückfinden musste. 4. Auflage 1998, Auflage total 2040, Bereich Medizin, Rehabilitation, 126 Seiten, Fotos, Hardcover ISBN 3-9521206-6-9	Fr. 35.–
Kaspar Halder	**Histographologica** Mit Beiträgen von Detlev von Uslar, Urs Imoberdorf, Robert Bollschweiler, Heiner Staehelin und Rudolf Högger Auflage 700, 148 Seiten, zahlreiche Abbildungen, Hardcover ISBN 3-9521206-7-7	Fr. 35.–